审美济南

侯环　侯林 / 著

济南出版社

图书在版编目（CIP）数据

审美济南 / 侯环，侯林著. —— 济南：济南出版社，
2025. 8. —— ISBN 978-7-5488-7433-1

Ⅰ. K925.21

中国国家版本馆 CIP 数据核字第 20255BP178 号

审美济南

SHENMEI JINAN

侯环　侯林　著

责任编辑　张智慧
封面设计　张　倩

出版发行　济南出版社
地　　址　山东省济南市二环南路 1 号（250002）
总 编 室　0531-86131715
印　　刷　济南新科印务有限公司
版　　次　2025 年 8 月第 1 版
印　　次　2025 年 8 月第 1 次印刷
成品尺寸　170mm×240mm　16 开
印　　张　18.75
字　　数　250 千字
书　　号　ISBN 978-7-5488-7433-1
定　　价　58.00 元

如有印装质量问题 请与出版社出版部联系调换
电话：0531-86131736

目　录

天下泉城与泉水文化

——济南泉水价值考论

应该说，距今二百八十多年前的清乾隆七年（1742），一部由济南名士任弘远编纂的《趵突泉志》的印刷发行，实在意义非凡，因为它结束了作为泉城的济南却从来没有泉水志的历史。

然而，这部书只写了济南的一个泉，而济南有名泉七十二，仅在市区，便集中出露了数百处泉水。况且，由于年代久远，以及科技、印刷、采访等条件的限制，该书在提供了十分珍贵的泉水资料的同时，其简略、粗疏甚至错舛之处颇多。

济南以泉水闻名天下，泉水赋予了济南独特的地理资源、自然环境和人文环境，给这座古城带来了无尽的诗情与诗意。泉水哺育了一代又一代的济南人，塑造了济南人清秀隽美如清泉般的文化性格和精神结构。

然而，千百年来，在历史的长河中，任岁月悠悠，白云苍狗；任泉水淙淙，浮金溅玉，济南却没有一部全面而系统地记载和描述济南泉水的历史演变、涌流特点、卓绝风姿以及人物、艺文、亭台楼榭等的泉水志。

这实在与济南的名泉文化不相适应，这实在是愧对了那每日每时都在泽惠济南的美丽泉水！

所以，在中共济南市委、市政府的亲切关注和大力支持下，在济南市志编纂委员会办公室的具体组织筹划下，当这一部凝结着济南和省内众多泉水专家、学者心血汗水的《济南泉水志》终于面世的时候，我们感受到莫大的满足、欣慰与快乐。它由此向世人打开了一个全面了解济南泉水的窗口；而我们充满自信地认为：对于济南泉水，你愈是了解她，愈会更深地热爱她。

这部由十余个主要章节构成的卷帙浩繁的泉水巨著内涵丰富，包括济南泉水地理、泉水民俗、风物，以及泉水人物、艺文、楹联、碑刻等泉水文化的方方面面。它立足于济南泉水文化的丰富历史典籍并吸收当代泉水研究的最新成果，具有内容全面系统、资料准确翔实、观点新颖独到、权威性高、学术性与实用性密切结合的特点。本书能否信于今，传于后，那是要等历史检验的，但它的出版，无疑开启了济南泉水文化和泉水研究的一个新的历史阶段。

一

济南，一座因为泉水而名满天下的城市。唐宋八大家之一、宋代著名文学家曾巩说：

> 齐多甘泉，冠于天下。

元代著名地理学家于钦说：

> 济南山水甲齐鲁，泉甲天下。

因而，她有了一个十分响亮的名字：泉城。

如果问：世上拥有泉水的城市不在少数，济南何以能独步天下，称名"泉城"？

在济南，即使街头巷尾那些粗通文墨的平头百姓，也能掰着指头向你说说济南泉水的"天下之最"。

第一：泉眼多。城市中有泉者不只济南，然而一座城市拥有如此众多的泉水，却唯有济南。济南素有"七十二泉"之称，这固然是一个很惊人的数字，但济南的泉水还远不止此。元代于钦在《齐乘》中说："济南山水甲齐

趵突泉（王琴摄影）

鲁，泉甲天下。盖他郡有泉一二数，此独以百计。"清代乾隆初年，山东按察使沈廷芳在《贤清园记略》中说：

> 济南名泉甲天下，旧传七十有二，稽诸乘志暨士夫老民，殆不
> 止是。盖旧者九十，新者五十有五。皆济渎之射地而出者。

又据清人盛百二在《听泉斋记》中所说：

> 历下之泉甲海内，著名者七十二，名而不著者五十九，其他无
> 名者奚啻百数。

而刘鹗在《老残游记》中则形容济南是"家家泉水，户户垂杨"。据济南市名泉研究会、济南市名泉保护管理办公室2003年公布的调查数据，济南市辖区范围内共有泉水733处，而在济南旧城区就有名泉136处。

第二：城内泉。济南是全国唯一一座从城里向城外涌流泉水的城市。我国城市的泉，多在郊外或山林地带（如杭州的虎跑泉在西湖西南隅的大慈山下，距市区约有五公里；无锡的惠山泉在江苏无锡市的惠山山麓；北京的玉泉在西山东麓，亦距市区较远），唯有济南的泉主要涌现于市区。在济南旧城

区仅 2.6 平方公里的区域内，竟集中出露了上百处泉水。这实在是海内奇观。古人对此早有认识和论述。如明人王象春在《齐音》中说：

> 考之《一统志》，水自内而外出者，天下唯济城已耳。

而明人晏璧则云：

> 今济南环城不一舍许，而七十二泉献秀呈奇。

（参见《济南七十二泉诗序》）

第三：资格老。济南泉水是最早见于古代文献的。济南泉水著录经传，可追溯到 3000 年前的西周时代，谭大夫《大东》诗，即以"有洌氿泉，无浸获薪"（"清冷的流泉啊，不要浸湿那砍下的树枝木柴"）载之《诗经》。据《春秋》记载，鲁桓公十八年，即 2700 多年前的公元前 694 年，"公会齐侯于泺"。泺即今日之趵突泉，趵突泉即古泺水发源地。而《左传·成公二年》则有齐晋鞌之战中关于华不注山下的华泉的记载。此事距今也有 2600 多年的历史了。

第四：姿态奇。济南老城区分布着趵突泉、珍珠泉、五龙潭、黑虎泉四大泉群，包括了大大小小的泉池 108 处，形成了千姿百态、琳琅满目的形态声貌。如被称为"天下第一泉"的趵突泉，拔地三窟，势若鼎沸，雪涛数尺，声如隐雷，实为寰中之绝胜、古今之壮观。占地 1000 多平方米的泱泱大泉珍珠泉，雍容大气，华贵典雅，泉水从池底上涌冒出千万颗亮晶晶珠泡，宛如串串珍珠，明代文学"前七子"之一边贡称其"百丈珠帘水面铺"。位于南护城河陡壁下的黑虎泉则又完全是另一番风貌，泉水自洞中通过暗道由三个石雕兽头口中喷出，飞流直泻，如瀑如练，威猛异常。

第五：水质美。济南泉水来自岩层深处，水温稳定，含菌量极低，清纯甘洌，十分适合饮用沏茶。正如北宋时曾巩诗中所赞：

> 滋荣冬茹温常早，润泽春茶味更真。

二

济南的泉如同珍珠漫撒，数不胜数。

济南城是整个儿泡在泉水里的。

已故著名山水诗人孔孚诗云：

若问泉有多少，

数一数济南人的眼睛。

济南的泉水不仅存在于公园、园林和其他一些公共场所，更多的还是隐藏在街巷的深处，一些传统民居和老百姓的庭院里，所谓"养在深闺人未识"是也。

一百年前的一个红叶遍山、黄花吐艳的晚秋季节，一个名叫"老残"的郎中，背个箱笼，摇个串铃，风尘仆仆从高青赶到济南，一心想到济南府看看大明湖的风景。进得城来，但见家家泉水，户户垂杨，比那江南风景，觉得更为有趣……

这是晚清作家刘鹗在他的小说《老残游记》中的一段描写。每一个济南人、每一位读者都会记住这段文字中对济南八个字的传神写照：家家泉水，户户垂杨。

因为，再也没有别的文字能比这八个字的描摹更为真切和更为到位的了。

所以说，来济南看泉，你最好寻一位当地人作向导，带你到小巷民居走一走，和老百姓唠唠嗑、品品茶，你方可体会到"家家泉水，户户垂杨"的神韵与风采。

走进街巷看泉，你也许还能遇到济南街巷的典型风物：青青石板路。

青青石板路，许多年里，它曾经和清泉相互依存，共同演绎出济南城内"流水被道""清泉石上流"的独特景观。

在当年的济南老城，你可以随意叩开一家住户的大门，他们的院落中大都有一眼泉。而且，那些迷人的泉不仅在老百姓的庭院里，也可以在屋门口、窗台下、居室内、厨房里，甚至卧室床下。

王府池子至曲水亭一带的街巷民居景致极美，堪称济南"家家泉水，户户垂杨"的标志性地带。早在北魏，人们即引泉水为"流杯池，州僚宾燕，公私多萃其上"。（参见《水经注》）当年，位于百花洲南的曲水亭是极其风雅秀丽的所在，现已圮废多年。清代诗人王初桐《济南竹枝词》云：

曲水亭南录事家，朱门紧靠短桥斜。

有人桥上潲裙坐，手际漂过片片花。

盖此亭位置极佳，它北临明湖，荷香北渚；南依群山，倒映绿波；莲坞可通游舫，苔矶自下钓竿。时至今日，这里依然秀丽如江南水乡：数不尽的泉眼，流出数条溪河，泉池溪河内，水草摇曳，游鱼戏逐。池岸水边民居错落，曲巷藏幽，杨柳叠翠，藤架古朴；溪流穿民居，过起凤桥，入大明湖。泉畔，小桥流水人家，蹲在水边浣洗的老人，沿溪戏水的龀龅孩童，居民枕水而居，其乐融融……在这里你依然可以读得出数百年前清代诗人、画家孙兆溎所描写的济南街巷的意境：

多少名泉散四隅，纡回络绎赴明湖。

阿侬最喜长流水，流到门前洗绿襦。

（孙兆溎《济南竹枝词》）

这首诗的笺注中这样写道：

（济南）城中多二尺许水沟，通城环绕，清泉汩汩，长流不止，每从民居中流出。

十年前，济南旧城区改造使得一些街道房屋拆迁时，曾经有某报社记者不辞劳苦地在济南探访老百姓家里的无名泉，20 天里竟然探得 31 处。其中仅县西巷、芙蓉街便有 10 处。而在太平寺街的探访更令人惊诧不已，原来，那些奇特美丽的泉池不仅在老百姓的庭院里，也可以在屋门口、窗台下，甚至可以涌流于居室内。其中，有一泉就在 2 号院的厨房里汩汩流淌；还有一泉则在 4 号院的卧室床下。女主人为了防止污物落入，在泉井盖上抹了一层水泥保护起来。这位记者十分感慨，他说自己原来以为刘鹗写济南"家家泉水，户户垂杨"用的是文学笔法，免不了会有夸张，没想到，原来竟是不折不扣的写实呵！

如此众多的别具特色的市井之泉，加上园林与府第中的大泉与名泉，构成了济南泉水形态的多样性与丰富性。古人早已看到并且记述了济南泉的这一特点。明代初年，文渊阁大学士、江西丰城人朱善（字备万）于洪武戊午年（1378）12 月和两位同僚游览了趵突泉以后，似乎意犹未尽，于是便"循流以观"，来到市井中，终于看到了其他游客未曾看到的精彩景象。他在《观趵突泉记略》一文中这样描述道：

> 则又知斯泉交灌于城中，浚之而为井，潴之而为池，引之而为沟渠，汇之而为沼沚，缺者如玦，圆者如环，萦者如带，喷者如雾，激之而鸣者如金石丝竹之声，随地赋形，不可殚记。诚济南之奇观也。

（《一斋文集》）

泉水是大自然对济南最丰厚的赏赐。

泉水是地下水涌出地表的天然露头。能否形成泉水，尤其是形成大泉，需要各种地貌、地质条件的配合。济南地区具有良好的岩溶含水层、完整的地下水汇流和富集系统，以及特有的地下水出露条件。这些因素的综合作用，方才造就了如此众多令人赞叹的泉水景观。

在济南市区，平缓的单斜地层受千佛山断裂和羊头峪断裂的切割、抬升，形成一个北西向、长块状的小地垒构造，称为千佛山地垒。下奥陶系含水层直插市区地下，由于地垒断块的抬升，使市区泉群所在地区的下奥陶系含水层比两侧断层以外地区埋深变浅，一般在 40~70m。隐伏的奥陶系地层呈舌状向北突出，其两侧与火成岩体直接接触。北面，在老城区一带的地下，是巨大的济南火成岩侵入体。这样，两侧的断层和北面的火成岩体构成一个三面封闭的排泄单元，促使地下水集中向北运动。

在东起青龙桥、西到杆石桥、北到大明湖，东西长约 2.3km，南北宽约 1.2km 的狭小区域内，集中分布着济南市区的大部分泉点。从地形上看，这一带地势较低洼，海拔高度在 25~28m 之间，而当地正常年份的地下水位在 27~30m 之间，即地面高程低于地下水位。从构造上看，这里恰是闪长岩侵入体与奥陶系含水层接触的边缘，因侵入岩体是由北而南斜向侵入，并超覆于奥陶系地层之上，故该地区闪长岩厚度变小，下伏的奥陶系含水层埋深较浅。从该地带向南，地形变高，且渐远离火成岩侵入体；向北则闪长岩体增厚，含水层深埋其下；唯有这一狭长地带具备了极佳的泉水出露条件。南来的岩溶地下水在这里汇聚，加强了可溶岩的溶蚀，地下数十米深度形成溶蚀裂隙、溶孔及小溶洞发育带；受到闪长岩体的阻挡，地下水位抬高；在巨大的静水压力下地下水循岩体中的裂隙、溶蚀管道等通道纷纷涌出地表，形成著名的济南四大泉群。

三

济南泉群北流东向，滋养并且造就了济南北部的大片湿地和小清河。小清河，以泉水为源，独流入海，这也是独一无二的。济南著名学者徐北文先生说：

一繁华闹市中心居然为一条通海长河之源，诚全球所仅见。

济南泉水的功绩，还有它对济南乃至山东经济文化的巨大促进。

小清河一路东行入海，育五谷润草木，贫瘠的田地变成了肥田沃土。济南的泉水，不唯让济南受益，还惠泽了整个齐州大地。明代山东巡抚胡缵宗有诗赞济南泉云：

金汤浃野还千里，春满齐州花满川。

正是泉水滋养的大小清河改变了济南的地位，有了它们，济南的水运事业迅速发达起来（刘豫对小清河的开凿认为其有两重性，它还使得鹊山湖的湖水全部流走，成为莽然田壤，无复烟波，对济南北部生态环境产生很大影响。参见《齐音·鹊湖》与张华松《略谈济南北郊千年生态之变》）。小清河的主要功能是内河运输，它利用济南丰沛的泉水来保障河运水位，使船只从河口直达济南。河运与海运连为一体，增强了济南与山东各地和东南沿海的经贸联系，尤其是沿海所产食盐通过它可便捷地运到济南。同时，水陆交通的通畅也使济南的政治地位不断上升。自西汉到宋代，山东一带的政治中心是青州。与济南相比，青州只通陆路，而济南自金元时期却水陆路皆通。在元代，虽然行政机构山东东西道宣慰使司仍设于益都路，但监察机构山东东西道肃政廉访司已设于济南。到明初，行政机构山东承宣布政使司移治济南，济南成为山东的政治中心。多少年来，装载着大宗的盐、木材、粮食、生丝、蔬果的商船在小清河上往返游走，济南成了商贾荟萃之区，成了全省最大的商业中心和农产品集散地。直至近现代，小清河上的商船船队仍以堂堂之阵、赳赳之势直达济南府的中心地带。

已故当代著名学者严薇青教授便曾在《西门桥下的帆船》一文中，描述了20世纪20年代至30年代，小清河上的船可溯流而上，直达西门桥下的繁忙景象。文中说：

> 当时，西门外护城河的水位很高，河身也宽，河中可以并列两排船，从桥下往北，前后接连不断，直至现在山东造纸东厂的门前……

想想看，这该是一幅何等壮观的画面啊！

近些年，在山东省和济南市两级部门的共同努力下，小清河综合治理取得了令人瞩目的成就，人们瞩望着小清河全面通海的日子。

泉水带给济南的不止这些。

那是1905年，道员刘恩柱集资28万元购买德国42千瓦发电机两部，在曲水亭创办了发电厂。发电厂初名济南电灯房，后更名为济南电灯公司。这是山东最早的民营电力企业。

翻开一部济南近代史，你会发现，济南早期的那些工业企业，如济南电灯公司、双合恒染布厂、泺源造纸印刷有限公司、宏济阿胶厂、绍光南酒厂、顺和毛巾厂等，都无一例外地建立在曲水亭、东流水、马跑泉、山水沟等靠近泉水泉河的地方。泉河之畔，那是济南近代工业的诞生地，是她的摇篮。

济南是一座浮在泉水之上的城市。

泉水，那是济南大地的根根血脉。

四

清澈甘美的泉水，滋润了济南，并给这座古城带来了数不尽的风情、说不尽的意蕴，形成了济南独特的文化景观和文化气象。

济南人世代居住泉边，他们爱泉亲水，喜欢用泉说事，比方说，给自己起名，喜欢用泉。边华泉边贡，明代前七子之一，众所皆知。

此外，看看仅在清嘉庆年间活动的几位著名济南诗人吧，何邻泉，家住趵突泉附近，便起了这个名字；范坤于72泉品题殆遍，雅号"品泉生"；徐子威，自号"野泉"。

济南人还喜欢以泉命名街巷，如玉环泉街、江家池街、王府池子街、平泉胡同等。这遗风流韵至今犹存，如将老城区最大的街道称为泉城路，最大的广场称为泉城广场。

济南人喜欢以泉名居，这是极端私人化的行为，所以更为一般文人学士所热衷。如殷士儋之"川上精舍"，周永年之"林汲山房"，韩天章之"灰泉别业"，陈霖、唐尧卿之"品泉山房"等。

济南书生王苹住进了当年殷士儋殷相国通乐园遗址，听当地土人呼之为殷家亭子，便激动不已，又考证出宅旁之泉乃为望水，遂为其宅取名为"二十四泉草堂"，幽居其中，吟诗著书，偃仰啸歌，其乐悠悠。其后，山水暴涨，草堂倒塌，再筑再圮。为留住泉堂之风貌，王苹特请江宁画家王安节等为他绘制了《二十四泉草堂图》，并请求诗人们为之咏歌品题，以追思二十四泉之风物。想不到，诗人们充满兴致参与其事。这又催生出一次颇有影响的诗坛活动，极一时风雅之胜。

已故济南著名学者徐北文教授有竹枝词云：

才华横溢泉三股，字吐珠玑水一泓。

多少诗人生历下，泉城自古是诗城。

文思泉涌，古人常以泉涌比喻文人的文采。这种比喻使用的频率，显然在济南为最高。明代大臣公鼐（字孝与，山东蒙阴人）在谈到济南名士刘敕（字君授，编纂《历乘》18卷）的诗时，说他卜筑明湖之上，日与鸥鹭相狎、泉湖为伴，故其"发调清远，修辞秀雅"。（刘敕《白鸥阁集序》）

而田雯在为济南诗人王苹《二十四泉草堂诗集》所作的序中，完全以泉来比喻王苹的诗：

夫泚然以斋者，泉之源也；淦淦而潺潺者，泉之波也。当夫风雨喷薄，水石湍激之际，于猿啼枫落时闻之，不啻雍门之琴、荆山之泣，有助人凄其而不能自已者。秋史之为诗，悲歌慷慨，郁陶莫释，一往苍凉萧械，侘傺无憀之音仿佛似之。识者叹为骚体之遗，才人之高致矣。一变而叶于金石，归之大雅，犹夫泉之垂溜天绅，众山皆响，汇为风潭万顷，而汗澜卓踔以放乎江河，讵可量哉！

这真是一篇美文、奇文，但它却无独有偶。

清初另一个济南籍诗歌大家王士禛在为济南诗人朱缃（字子青）《云根清壑山房诗》所作的序中，既将富于才华的朱缃比作济水（古人认为济南众泉源于济水），又将他比作泺水。他说：

济水为渎，发源于王屋，入于河，溢为荥，伏流地中行千里为泺，以达于海。吾尝游秦陇之墟，观所为八水者，若泾，若渭，若灞，皆水之大者，其势郁懛涛怒，湍急懔疾，然皆不得列为渎，盖泾与六水同入渭，渭又入河，其力皆不足自致于海。故《尔雅》曰：四渎者，发源注海者也。朱子子青，家济水之上，临泺源之堂。其嗜古也，若汲深然；其发而为诗也，若溪辟而过辨也，若大波为澜而小波为沦也，吾屡观其所为，其力盖足以自致于海者也。

济南人爱泉而及泉边或水中尤物，如柳与荷，前者为市树，后者为市花。济南人以此命名者不胜枚举。当年大学者季羡林先生在济南的初恋情人叫荷姐；济南人今天修建了两座豪华的体育场馆，一曰东荷，一曰西柳。这样的命名绝不是一时的心血来潮，而是济南本土文化的典型产物。

由此可知，济南人爱泉惜水，将泉水人格化、神灵化，已经成为一种集体无意识行为，成为深入每一个市民血液骨肉中的悠远情愫。

五

济南诸泉之水北流，注入大明湖。大明湖早已有"江北独胜"之名，泉水湖、城中湖，这双重身份更使它超凡脱俗、高贵典雅，它是济南泉水创造出的全国唯一。

明人王象春在谈到大明湖独特价值时说："湖出城中，宇内所无。"清人黄恩彤（字绮江，号石琴。山东宁阳人，道光丙戌进士，曾任刑部郎中、江苏按察使、广东巡抚等）在《明湖竹枝词》中云：

淡抹浓妆画不成，自然宜雨又宜晴。

明湖敢道西湖似，只是西湖欠入城。

至纯至清的泉水汇成的湖，自然会是最美的。

元代大诗人元好问在《济南行记》中说：

大明湖，其大占府城三之一，每秋荷方盛，红绿如绣，令人渺然有吴儿洲渚之想。

而近人宋恕则说：

满目残荷，想见六七月花容之盛，夹堤高柳，绝无纤尘，画船箫鼓，终年不断云。故论其名所之多、湖面之广，虽不及杭之西湖，而以在城内之故，赏月游客反而比西湖为多几倍。论其风景，实胜于今金陵之秦淮矣。

（1905 年 9 月 29 日《致孙季穆书》）

在五龙潭公园的山石上，镌刻着贺敬之书写的孔孚诗作——《泉边》：

掬一捧泉水

洗一洗眼睛

心也绿了

是泉水，给济南带来了诗意，带来了浪漫，带来了富有生命活力的、湿漉漉的激情。是泉水，是湖水，将这座历史古城变成了无比优雅的诗意济南。

济南风物，是多蕴诗性的。比如，泉边杨柳。

清代才子张潮说：

物之能感人者，在天莫如月，在乐莫如琴，在动物莫如鹃，在植物莫如柳。

柳枝摇曳，是美人的柔姿，秋风的喟叹，时光的身影，诗性的流淌……

云行不留，月坠镜里，荷香拂座，柳荫盈堤，济南是个多柳的城市。柳树是济南的市树。

大明湖南岸，晚烟疏影间，杨柳丝丝荷盖圆。那是一个名叫秋柳园的所在。1657 年初秋，一个秋风萧瑟的日子，济南府新城县进士王士禛与济南的文朋诗友在这里会饮谈文。当他看到"亭下杨柳千余株，披拂水际，叶始微黄，乍染秋色，若有摇落之态"时，怅然有感而赋《秋柳》诗四章。

秋来何处最销魂，残照西风白下门。

……

这个衰柳的意象，除了它的艺术美外，还曲折隐晦地反映了清初知识分子哀伤压抑的情绪，触动了前朝遗民伤今怀古的心弦，引起诗坛的轰动，一时和者数十人，盛传大江南北。王士禛也因此一举成名。秋柳园，正是一代诗宗王士禛艺术起步的地方。这个不乏清冷寂寞却充满诗情画意的地方很为济南人喜爱。

垂杨总是销魂树。

诗人董元度诗云：

珍重丝丝金线柳，千秋常属老渔洋。

又比如，澄波桥影。

在济南人的心目中，七桥、七桥风月是个丝毫不亚于扬州二十四桥的审美意象，尽管这七桥早已不复存在。大明湖旧有长堤，堤旁多柳，堤上跨七桥，以通众多泉水的流动。

这种情意拳拳的追思情愫首先起源于七桥的建筑者曾巩。宋代，这位挚爱着济南并且为济南做出卓著政绩的父母官在离开济南后，心里最放不下的就是这七桥："从此七桥风与月，梦魂长到木兰舟。"这是一种近乎痴绝的思念和诉说，它留给读者的想象是：这七桥该有多么美啊！这之后，七桥的美更因为它的消失而得以强化，所以，济南其后出现了许多吟唱甚至凭吊七桥的诗歌。这样，七桥风月其实完成了一个转变，它由一个实物变成了济南人心中一个永恒的意象，一个美好的象征。

又如烟雨奇观。

那染烟碧柳、齐烟九点、鹊华烟云，是水墨天成，是诗意朦胧……这幅美景，在诗人孔孚的笔下，得到极为生动的展现：

半城春水

绿了一个济南

吕品在烟雨中

打着伞

这幅景致如果到了西方哲学大家那里，他会怎样评价它呢？比如说，在本雅明的笔下。是的，他会首先将济南烟雨定义为一种"光晕"，然后说：

光晕是一种源于时间和空间的独特烟霭：它可以离得很近，却是一定距离之外的无与伦比的意境。

（本雅明《可技术复制时代的艺术作品》）

又如湖光山色，风荷田田。那泉水清湖，列屏碧山，佛山倒影，沾衣荷香，都会令人渺然有吴儿洲渚之想、羽化升仙之念，以至诗情飞扬！无怪趵突泉边大湖湖畔，边贡、李攀龙筑楼卜居，谷继宗吟诗造墅，田雯柴门临水，王渔洋读书幽居，蒲松龄汲泉炊粥……

夏荷、秋柳，是济南泉水的咏物诗；鹊华烟雨、七桥风月，是济南泉水的朦胧诗；荷香北渚、苍生霖雨，是济南泉水的如画诗。

济南是诗城，泉水是诗神。

六

济南被称为"诗城""诗地"，成为名副其实的风雅之区、名士之城，这显然也与泉水的滋养哺育密不可分。

杜甫诗云："海右此亭古，济南名士多。"济南本土有大批名士。明代济南籍大诗人边贡曾骄傲地吟唱："我济富山水，人称名士乡。"（边贡《春日卧病寄刘子希尹、王子孟宣》）在边贡等人眼里，灵山秀水，正是济南之为名士乡的前提。所谓"山水奇秀，必多遒文丽藻之士"（董复亨《函山先生集序》）是也。

济南最早的诗篇，可上溯至中国第一部诗歌总集《诗经》中《大东》一诗。《大东》之后，济南本土名家璀璨，人才辈出，即以文学诗赋之士而论，其名闻全国、诗传载籍者，唐代有崔融、员半千，宋代有范讽、李清照、辛弃疾。李清照是毫无疑义的中国第一才女，是历代词论推许的宋词婉约一派的代表词人。她开创的"易安体"优美动人，风格独具，是宋词中无可替代的奇葩。辛弃疾与苏轼一道，被誉为宋词豪放派的领军人物，时号"苏辛"。与李清照一样，辛词亦极大地拓展了宋词的表现潜能，这使"济南二安"（李字易安，辛字幼安）当之无愧地成为宋代词坛最为璀璨的双星。

金元之际，济南有杜仁杰、刘敏中、张养浩诸人。张养浩是元代名臣，著名诗人、散曲家。他敢于用创作直面社会人生，其曲作的人民性达到了时代最高水平。

明代济南成为山东省省会之后，本土作家如边贡、刘天民、李开先、李攀龙、殷士儋、许邦才、于慎行、王象春等相继涌现，济南的诗歌成就及影响居于全国首位。特别是边贡和李攀龙，二人是明代前、后七子的中坚和盟主，是领袖明代诗坛的杰出诗人。边贡为弘正四杰之一，王士禛说："明诗莫盛于弘正（弘治、正德年间），弘正之诗莫盛于四杰。"（《华泉先生诗选序》）至于后七子的领袖李攀龙，他的七律堪称明代之冠冕。王世贞以"峨眉天半雪中看"（《漫兴十绝》）誉其诗。胡应麟则称李为"高华杰起，一代宗风"（《诗薮》）。一个城市在一个朝代涌现如此之多影响全国、领导文坛的诗人名士，这在中国历史上是十分罕见的。

清代，济南文坛继续延续着明代的辉煌。王士禛、田雯、王苹等人，各以自己的诗歌创作实绩，在清代文坛上占据着重要位置。王士禛别号渔洋山人，济南府新城（今桓台）人，宗盟海内达数十年之久，被誉为泰山北斗，为诗倡"神韵"说，是开一代诗风的杰出诗人。

甘泉哺育名士，甘泉也可引来名士。那年，唐宋八大家之一的苏辙在京师游宦贫困，思归而不能，听说齐州（济南）属吏掌书记空缺，立即求而得之。吸引他前来的原因是：

　　济南多甘泉，流水被道，蒲鱼之利与东南比，东方之人多称之。

被泉水和泉城美景吸引前来的名士可不止苏辙一人，而且也不自苏辙始。济南山水的丰饶秀丽，吸引了历代文人纷至沓来。比如，汉末，曹操、曹植曾在济南地区任职或居住，建安七子中孔融、王粲、徐干、刘桢四人的籍贯都在济南附近，建安风骨无疑会深深影响济南的文风诗风。唐代李白、杜甫都曾经游历济南并留下了千古传诵的诗篇。宋代，仕宦、寓居或游历济南的，则有欧阳修、赵抃、曾巩、苏轼、苏辙、李常、祖择之、晁补之、孔平仲和孔武仲等。他们的诗文，为济南的湖山增辉；他们之中仕宦济南者，又多有政绩，个中最著者是曾任齐州太守的曾巩。

金元间有元好问、赵秉文、徐世隆、郝经、赵孟頫诸人。元好问写有多首咏赞济南的曼妙诗篇，而一代书画大家赵孟頫，除了描绘济南北部风光的国宝级画作《鹊华秋色图》外，还有《趵突泉》诗这样写尽趵突泉气势与神韵的名篇。

明清间来济南的诗文名家，多为仕宦济南的朝廷命官和学者。明代如薛瑄、王廷相、王慎中、王守仁、胡缵宗、王世贞等，清代则有顾炎武、施闰章、黄叔琳、朱彝尊、于敏中、翁方纲、阮元、孙星衍、刘凤诰、何绍基、刘鹗等数不胜数的诗人。上列诸公宦游或寓居济南期间，大都有诗文流传后世，更为诗城济南增添了诗性的辉光。

名士文化，展示了济南作为一个名副其实的历史名城所具有的深厚内涵。清代济南府著名学者、诗人王培荀在其名作《乡园忆旧录》中，曾对这一现象加以阐述说：

> 济南固多名士，流寓亦盛。如唐之李、杜，宋之苏、黄、晁、曾，无不游览流连。国初，顾亭林、张祖望、闫古古、朱竹垞，皆以事久住。学使则前明薛文清、王文成，一代大儒。我朝则施愚山、黄昆圃，一世文宗。以此提倡，人物风雅安得不盛？

这段话语，精辟地概括出济南的一个特征：名士之城，风雅之区。应该说，济南的泉水文化与名士文化，密不可分，存在一定的因果联系。名士之于济南，清人王培荀称之为：

> 以诗人置之诗地，可谓人地相宜。

（参见《乡园忆旧录》）

名泉得名士品题，辉耀水湄，声名益彰；名士得泉水滋润，心神怡悦，翰章飞洒。名人名泉相互映照，实为珠联璧合，美不胜收。

七

当年，《趵突泉志》的编纂者任弘远曾经深有感慨地说：

> 天下名山大川不少矣，所以不大著于古今者，以无才人之标题，
> 韵士之歌咏于其间耳。

济南的泉水是有福气的，古往今来，它们受到那么多文人雅士、智者贤达的关注与青睐。他们对济南泉水的歌咏品题，对炳耀泉城，扩大泉水影响，无疑起了重大作用。更为重要的是，在此后的千秋万代里，泉水具有了深厚的历史文化底蕴。

步入趵突泉公园，泺源堂、娥英祠、望鹤亭、观澜亭、沧园、白雪楼……楼阁辉煌，桥梁飞渡，云岚风壑，碧瓦丹楹，其楼榭亭馆、名胜古迹之美，灿若霞起。

而趵突泉更大的自豪与骄傲则在于它所拥有的精神文化产品，自古至今，面对泉水美景，才人标题，韵士歌咏，宸翰飞洒，公卿泼墨，苏轼、苏辙、曾巩、元好问、赵孟頫、张养浩、王守仁、王士禛、蒲松龄、何绍基、郭沫若、柳亚子……都曾对趵突泉及其周边的名胜有过题咏，而清代康熙、乾隆两位皇帝先后驻跸留题，文人雅士们或登眺而写其胜概，或游览而赋其清幽。其中，"南丰二堂之记，子昂濯尘之篇"，尤为古今人士称道。赵孟頫一首《趵突泉》诗，历代和者无以计数。

走进趵突泉真如同走进一座诗词书法艺术展览馆，走进一座辉煌的文化殿堂，单是壁间石刻碑版诗文便令人目不暇接，所谓"题咏争留四壁多，短墙面面皆石碣"。（曹鉴伦《趵突泉歌》）"游人常多题咏，环壁尽是珠玑。"（刘敕《跋王用生趵突泉诗》）是的，人们在此啜茗观景，必然兴致大发，因为，这是多么难得的精神之旅啊。清代济南名士王培荀谈趵突泉，他在肯定其作为天下第一泉的实力与特色的同时，又指出这与该泉所处位置以及名人品题有关。他举例说：

> 滇中广南府地名响水塘，有泉上喷，高十余丈，白雨洒空，三

里外声若雷霆，近里许对面语不相闻。盖旁有多山，水汇为一，趋而直下，遇磐石怒激，势猛力道，郁为宇内奇观……然无名人题咏，寂寂无传。史公云："附青云之士而名益彰"，若趵突者亦幸在都会，得松雪之品题也夫。

因此，在《济南泉水志》的编写过程中，我们通过各种途径和方式认真查找关于济南泉水的人物与作品，生怕有一个人物一部作品有所遗漏。本书"人物志"共得泉水人物445名，"艺文志"得泉水诗1200余首。这还不包括大明湖的人物与作品。为确保人物志的准确与完备，编纂者查阅了众多的古籍和地方志乘，以往的泉水专著和论文中未曾提及或只知其名却不知其生平事迹的人物，这次有许多一一弄清楚了他们的"身份"。另外，在《济南府志》《历城县志》《历乘》《趵突泉志》等地方志书和泉水著述之外，编纂者又从古代作家的诗文集中，发现了不少泉水作品，从而进一步拓宽了对济南泉水人物及作品的深入研究。然而，至今仍存有少量生平事迹未详者，本志以"附录"形式将其标出，是为了方便社会各界共同查找，将泉水研究推向新的层次和水平。

千百年来，有众多的文人雅士、社会贤达，怀着对济南的深厚感情，歌咏品题济南泉水，为扩大济南泉水的知名度，为济南的泉文化建设，做出了卓越的贡献。其中，固然有济南本土的诸多诗人、作家、学者，但也有数不胜数的外地来济南游宦、侨寓、游历的各界名士。济南人会千秋万代记住他们的名字和功绩。

比如，唐代杜甫，他的"海右此亭古，济南名士多"的诗句可以说是"第一次深邃、完整地表述出泉城的历史人文底蕴"（王育济《济南历史文化的变迁与特征》），成为济南千百年来最亮丽、最动人的城市名片，是济南人永远的骄傲。

比如，宋代曾巩，这位跻身"唐宋八大家"行列的著名文学家，可不单单是作了几首优美漂亮的泉水诗或修了几座湖边亭馆，不是的，他是为济南这座城市的整体的审美规划与建设倾尽心力，或者说，他是这座城市最早的泉文化设计者、建设者，他为把济南建成一个潇洒的园林名城，做出了彪炳史册的历史贡献。他在济南北城修建北水门，围绕大明湖建"七桥风月"景观。应该说，正是在他的主持、规划与组织建设下，大明湖方始构成了它之后近千年作为风景胜地的基本格局与面貌。他还在趵突泉边建造了历山堂和泺源堂。他还写了《齐州二堂记》，就是在这篇著名的文章中，他考证了两桩对济南历史文化影响深远的事体，其一，历山（千佛山）为"舜所耕处"；其二，趵突泉之源不在王屋山，就在济南南部山区："今泺上之南堂，其西南则泺水之所出也。"这对济南又是一件功德无量的事情。

　　济南自古多名士，每得风流太守来。

（王象春《齐音·济守》）

王象春在这首诗的注文中还列举了几位济南太守的名字：

　　唐之李邕，宋之曾巩、晁无咎，元之赵孟頫，皆风流蕴藉，民享安富之福。

元代赵孟頫在济南当了三年地方长官，不仅善政垂世，其文化业绩更是彪炳史册。古往今来，写趵突泉的诗文作品数不胜数，而赵孟頫的《趵突泉》诗却独占鳌头，享尽风华，所谓"南丰二堂之记，子昂濯尘之篇"是也。赵孟頫诗出，犹如在诗坛上刮起一股飓风，掀起了一个"和诗运动"，王培荀称："赵松雪一诗，和者千人"（参见《乡园忆旧录》），足见此诗在诗坛上影响之深远。于今，赵孟頫的诗句"云雾润蒸华不注，波涛声震大明湖"所成的妙联依然悬挂在泉边的泺源堂上，供游客观赏、品味。

　　名人与名泉，从来都是不可分割的一体两面，趵突泉若无众多文人雅士，尤其是赵孟頫这首"濯尘"诗为之揄扬品题，绝对达不到今天的知名度和美誉度。赵孟頫与济南的深厚情感和深刻联系还在于他绘制的那幅千古名作《鹊华秋色图》。该图取济南城北山野实景：一片辽阔的沼泽地，有二山突起，右边尖而峭的是华不注山，左边缓而圆的是鹊山，两山刚柔相济，寄寓儒家的中和之美。两山之间远远近近错落着杂树野卉，莎草兼葭，茅舍群羊，渔叟竹篙，整幅画以深蓝和浅蓝为主，杂以红、黄、褐诸色，色调鲜润，潇洒幽淡，颇具文雅意趣。此画对济南后世影响颇大，济南人颇以此为自豪，它引出无数的诗词歌赋与文雅旧事，而且跻身旧时"济南八景"之行列，名曰：

鹊华烟雨。

济南泉水在近现代赫然的名声还与一个人、一部书和一句话密切相关，这个人是刘鹗，这部书是《老残游记》，这句话是"家家泉水，户户垂杨"。

而在现当代，则有老舍。

作为一名作家，你可以写出济南的真，但你未必能写出济南的诗意；你可以写出济南的美，但是你未必能写出济南诗意的美。

而老舍，则是最能展示出济南的诗意之美的现代作家。

且看老舍对济南及济南泉水的描写：

　　设若你的幻想中有个中古的老城，有睡着了的大城楼，有狭窄的古石路，有宽厚的石城墙，环城流着一道清溪，倒映着山影，岸上蹲着红袍绿裤的小妞，你幻想中要是这么个境界，那便是个济南。

　　上帝把夏天的艺术赐给瑞士，把春天的赐给西湖，秋和冬的全赐给了济南。

为什么不说别人，单说老舍写出来济南的诗意的美呢？

这是因为，老舍掌握了一种方法，一种如何展示济南诗意美的方法。他将它称作一种"诗意的体谅"，他说：

　　要领略济南的美，根本须有些诗人的态度。那就是……把湖山的秀丽轻妙地放在想象里浸润着。

（老舍《更大一些的想象》）

老舍教会了我们如何欣赏和写出济南和济南泉水的美。这一点，不唯对济南的当时，它对济南的后世都会发生深刻的影响。

八

文人临水有着无限的风韵与意味。

济南的泉水诗文是济南泉水文化的最重要的组成部分之一，是前人留下的一份至为宝贵的精神财富。

孟子曰："观水有术，必观其澜。"

在中国古代哲人和文人眼里，如何观察和欣赏水，是一门大技巧、大学问。观水观澜，这就是说，只有屈曲的、有波澜的水才是可观的、美的水，而泉水，则无疑是众水之中波澜最为奇特、最为丰富的一种，因而，它带给人们的哲学意味、审美体验、愉悦启发也就最多。

水是中华文化中最普遍却又最丰富、最具创造力的意象符号。在中国传统文化中，水早已不单单是水本身，而是寄寓着人们诸多的社会理想、人生智慧、价值尺度和道德观念的载体。

老子曰：

上善若水，水善利万物而不争，处众人之所恶，故几于道。

孔子说：

智者乐水，仁者乐山。

庄子曰：

水静则明烛须眉，平中准，大匠取法焉。

而儒家将社会道德之水推向了极致。如以水性来比附儒家道德的"比德"说（"夫水者，君子比德焉"），赋予水以"似德""似仁""似义""似勇""似智"的诸多特征（见《韩诗外传》）；又如孟子的"有本"说（"源泉混混，不舍昼夜……有本者如是"），强调水的本源的重要性及"君子志于道"的决心和毅力；而对于作为主体的人而言，孟子又强调如何观察水、欣赏水的学问和技巧，以便从水的形态中寻求对社会、对人生、对美的认识。

在中国，不唯是儒家和道家，佛家也惯以水喻佛理。如主张"顿悟成佛"的禅宗就认为，对禅的追求不是把自己关在书籍或书斋里，而应到大自然中去体味，所谓"青青翠竹，尽是真如（佛法的真谛）；郁郁黄花，无非般若（佛的无量智慧）"是也。为理解顿悟，禅宗大师还用自然山水来启发人们，留下许多公案和禅语。如问什么是道？答："云在青天水在瓶。"问什么是佛？答："深潭月影，任意撮摩。"问成佛之路，答："月印千江水。"问开悟门径，答："偃溪水声。"

水是生命之源。它除了给人以饮用、灌溉、舟楫等方面的恩惠外，还产生出许多精神方面的价值和特质。古代的文人和思想家们，面对着澄明、洁净、灵动、润泽、甘美且千姿百态的水如济南泉水时，更是浮想联翩，情不可遏，创造出极为丰富的精神产品。

多少年来，中国人观水观泉其实是在领略着水的美妙姿态的同时，直接联系着、感受着"静心""比德""养怡""悟理""求道"等多重自然、社会、人生的内容，观水本身更是陶冶情性、提升道德、超越自我的有效途径，观水是精神洗礼，是智慧开启，是灵魂之游。"子在川上曰，逝者如斯夫。"文人临水，不唯是闲适、愉悦、诗意与灵动，它还生发着深远的历史沧桑感和对于现实人生的超越。

正是基于上述认识，所以在编撰《济南泉水志》的过程中，我们更能体会和感悟到济南泉水诗文的不朽价值。这些作品，大多出自国内著名文士甚至一流作家、诗人之手，作品之中展现的，不仅是以过人的才华和超诣的文笔对泉水的传神写照，它们更有着中国文化、中国哲学的深厚内涵，有着追求人与外部世界高度和谐的物我合一、天人合一的宏阔意蕴，悠然自得、超然物外的高旷情态。对于人生历史的优雅情调与超越之思，如同泉水般轻灵、洁净、悠远、超迈的人生境界，以及对文人雅趣和文人风度的诗性描述，中国古老文字的内在魅力与固有情调。

文士们以绮丽之藻思，志泉水之美盛，读者展卷，固不啻登山观海，极天下之大观而无憾矣！

谈到济南的咏泉诗，首先要提到的是"风沦历城水，月倚华山树"这两句诗，因为它对后世济南诗人的山水诗影响很大。这首诗的全诗已经找不到了。它出自唐代齐州人段成式的笔记体小说《酉阳杂俎》。据该书记载，这是北齐时参军尹孝逸为齐博陵君房豹之园林房家园所作的诗里面的两句。房家园为当时历城园林名胜。其中"杂树森辣，泉石崇邃"，而时人认为这两句是对房家园的传神写照，它比起晋宋之际的大诗人谢灵运的《登池上楼》诗中的名句"池塘生春草，园柳变鸣禽"也毫不逊色。

在济南，名气最大的咏泉诗当属元代赵孟頫的《趵突泉》诗。此诗一出，天下和者无数。何以此诗会产生如此大的轰动效应，清人黄良佐称："非松雪以奇崛之名，强拗之调，未易与泉颉颃。"此当为至论。该诗起句"泺水发源天下无"陡然而起，异乎常规；它的奇崛之处在于敢以天下无有之事设问以引出下文，而这又是趵突泉（泺水之源）独具的特点。下句"平地涌出白玉壶"算是解答。这七个字，除首尾两平声字之外，其余全仄。这种拗句，历来少有。然而，只有这种罕见的写法方使得趵突泉的泉势豁然毕现。而"白玉壶"这个形象（以状水柱）亦为人称道不已。白，写其色，玉，写其清，壶，写其形。玉壶本静止之物，今平地涌出，实构思精妙。

趵突泉涌地浚发，三穴霞沸，喷珠飞沫，耸若三峰，抓住它的逼人气势来写，为上选。所以，宋人赴抃称其"连宵鼓浪摇明月，当暑迎风作素秋"（《寄题刘诏寺丞槛泉亭》）。苏辙称其"连山带郭走平川，伏涧潜流发涌泉。汹汹秋声明月夜，蓬蓬晓气欲晴天"（《和孔武仲济南四咏·槛泉亭》）。二人都是从趵突泉的磅礴气象着笔，写出了该泉不同寻常的伟美与壮观的。而元代诗人张养浩则将自己观泉时受到震撼和洗礼的心情融入诗中，使诗作更为真切动人：

> 绕栏惊视重徘徊，
> 流水缘何自作堆？
> 三尺不消平地雪，
> 四时尝吼半空雷。
> 深通沧海愁波尽，
> 怒撼秋涛恐岸摧。
> 每过尘怀为潇洒，
> 斜阳欲没未能回。

清代田雯的《趵突泉歌》亦是一首描写该泉的名篇佳作。诗歌以"地肺坼""江罍涨""广陵夜涛""钱塘劲潮"等奇瑰形象表现趵突泉的气势与风采。而施补华的"归来引被作午睡，枕寝恍杂烟涛声"，称之为"醉后游"所作，颇能放得开收得拢。嵇文骏的趵突泉诗则着意抒写文人临泉的情调，如"一泉喧夕照，万木助秋声"（《游趵突泉》），"虚廊竹卧云同懒，浮世人忙我自闲"（《雪后游趵突泉》），均为耐人咀嚼品味的佳作。

古人写趵突泉诗，有并非文学大家却因寄托深远、感悟独特而颇可一读者，如黄晃的"非因激湍偏能怒，自是源深永不枯"，如陈俞侯的"自与江河为浩荡，岂从沟浍论盈枯"，皆弦外有音，味外有旨，意味悠长。至于写景，则有柳灏的"涛激时溅花径雨，湍飞长拂柳堤烟"，龚章的"霞光返照喷红雨，柳色斜侵涌绿烟"，亦可称为空灵精巧，别具慧眼，给人以丰富的联想和审美的感受。

较之大明湖与趵突泉，珍珠泉的诗作就相对少些。这是因为，元明清时代，这个大院一直是达官贵人甚至藩王的王府或官邸。特别到了清代，据王培荀《乡园忆旧录》载："济南抚署，传云圣驾南巡驻跸居之，故正门常闭，巡抚各官俱由东角门出入。"如此，一般文士根本进不了这个大门，况睹其景以传其形神乎？相比之下，倒是位于南护城河的南珍珠泉更令人们感到亲切适意。

如济南名士、诗人徐子威的《珍珠泉闲步》二首之一：

　　　古木萧疏水渺茫，

　　　郭边风色渐苍苍。

　　　芒鞋倚杖寒云外，

　　　人影泉声淡夕阳。

由南珍珠泉向东不远处，护城河北岸有白石泉，当年此处景致美不胜收。诗人黄景仁有《泉上》诗赋此，其中有佳句"千头鱼戏影藏藏，一足鹭立姿翩翩"，可想见其时风貌。而济南诗人乔岳的《泉上即目》诗更为清新怡人：

　　　风满园林月满楼，

　　　一泉围绕半城秋。

　　　溪西烟树知多少？

　　　添个渔船胜虎丘。

写泉而不独在泉，泉中多蕴人生、社会之理。诗人张善恒颇善此道。其好处在，景与情，情与理，浑然为一体，并未如后世之人陷入概念化。且看其《无忧泉》诗：

盈涸本无常，自行还自止。

安得一寸心，化作无忧水。

人要做到无忧，是难的；常人只能看到这一点，而通常不会看到或者更进一步联系到——无忧其实是有充分的外在依据的。

济南之泉，美擅天下。记泉之文，首当数北魏郦道元之《水经注》。郦谓趵突泉："水涌若轮"；谓华不注"单椒秀泽""青崖翠发，望同点黛"：不唯文采华美，更在准确传神。全祖望，大家也，称郦遣词用字"可为神肖，不能措一词"，当为至论。而郦述古大明湖客亭更是味同醇醪："池上有客亭，左右楸桐负日，俯仰目对鱼鸟，极水木明瑟，可谓濠梁之性，物我无违矣。"

"南丰二堂之记，子昂濯尘之篇"，始终是趵突泉的自豪。记趵突泉之文，除曾巩《齐州二堂记》，颇见功力者还有清初山东学使施闰章《趵突泉来鹤桥记》，此文以泉喻为政之道、做人之本，与朱彝尊《漫泉记》有异曲同工之妙。此外如王培荀《乡园忆旧录》之"城南趵突泉"一文亦能写出趵突泉何以称名天下第一的缘由所在，且富于文采机趣。值得一提的还有清代秀水诸生怀应聘《游趵突泉记》一文。他写趵突泉的动感极为生动："其水自三穴中涌出，各高二三丈。怒起跃突，如三柱鼎立，并势争高，不肯相下。"他发出疑问："曾有独起卓立，首耸发竖，若与山峰竞其高下，如趵突泉者哉？"而水则为典型的柔物："方之则方，圆之则圆，挹之则盈掬，挥之则散落"，因此，趵突泉显然是"以至柔之质而发为至刚之概，以自见其奇邪！"

这不仅是赞美泉，也是在塑造一种完美的人格精神。

综论济南泉水的有元代于钦《会波楼记略》，其作短而赅，简而丰，文藻华赡。其文曰：

济南山水甲齐鲁，泉甲天下。盖他郡有泉一二数，此独以百计。涛喷珠跃，金霏碧汀，韵琴筑而味肪醴，不殚品状。在邑者，潴市之半；在郭者，环城之三。棋布星流，走城北陬，汇于水门；东流为泺，并于汶，过于时，入于海，可概见矣。

而有"谑庵"之号的明人王思任之《游历下诸胜记》实可称为一篇才情

烂漫、幽默诙谐的奇文、妙文。文章立意颇高，放得开，收得拢。它所写的是称为"济南三誉"的华不注、大明湖、趵突泉。开端写华不注，那比喻就颇为奇特："虎齿刺天，肥而锐，似帝青宝碧十分涂塑者。"观趵突泉：

> 昔时剑标数尺，而今仅为抽节之蒲，诸童子浴，裸袭之。王屋之气，日短一日矣——泉也。且泉之左，为于鳞先生白雪楼，已别有所属，何处吊中原吾党也——楼也。

到大明湖：

> 披襟独往历下亭子，一看，菡萏千亩，流光溯空。芦中人，谁与？若肯为我谱渔笛数弄，我不难赓桓伊也……

真可谓涕中带笑，褒中寓贬，内涵复杂，左右逢源。文章结尾，他又说出了游览不可贪大求全的道理，实为常人所未曾想："济南名胜，尚称幽夥，一眺望间，而欲瞭上下千百年之事，此不过望屠门而食气者，不可以饱骄人。"所以他认为此番历下诸胜之游，亦如同出外觅食飞翔的鸟儿，"虽不满腹，亦不虚归矣！"

王昶的《游珍珠泉记》之所以为人称道，是因为它至为传神地写出了珍珠泉涌出时的独特情状；而晚清学者王闿运《珍珠泉铭序》则不同，他由珍珠泉联系到济水和黄河，又由济水与黄河的性格联系到人性甚至国体的诸多课题，要而言之，文章是在一种宏阔的历史文化背景下谈及泉水，因而其文章的厚重与深刻自不待言。

管世铭的《城南诸泉记》写黑虎泉尤见功力，泉的粗犷、威猛的虎虎生气展露无遗，而盛百二的《听泉斋记》写历下诸泉的状况及源流，施闰章的《题学道题名记》写济南湖山之美，皆美文佳作。

作为一代诗宗，王士禛的散文亦令人称道。他的《游漪园记》便展示了迂回曲致的叙事技巧，当他带你一一走过亭、堂、楼阁、清流、长廊之后，他才如同抖包袱般地告诉你：你一直是在水上走过的，你可知晓："跨溪水登阁者不知水，至是乃知之，则阁如海市蜃楼矣。"另外，整篇文章宛如导游图一般清晰，历历在目，令人如同和作者一道游览了这处泉水园林。

沈廷芳《贤清园记略》也极见功力，要之，他是在对比中展示贤清园的独特美感。他认为"贤清实具（趵突、珍珠）二泉之美而微焉者也"，但"趵突用锡筒束以出"，稍假人力，而"兹自石溢，天工人为，不较然哉？"他还从审美的角度，拿巷南漪园与此园相较，称漪园"缔构若胜贤清，而堂榭周遮，几无隙土，则余不能无微议焉"。

山水之美，亦复依赖能够真正热爱它欣赏它的知音。大明湖小沧浪，只是到了主人阮芸台的心中和笔下，才会有那般的靓容那般的风致；而当年殷士儋殷相国的通乐园百年之后到了穷书生王苹王黄叶手中变成了"二十四泉草堂"和"今雨书屋"之后，它依然风雅无比。贫穷不是粗俗的理由，真正毁弃名泉的反而是那些富人俗子。且看王苹在《二十四泉草堂图记》中，多么深情而优雅地记述他的草堂：

> 园自文庄（殷文庄，殷士儋也）后，数易其主，废为菜圃已六七十年，而泉流如故，涛喷珠跃，金霏碧驶，以环周于短垣茅屋之外。余穴牖西壁，以收其胜。泉上老树巨石，离奇映带，水声禽语，幽幽应和。

而今雨书屋更是弦诵优雅之胜处。王苹取名"今雨书屋"，乃取杜甫与人书云"门前车马之客，旧，雨来；今，雨不来"之意，他说：

> 思余处破屋之中，每岁霖雨，上漏下湿，固无人过而问之矣。及秋冬之际，落叶满门，泉声在侧，纸窗土锉，一灯荧荧，洛诵之声，每于屋隙达诸林表，不啻子瞻之"时于此间，得少佳趣"者。

真可谓苦中作乐，苦中果乐乎？有清泉、诗书为伴，自然佳趣无穷，若不然，他还会有那"乱泉声里谁通屐，黄叶林间自著书"的洒脱与自适吗？甚至，当他的二十四泉堂屡筑屡圮，圮而不能复筑又被富人平沟塍、斩乔木、埋山石、毁名泉之余，他竟然想起请江宁画家画二十四泉草堂图，以追记二十四泉风物的办法来，可见济南爱泉护泉之痴人，古已有之，且较今人尤为甚耳。

古今铺成兴慨地，鉴诗品文，实所谓：韵士歌咏，珠玑满目；文翰飞洒，炳耀泉石。我们应当很好地继承这份宝贵的遗产，进一步发扬和光大济南的泉文化。

九

古往今来，一部济南的城市建设史，在一定意义上，也正是生活在这块土地上的人们对他们赖以生存的泉水的综合规划与开发利用的历史。这部历史告诉我们：济南的城市建设一旦与泉水的巧妙利用相结合，便会收到事半功倍甚至点石成金的效果；抓住了这个根本环节，便犹如找到了开启一座城市古今真理与奥秘之门的绝妙口诀，它对济南这座城市的现实和未来发展，都会产生无可估量的价值效应与深远意义。

济南的建城史，可追溯至"战国之历下"（参见道光《济南府志·城池》）。战国时代，齐国在历山之下、泺水之滨修筑了历下城；在历下城的基础上，汉代设置了历城县；古城在今济南老城厢的西南部，规模很小。至晋永嘉年间，济南郡治所由东平陵移至历城，"历城始大"。据《水经注》，北魏济南城由历城县城和东城（郡城）构成，两城隔（由舜泉涌流而成的）历水东西相对。正是基于对泺水（趵突泉）、舜泉等泉水的巧妙利用，当时形成了多处美不胜收的泉水园林景观，如"流杯池""客亭"等。

而到了宋代，曾巩更是以前所未有的大手笔，对济南泉水资源加以全面整合与规划，他从整座城市的长远建设和环境审美出发，围绕大明湖和趵突泉等建设水利工程、楼台馆榭及诗意氤氲的七桥烟月、北渚高阁，并栽柳种荷，施以绿化……济南，犹如天生丽质的美女，经过这样一番拂去蒙尘并施以粉黛的梳妆打扮，方才展示出楚楚动人的风姿。在宋代，在贤太守曾巩的主政下，济南达到园林楼观天下莫与为比（元好问语）、泉水名胜寰海无不称艳的程度，成为名副其实的"潇洒似江南"（黄庭坚诗）的园林城市。

在此，我们要谈到一个概念：城市核心竞争力。

一座城市的核心竞争力产生于也只能产生于其固有的特色，也就是区别于其他城市的差异性、独特性，甚至是唯一性。而这种特色，这种差异性，只能来自这个城市过往的历史文化遗产。

在漫长的历史过程中，济南形成了诸多的历史发展优势与竞争优势，诸如名士文化、舜文化等，但作为城市核心竞争力的，却只能是泉水。

历史进入新时期，济南市乃至山东省的历届领导，为发展泉水之胜、构建美丽泉城付出了大量努力，特别是近些年来，经过大明湖东扩整修、小清河治理美化、护城河建环城公园并全面通航等举措，泉城更加美艳靓丽。无数游人来到济南都会感到由衷的快乐，有的甚至会说"生活在济南，就是生活在山水之间呀"（画家黄永玉语）。

历史无数次地证明：做好泉水文章，是建设美丽泉城的诀窍与根本，是造福济南与子孙后代的千年大计、万年大计。

泉水是济南的城市之魂，泉水是济南的生命之根，而泉水作为济南的第一张城市名片，它应该带来的效益尚未能更好地显现。

时代期待着济南当有更加辉煌的大手笔！

城市是有自己性格的，济南的性格就是泉水的性格。

泉水，不仅造就出一个清新秀逸、酷似江南的济南，也催发了济南文化与经济的繁荣；泉水孕育滋养了一代又一代的济南人，并且把泉水的秉性也化入济南人的性格之中。

所以济南人清纯而灵秀，俊雅而热情，活泼而进取，包容而开明……

济南已故著名诗人孔孚有诗《济南人》，我们想将它献给本书的读者：

> 泉水把济南人养大，
> 济南人活泼而天真。
> 走在街上，他们好像收不住脚步，
> 坐下来，也流动着，像泉水。
>
> 去找济南人谈心吗？
> 那可以去敲开每一家的小门。
> 他们会给你煮一杯清茶，
> 用碧绿碧绿的趵突泉水。

打造济南泉河泛舟游三种样态，建设独树一帜的江北水城

在撰写《珍珠泉大院史话》即将收笔的时候，笔者多年来一直在思索的建设"济南水城"的课题，又重新撩起积久的情思，并且又补入了一些新的想法。这就是本文的标题所示的那样，高品位打造济南泉河泛舟游三种样态，将济南建设成独树一帜的江北水城。

这三种样态分别是：院落泛舟游、环城泛舟游、街巷泛舟游。

以下分述之。

一、 院落泛舟游

在写作《珍珠泉大院史话》的过程中，笔者一直在不停地思考着一个问题：这珍珠泉大院何以具有如此之大的魅力，使其于数百年间，都有着令人惊艳的奇特美感？

原因是多方面的，其中必然有一个最为主要、最为本质的原因。这主要原因不是别的，就是珍珠泉大院的"院落泛舟游"。

在一个院落之中，"通舟二里""龙舟荡漾"，这是济南独有的天下奇观。

试想：自明代成化三年（1467）这一奇观在德王府形成后，此后经明、清、民国，历尽四五百年而不衰，它必然有充分的存在价值与不朽意义。

对于这一奇观的造就者——德王朱见潾，我们尽管可以在政治上对其有不同的评价，比如说他年轻喜好逸乐，但在文化上，他绝对是一个美的发现者与创造者。他喜好写诗著文，颇有艺术细胞，具有相当的审美能力，他的奇思妙想就是将自己的住处打造成令人惊艳的"泛舟游"的院落，一个美妙无比的水景园、水上乐园。

值得赞赏的还有清代珍珠泉大院的主政者们，在兵燹战乱之后，他们在德王府的废墟之上重建山东巡抚署，虽面积缩小了很多，但依然保留了大院行船的传统，这是清代人的聪明与智慧，特别是几位巡抚，如再造巡抚衙门的康熙初年山东巡抚周有德等。

他们的智慧得到了理所当然的回报。

有清一代，济南的珍珠泉大院是各个行省巡抚衙门风景之最。著名文士赵国华称："行省言使者宅，皆无逾济南。"（《退园记》）

毫不夸张地说，数百年间，山东抚署这条泛舟游的黄金水道是最能调动人们的兴奋神经的。每逢有达官贵人及重要宾客来临，这泛舟游便成了山东巡抚们必得上演的"拿手节目"，而且，一上就震人。

在前面文章里，笔者曾经举过乾隆年间经多见广的侍读学士、官至贵州巡抚的韦谦恒的例子。

那是在乾隆三十六年（1771）九月，山东巡抚周元理（号燮堂）邀请他到署中泛舟品茗，韦谦恒大开眼界，当即作《九月三十日周燮堂中丞署中泛舟至珍珠泉试茗，用东坡泛颖韵》：

> 幕府游已熟，斯游乃逾奇。
>
> 后堂置小艇，缺瓜横水湄。
>
> 知我烟水癖，一笑疗我痴。
>
> 秋风送微凉，澄波弄仙姿。
>
> 轻桨任所适，得意偏迟迟。
>
> 宛如对明镜，讵仅歌涟漪。

蓬莱在人世，舍此复问谁？

......

韦谦恒说，对于山东抚署（幕府）我是不陌生的，但是却没有见识过这里有如此奇妙的水上游（"幕府游已熟，斯游乃逾奇"）。谁能想到呢，在堂堂巡抚衙门大堂的后门，竟然停泊着游艇（缺瓜，亦指船）；而登舟之后，清风送凉，碧波弄姿，人啊，就仿佛羽化登仙一般了（"蓬莱在人世，舍此复问谁？"）。

如此描述自己被大院"泛舟游"所震撼的大家写的诗作还有许多，比如咸丰年间的名士何绍基所作等。

院落泛舟游有惊艳之美，但却是极难做到的。它必须具备两个条件，第一，院落要足够大，第二，水源要足够充分。

偏偏这两个条件，珍珠泉大院全都具备。特别是明代德王府时，其四至为：东至县西巷，南至今泉城路，北至后宰门街，西至芙蓉街。多么广阔的面积呀！诚如乾隆《历城县志》所言："德府，在济南府治西，居会城中，占三之一。"而大院内泉水奔涌，有几十眼之多。那水源不仅源源不断，且是天下最为清澈、纯净的泉水。

这一举世罕见的迷人景致，是济南的历史瑰宝，我们应该及早地恢复它、重现它，延续并发展其固有的辉煌才是。

二、 环城泛舟游

常常会想起这样一幅画面，一位精神矍铄、风度翩翩的老者，叼着硕大的烟斗，站立在护城河上的船上，口里喃喃地说道：活在济南，就是活在山水之间呀！

这是画家黄永玉先生。这可一点儿不是杜撰。这是作者在十多年前，亲眼在济南电视台的晚间新闻里看到的。

这是济南泛舟游的又一次震撼效果。它来自济南的环城泛舟游。

护城河与大明湖这一环城黄金水道的开辟通航，是济南现代城市建设史上的大手笔。它达到了济南现代审美观赏上的三个一体：城河一体、泉河一体、河湖一体；而护城河与大明湖，则是济南景致最美的，也是文化内涵最为深厚的地区之一。

护城河（王琴摄影）

　　为什么泛舟游具有如此大的吸引力与震撼力？我们的前人张养浩曾经做出十分精辟的回答。张养浩关于大明湖的诗作与词作，几乎全部以"大明湖泛舟"为题，笔者细思之，这其实不怪，济南八景之一便是"明湖泛舟"；游湖，其最为怡人的娱乐非泛舟莫属。张养浩《中吕》"普天乐·大明湖泛舟"便很好地回答了这一问题，其一是："画船开，红尘外"，凌空冲波，你便仿佛到了另一个世界，不受现实世界各种所谓规矩与规则的约束，进入自由自在的境界之中，像是"人从天上，载得春来"一般，令人心旷神怡。二是"烟水间，乾坤大"，湖上泛舟，凌万顷之茫然，翱翔蓝天水云之间，令人心胸开阔，快心适意，豪气干云，即有生活中之小不适意或挫折，仍能淡然待之，怡然处之也。

　　笔者因而想到，张养浩所写，正是我们今日的环城泛舟游所要达到的效果，与院落泛舟不同，这里既有碧波万顷、一望无际的大湖，又有宽阔大气、景致宜人的护城河道，天地大，烟水阔，放得开，正是追求自由自在、凌万顷之茫然、羽化而登仙的最好场所与平台，一切的游览设计当围绕这一主题效果而展开。

　　另外，是船外的美丽景致，远山如黛，清溪似练，泉声盈耳，烟柳饶碧，此情此景，常使笔者想起纪昀先生那首饶有趣味的名诗："斜阳流水推篷坐，翠色随人欲上船。"

还有，更为重要的，大明湖与护城河上，曾经留下历代多少名士如曾巩、苏辙、张养浩、边贡、李攀龙、王士禛、田雯、周永年的旧踪遗存，清爽的大明湖风与摇曳的护城河烟柳之中，似乎永远飘荡着他们的音容笑貌与风雅故事，这是环城一带最为宝贵的精神文化资源。许多年以前，笔者便想写一部纪录片，名字就叫《济南有条护城河》，写写这天下少有的清泉护城河，让这展示大东风雅的片子，就在咱们大明湖的游艇上、护城河的画舫里播放吧，让济南人和外地的游客，在饱览济南的山水风光之余，再来关注一下济南的历史文化，看看这个被称为"名士之城"的济南的底气与底蕴呀。

总也忘不了少时在东护城河里捉小鱼的情景。护城河水深而清莹，游鱼无数。那时我们常在水边捞一种叫"花里棒子"的鱼儿。这小鱼长不足寸，粗细若竹筷，圆圆滚滚，欢蹦乱跳，煞是可爱。一踏进护城河，那种清凉宜人的感觉立即从脚底传遍全身。所以，我们一直想着，要把护城河、大明湖的水彻底净化，使其恢复到其原本的、固有的模样，那这环城的泛舟游就真正如同春梦一般醇美了。

护城河的水、大明湖的水，那是什么，那都是刚刚从地底涌出的世间最纯净的、被诗人们称作"初水"的泉水呀！

三、 街巷泛舟游

十年前，我们撰写《济南名泉史话》（济南出版社 2010 年版）一书，在这部书的前言里，我们曾经写下：

> 自曲水亭街南头，我们数着脚步，顺着溪河一路北行约二百二十余步，至百花洲，再前行一百六十余步，至大明湖南岸，加上王府池子北面那浩浩的泉流穿街巷绕民舍的五百余米，不过千余米的泉河。美则美矣，可惜短了些。

在这样的状态里，我们常常会突发奇想：为什么不能让这样美丽的区域再扩大一些，以形成泉城济南独特的风貌？

为什么不能挖渠引泉，让清澈的泉水在济南，哪怕只是在旧城区的某些街巷绕上一圈再走呢？

那样，我们就无异于再造一个秦淮河，或者一个优雅无限的丽江古城了。

是不是我们的祖先就曾失去了一个机会，千百年来把一个北国江南的济南给丢失了！

前几年，记得《济南日报》资深记者、济南文史专家赵晓林先生曾采访一位热心而颇有见地的市民，那位市民提出了由西护城河作为起点，打造一条东西横贯旧城区的泉水河的建议，并且绘制了详尽的图纸。这真的是深得吾心。对此，笔者尚有如下补充——

一是：要设计南向与北向的支流，使泉河活泼而不呆板，自由自在，适意就势而不整齐划一。

二是：沿岸不唯生意兴隆，更要有百姓的日常生活，有了人烟，才有生机与活力。比方说，老百姓的前窗或后门就在水边，走下台阶便可亲水，就像我们在昔日东护城河上所看到的那样，乃是一幅济南人与泉水相生相存的动人图画。

三是：要有一处或几处溪河穿院（落）而行的设计。这样的状况在古代的济南是有的。如清嘉庆年间青州府临淄县诗人于云升的《历下竹枝词》：

人歌人语水声中，藕市渔船处处通。

门巷半开芦荻岸，乱流影里夜灯红。

（清刻本《绿墅诗草》）

四是：沿岸广种垂柳。笔者感觉，最妙的是泉河的周围皆柳。

有看不见的风洒然来也，泉河荡起波澜，似与绿柳相约，缠绵摇曳。

一叶且或迎意，泉声有足引心。

如诗如画，没有比泉与柳的搭配更动人的了。

不能再说了，因为这些尚都是纸上文章，但笔者坚信，这样的美梦会有实现的一天。

论济南的茶文化

古人云：水是茶之母。

济南是泉城，有上佳的泉水。

因而，济南与茶的渊源十分深厚。

炎炎盛夏，笔者想谈谈济南的茶文化，不知可否成为读者诸君消夏逭暑的一杯清凉剂。

小引： 济南夏夜， 每一个院落都飘荡着茉莉花的清香

20 世纪 90 年代之前，济南还没有这么多的高楼大厦居民小区，还是以一家一户或一院数户的平民小院居多。到了夏天，太阳落山之后，几乎每一个院里都会飘散出茉莉花的清香。如此大量地栽种茉莉（大多为盆栽，也有直接种在庭院空地上的），赏花闻香的想法是有的，然而，人们主要却不是出自养花的雅兴，而是出于一种实用价值：泡茶。

茉莉花茶，老济南人的最爱。

济南人会觉得，从商店购来的、经过窨制的所谓"四窨花茶"仍然不能

过瘾，他们要把每日盛开的茉莉花摘下来，放入装有茶叶的茶盒子里，继续熏制茶叶，使得香味更加醇厚。这就是济南人家盛行种植茉莉的根本原因。

所以说，济南最正宗的茉莉花茶，其实是老百姓用最新鲜的茉莉花自己熏制出来的。

这样的茉莉岁月在济南由来已久。

宋刘克庄有《茉莉》诗：

　　一卉能熏一室香，炎天犹觉玉肌凉。

而清代济南诗人杨恩祺的《北茉莉》诗生动再现了当年济南家家庭院屋角广种茉莉、满院飘香的情景：

　　缤纷彩色斗芳姿，屋角墙阴碎锦披。

　　好是昏黄凉月里，一庭香雾沁诗脾。

一、　中国北方饮茶的发源地，　北方最大的茶叶市场之一

中国南方饮茶颇早，而北方饮茶的起源在唐代。在唐人封演《封氏闻见记》中的一段记载，颇为茶人所宗。清代陆廷灿《续茶经》亦以此为据。济南已故著名学者徐北文先生的《山东茶文化》《齐鲁茶道笔谈》亦引用了这一记载，足见这一记述对北方、对济南茶文化影响之深远。

我们且看《封氏闻见记》"卷六饮茶"中这段记载：

　　（茶）南人好饮之，北方人初不多饮，开元中，泰山灵岩寺有降魔师，大兴禅教，学禅务于不寐，又不夕食，皆许其饮茶。人自怀挟，到处煮饮。从此转相仿效，遂成风俗。自邹、齐、沧、棣，渐至京邑，城市多开店铺煎茶卖之，不问道俗，投钱取饮，其茶自江淮而来，舟车相继，所在山积。

　　　　　（唐封演《封氏闻见记》，赵贞信校注，中华书局 2005 年版）

这是一个记载北方饮茶起源的著名故事。由此可知，唐代开元年间，济南（齐州）附近（今济南长清）的灵岩寺，就是中国北方饮茶的发源地。

这故事也载入了清代陆廷灿的《续茶经》，说的是唐代唐玄宗开元年间，

灵岩寺来了一位禅宗大师叫降魔师，他在灵岩寺大兴禅教，学禅（打坐）不能睡觉，又不吃晚饭，只允许喝茶。人们为了提神不瞌睡，人人都把茶叶随身携带，到处煮着喝。这一风俗，逐渐从寺庙传到人间社会。

济南是靠近灵岩寺最近的大城市，其近水楼台先得月，是肯定的。

也可以说，济南可能是中国北方最早端起茶杯的城市，至今已有 1300 余年的历史。

许多年以来，济南都是江北最大的茶叶市场之一。20 世纪 30 年代，济南单是一个泉祥茶庄，每年茶叶的批发、零售量不下 50 余万斤，平均每天接近 1400 斤。济南茶庄特别多。笔者父亲的表舅魏家，便是开茶庄的，是民国时的植灵茶庄的东家，这个茶庄在济南很有名气。

济南，不分贫富，不分男女，甚至不分老少，皆饮茶。富裕的喝好茶，穷的买便宜的，甚至买茶叶沫子，也要喝。

济南茶叶消费量如此之大，主要是水好。济南有泉水，而且是家家泉水。

孔孚先生有《济南人》，颇传神：

去找济南人谈心吗？

你可以去敲开每一家的小门。

他们会给你煮一杯清茶，

用碧绿碧绿的趵突泉水。

二、 济南古代种茶的证据

因为水土与气候等缘故，古代的北方，茶叶种植是极其罕见的。

济南有没有呢？

大家知道，在济南南部山区的黄巢村，现今有一处百亩茶园——金玉茶园，因其山水滋养，且昼夜温差大，其茶叶品质上好，笔者见到农场的广告词是：济南有茶园，何必下江南！

由此可知，济南的南山是适合种茶的黄金宝地。

济南古代又如何呢？

据笔者所见文献记载，济南古代，人们便在这块山明水秀之地种植茶树，甚至可能拥有茶园了。

济南明清时代最少有两个种茶之处。

其一是趵突泉边有茶树。

明末清初济南名士叶承宗（明崇祯《历城县志》的编纂者）写有《趵突泉》诗，在描绘了趵突泉"奇澜激三峰，海上神山似"的奇姿，以及"冬泉沂水温，香味中泠美"的水质之后，他接下来写道：

岂必溪畔茶_{泉旁原有茶树}，但饮波心水。

诸位看清楚了，在"岂必溪畔茶"后的注解为六个字"泉旁原有茶树"，这就是说，在明代，趵突泉旁边是有茶树的，地点是种植在"溪畔"即溪水边上。想想也不奇怪，趵突泉如此上佳的泉水，加上自产的新鲜茶叶，那岂不是锦上添花。细思之，大约是趵突泉边的道士或僧人所种，用来试茶的吧。

无独有偶，二百年后的清代道光年间，寓居济南的诗人王鸿在其《历下怀古·趵突泉》诗里说："汲饮思茶树_{旧有茶树}，临溪和咏篇。"依然是在"汲饮思茶树"的小注里，确凿无疑地注明："旧有茶树"。

其二是千佛山种茶。

清代乾隆年间济宁州贡生、诗人潘呈雅，写有《登千佛山（四首）》，第二首云：

　　路转孤峰立，结庐绝市烟。

　　采茶穿鸟道，煮药引龙泉。

　　信美非吾土，重游定几年。

　　石堂读书地，安得此山巅。

（民国十八年济宁潘氏排印本《潘氏三君集》之《秣陵诗草》）

"采茶穿鸟道，煮药引龙泉"，就是说，在千佛山上穿越崎岖小路即可以采茶，然后便可以用千佛山最著名的山泉龙泉之水来泡茶或煮药。

比潘呈雅更早些的清代康熙年间山东济南府泰安拔贡、诗人赵国治有《趵突泉，次赵松雪韵》：

　　世上炎蒸到此无，雪涛飞出水晶壶。

奔腾恐有囚龙起，喷泄愁将大海枯。

直欲洒空沛霖雨，莫教翻地作江湖。

汲来且煮南山茗，清沁诗肠兴不孤。

（清刻本《国朝山左诗续钞》卷四）

且看诗的最后一联为"汲来且煮南山茗，清沁诗肠兴不孤"。

南山，有二解：一，古时人们称千佛山；二，指济南南部山区。南山茗，说明此时千佛山（或南部山区）的茶已经小有名气，甚至成为当时一个品牌。南山茗，也应该印证着如今济南南山黄巢村百亩茶园的悠久历史吧。

南山茗，用著名的趵突泉泉水来瀹茗，实在是很好的享受。

三、 宋代， 济南茶文化三事

宋代，是中国茶文化发展的黄金时代。从皇帝到一般士子，都有品茗鉴水之好。如宋徽宗，皇帝做得昏庸，但却是一位多才多艺的书法家、画家、诗人和茶人。其所著《大观茶论》是一部内容丰富、造诣精深的茶论著作。欧阳修著有《大明水记》，而苏轼更是访名泉，品佳茗，"独携天上小团月，来试人间第二泉"。

此时的济南（齐州）自然也不例外，这其中有三事，至今为人称道。

曾巩： 趵突泉润泽春茶

趵突泉原是济南当地土人对于此泉的称谓，其正式定名出自时任济南太守的曾巩。由其《齐州二堂记》："……有泉涌出，高或至数尺，其旁之人名之曰趵突之泉"这段记载，便可知晓。而第一首以趵突泉作为诗题写趵突泉的也是曾巩。在这首《趵突泉》诗里，他吟唱道："滋荣冬茹温常早，润泽春茶味更真。"

又据曾巩《齐州二堂记》："趵突之泉冬温，泉旁之蔬甲经冬常荣，故又谓之温泉。"此堪为"滋荣冬茹温常早"之注也。而"润泽春茶味更真"则尤能启发人的联想，用上佳的趵突泉泉水，配上新鲜馥郁的春茶，才能品出茶的真味道来呀！这是对趵突泉水味的赞美。我们可以想见，曾巩在济南的岁月里，一定许多次来到趵突泉边品春茶的吧！

苏辙： 金线泉试枪旗

金线泉，有着另一位唐宋八大家之一苏辙的茶事。宋神宗熙宁六年（1073），苏辙因慕济南泉水物产之美，由陈州（今河南淮阳）学官改任齐州掌书记，他在齐州居官三年，其《次韵李公择以惠泉答章子厚新茶》一诗，借朋友赠的诗章韵脚，来表现在济南品茶的感受：

枪旗携到齐西境，更试城南金线奇。

枪旗，就是我们今天所说的旗枪吧，它在宋代就是国内名茶。这是种绿茶，叶片称旗，叶芽称枪，足见有多么鲜嫩，再用济南城西金线泉的水来煮泡之，那该是什么成色？

由此可知，金线泉不仅是一处金线浮动、景致奇异的名泉，还是一处水质优越的试茶名泉。

甘露泉试北苑茶

直至清代，佛慧寺石壁上依然镌刻很多宋代的题记，内容是说宋徽宗崇宁、大观、政和年间，齐州也就是济南太守和他的部下，都会在春天劝耕至此，以甘露泉试北苑茶，题咏极多，称江北雅会！而李清照的父亲也曾经来过。而且，明代的品水大师、著名茶人徐献忠曾来此试茶，并将其载入大作《水品》，由此而盛赞："山左泉可食。"

北苑茶，宋代贡茶，属于建（安）茶，产地在今福建建瓯市。这里冈峦环抱，气势柔秀。建安茶品甲天下，而建安茶的精华，则是北苑茶。北苑，在离城25里的北苑，也叫凤凰山，是造贡茶的地方。

清陆廷灿《续茶经》曾引宋胡仔《苕溪渔隐丛话》称："建安北苑，始于太宗太平兴国三年，遣使造之，取像于龙凤，以别入贡。"宋王辟之在《渑水燕谈》中说："建茶盛于江南，近岁制作尤精。龙团最为上品。一斤八饼。……仁宗尤所珍惜，虽宰相未尝辄赐。"

由此可知，那北苑茶的身价是何等之高。到了宋徽宗年间，大约济南的地方官员能千方百计品尝到此茶，而以之试茶的不是别的，乃是济南的甘露泉，此足见甘露泉水质之美，世间少有。

四、 杜半楼济南试泉记

从来名士能评水，自古高僧爱斗茶。

烹茶鉴水，是中国茶道的特色。

品茗鉴水之风俗，江南比江北更为盛行。济南泉水素以清洌甘醇闻名天下，而江南士子、茶人亦多慕名而来。清代雍正年间，其"顾曲周郎"非无锡进士杜诏莫属。

雍正八年庚戌（1730），时任山东巡抚的岳濬奉诏重修《山东通志》，他特邀江南翰林杜诏前来开局排纂。堂堂封疆大吏、一省之长，为何对杜氏如此青眼相加呢？

原来，这杜诏可非一般士人。

杜诏（1666—1736），字紫纶，号云川，人称半楼先生。江苏无锡人。康熙进士，改庶吉士，逾年告归。著有《云川阁集》。

《清史》称杜诏"天才秀逸，工诗，尤善填词"。尤其是，他在未中进士前，即为康熙招入内廷纂修《方舆路程》《历代诗余》《词谱》等。岳濬所看重的，显然是杜诏在历史学、地理学、诗词学等诸多领域全面深湛的学养，这才是修志的基本功。

这杜诏来到济南，亦喜不自胜，因为借此可以了却他一个积久的心愿：品赏济南泉水。

在济期间，杜诏曾多次畅游逯氏园，写下《再过逯氏园》：

步出城西门，复此憩良久。

秋风欲萧瑟，层阴淡疏柳。

方池淰淰寒，细水涓涓浏。

泉声聒人耳，泉香悦我口。

为问烹泉客，穷彼泉源否？

知是古贤清，因之涤尘垢。

他称颂逯氏园"层阴淡疏柳""芳池淰淰寒"，特别是其中的贤清泉"泉声聒人耳，泉香悦我口"（《再过逯氏园》，见清刻本《云川阁集》，下同）。

《山东通志》垂竣，杜半楼再也按捺不住激动的心情，这天一大早，他约上四位与他一道修志的同人，特意雇了一位强壮挑夫，挑上专门用来煎茶的茶铛等品茶工具，在济南城内城外遍游群泉以品评水味（"我与四子朝出城，满街听彻流泉声。一夫负担携茶铛，次第汲取加品评"），写下独具慧眼、脍炙人口的《试泉行》《又赋二绝句》诗。

这杜半楼一生走南闯北，经多识广，且早归山林，日与二泉相对，其论水品茶功夫当不一般。在《试泉行》诗的序中，他说：

济南七十二泉，论者谓趵突为上，金线、珍珠次之，余皆不及。余独爱贤清泉，以为神味迥绝，比偕刘震濛、邵振飞、潘方霖、黄名标尝古温泉及龙潭、天镜、马跑诸泉，未有如贤清者。既而得蜜脂泉於阛阓中之僧舍，乃更出贤清之上。

于是，杜半楼慨然赋诗道：

古温泉从石窦生，飞来天镜光荧荧。

龙潭马跑如雷轰，一泓清可唯贤清。

谁知蜜脂藏香冥，既甘且冽怡我情。

……

诗人对贤清泉的独特水味，用了"神味迥绝"四字，意其非人间所有之味也，其喜爱、赞赏之情，溢于言表。然而，当他又在僧舍中发现了蜜脂泉，想不到其味更出贤清之上。

事情到此依然没有结束。杜半楼继续试泉，再作《又赋二绝句》：

一条金线觅无踪泉在民居，缭垣蔽之，翠幕遮来粉壁重。

纵有珍珠穿不得，更何心去绣芙蓉欲访芙蓉泉不果。

泪泪尘埃多闹市，涓涓芜没半荒湾。

肯来着眼窥金井，玉虎牵丝系玉环城中玉环泉最佳。

原来，他又到了金线泉与玉环泉等泉池，并且发现，城中水味最佳之泉，乃是玉环泉。自然，还有诸多的泉池，因种种原因，他"欲访未果"，如著名的珍珠泉、芙蓉泉等。所以，这次济南试泉仍然留下不小的遗憾：实在是宜茶的名泉太多了呀！

五、 到林汲泉去喝茶

十年前的盛夏时节，我们一行人为拍摄一部反映济南市中形象的电视纪录片来到佛峪。山中酒家在"夏屋"之下支起圆桌，同行的办事处宣传干事小王取出一包铁观音，酒家用大茶壶泡上，少顷，服务员将茶水倒入粗瓷茶碗，想不到，那馥郁的茶香便在空气中迅速弥漫开来。于是，我们迫不及待地那么一啜，那香气一缕一缕的，先是在舌尖、在口中回旋，继之，它便香透了你的五脏六腑，甚至身上的每个毛孔。

一行人咸谓：这是平生喝过的最香最好喝的茶了。

细思之，曾喝过用趵突泉水、虎跑泉水，还有长寿之乡巴马的泉水沏过的茶，却都比不上这里的茶香；而这里分明茶叶质量一般，茶具尤为粗糙。这时，服务员指着一个从山上（林汲泉）接下的塑料水管说：这是用林汲泉泉水泡的茶呢！

我们顿时恍然大悟：原来如此！这正应了前代茶人的话语，三分茶七分水！

此时，一阵仙风吹过，松叶涌动作波涛状，好是清爽，不由想起古人诗句：

> 忽觉秋风吹暑过，
>
> 半瓯茶味本天然。

此后，到林汲泉喝茶、取水，成了我们每年的夏秋时节固定不移的项目与仪式。

到林汲泉去喝茶，你可以展开丰富的历史联想，走进悠远的文化情思和美好的诗意境界。

佛峪，林深壑美，飞泉流泻，竹月松风，清幽静谧。春来，艳阳高照，暖风初布，桃花半落，野花正芳，那罕有的山野情趣，令人彻底沉醉。而秋季更是这里最美的季节，那正是著名的"历城八景"之一的佛峪红叶呀。因而，自古以来，这里不知留下多少题留吟诵的诗歌佳作。

此外，佛峪更是"修落帽故事"的好去处，是文人雅士"诗意的栖居地"。仅在清代乾隆年间，便曾有三位济南府的进士于年轻时代在此隐居读书，他们分别是大名鼎鼎的周永年、郝允哲和方昂。周永年自号"林汲山人"，为翰林院编修，《四库全书》纂修，大学者，中国历史上最早的公共图书馆——藉书园的创办者，其嘉惠士林，对中国文化的创造性贡献自不待言。而方昂则官至江南布政使，其政绩与学养均为世人称道。独郝允哲英年早逝，令后人常有"千古文章未尽才"之叹。

闲暇，读点古人书，比什么都好。眼前，是郝允秀的《松露书屋诗稿》。

济南的古代诗人，常以隐居读书的方式啸傲湖山，以读书为至乐，以生命为歌诗。

清代济南府齐河县诗人郝允哲、郝允秀弟兄，便长年于龙洞佛峪青山翠谷中读书。兄郝允哲乾隆四十年（1775）成进士，官候补知县。他少聪颖，读书过目成诵，积书万卷，手自校雠。其诗风雄放恣肆。其弟郝允秀14岁即以能诗闻名乡里。19岁登泰山，刻有《拾翠囊诗》。他无世俗之好，以诗自娱，所写诗不下万首，著有《水村诗存》《松露书屋诗稿》《水竹居诗集》等。时人论其诗"意致清冷，多哀怨之音""天生诗人""流连景物，触绪怀人，音韵凄清，如闻冷雁哀猿，令人生感"（参见《松露书屋诗序》）。出于对诗歌和济南山水的深爱，郝允秀创作的泉水诗高达77首，为济南泉水诗人之冠。尤为感人的是，郝允秀在年老体弱的暮年，于齐河老家写有《病后思饮林汲泉水不得因作长歌》诗，诗中首先回顾他当年在林汲泉隐居时携瓶品茗的雅兴：

> 我昔在空谷，携瓶春树前。
>
> 洗盏当落日，兽火欣烹煎。
>
> 一吸消烦躁，再吸清尘缘。

三吸四吸不自觉，恍如身在蓬壶巅。

安期红枣未得食，空将玉液醉群仙。

遍体清凉耳目爽，微微秀气盈丹田。

然而郝允秀在老病垂暮之年回到老家，这时，他唯一想喝的便是林汲泉泉水，家人在齐河打来最好的"金井"之水，但也无济于事："对茗胸如填"。他盼望着、渴念着能再到佛峪林汲泉头，再过过那笔床茶灶、枕石听泉的日子。诗的结尾说：

太息人间名胜地，何时重上钓台倚石看漪涟！

这淋漓尽致地显示了他对林汲泉超乎寻常的深情与挚爱，读后令人唏嘘不止。

读书至此，方才彻悟：到林汲泉去喝茶，不是咱们的独特发现，却原来自古便有知音在。

六、白石泉："茶扉临水启，如在图画里"

白石泉是清代乾隆后期晚出之泉，然其泉水甘美如醴，清代描写白石泉试茶的诗作很多，如王崶《白石泉试茶，同庆孙》：

邪胆不敢照，石砂皆玉莹。

若教无附着，应得更空明。

僧乞净瓶汲，童知活火烹。

何人能七碗，脏腑恐冰生。

（清咸丰七年高密王氏春晖堂刻本《碻唐诗钞》卷上）

此诗道出了白石泉水的一大特征：清冽甘醇。白石泉的另一特点是景致宜人。喝茶也要喝个好的环境，济南诗人陈超有《白石泉茶肆即事》诗称：

断桥聚影没残碣，远水跳波喧夕阳。

杯泛碧螺清酒吻，花开红蓼媚茶铛。

白石泉边原建有"金山小煞"，亭台楼阁、茶社，一应俱全，人们可在此放舟垂钓，观白鹭戏水。晚清瑞安诗人孙诒械有《同平子游白石泉》：

烟雨白石泉（吕传泉摄影）

晓出历山门，行行二三里。

乱峰争初日，微茫伏还起。

缘河槐柳阴，流水何弥弥。

一泓白石泉，水石清且沘。

叠石为小桥，一径通浮沚。

时当盛暑天，茶扉临水启。

每觉风徐来，山色明窗几。

陂陀高复低，人家相依倚。

下坡复登坡，如在画图里。

行绕城东门，日已移午晷。

（《孙诒槭诗集》卷二）

平子，宋恕也；孙诒槭为其妻弟，好诗。此诗所展示的不独白石泉，还有其周围清雅、秀丽的环境：槐柳、清泉、叠石小桥、小径浮沚等，更为宜人的是，茶肆的门窗全部向南临水而开（"茶扉临水启"），夏日里，清凉的河风徐徐吹来，南山的秀色尽在眼底（"每觉风徐来，山色明窗几"），一切如在图画之中，真的是神仙一般的快乐日子！

七、 曲水亭茶舍风情

其一： 黄茆亭子夫妻店

晚清到民国，曲水亭是济南享有盛名的茶社与围棋社，而在咸丰、同治年间，则为一夫妻开设的茶肆。

廷奭（1844—?），爱新觉罗氏，字紫然，号棠门，自号紫然居士，别号饭石道人、两面目道人。满洲正黄旗人。山东巡抚崇恩之子。工诗词，精绘事。著有《未弱冠集》。

我们来看廷奭笔下的《曲水亭茶舍》：

> 黄茆亭子曲水曲，择来僻地避尘俗。
>
> 几株杨柳绕栏杆，水影上摇窗户绿。
>
> 主人泉石小生涯，不卖村醪卖野茶。
>
> 烟吐炉心香泛盏，冰壶雪乳类山家。
>
> 焉用泥墙画陆羽，竹篱断破疏花补。
>
> 夜邀豪客两三人，煮茗灯窗话风雨。
>
> 雨声萧瑟助泉声，鼎吟茶沸相杂鸣。
>
> 一笑火前春十片，真教两腋清风生。
>
> 莫把旗枪斗翠紫，品茶专以静为美。
>
> 风流澹雅小茶坊，足抗兰亭傲曲水。

（清同治二年懒云窝刻本《未弱冠集》）

"黄茆亭子曲水曲，择来僻地避尘俗"，说的是绕着曲曲绿水而建的曲水亭，是一处足以避开尘俗的休闲佳处，而亭子的色彩是不失艳丽而雅致的黄色。"几株杨柳绕栏杆，水影上摇窗户绿"，杨柳，是百花洲、曲水亭的典型风物，绕着水亭栏杆的垂柳，摇曳拂水，诗意无限；而曲水亭的四围皆为清澈的碧水，水影上摇，连亭子的窗户都是绿的呢。

这不是夸张，而是写实。

最令客人感受亲切的却是这里的主人（像是一对夫妻），依靠着这曲水泉做起了烹茶待客的生意，而且是，只做茶舍不做酒的生意（"主人泉石小生涯，不卖村醪卖野茶"）。茶炉吐着微火，茶水泛着清香（"烟吐炉心香泛盏"），这是因为，曲水泉的水质太好了，就如同山泉的"冰壶雪乳"一般纯净甘洌（"冰壶雪乳类山家"）。

接下来，诗人又回到曲水亭的环境，谈到它的竹篱与疏花相互辉映的田园式醇美景致感觉。

最后，诗人写到他与同伴在此品茗的幸福感觉。

灯窗之下，好友相聚，品茗夜话人生，潇洒、遂愿、过瘾。少顷，天下起了蒙蒙细雨，而此时，曲水泉的泉声与雨声相和，茶沸之声与吟诵之音相答，更为客人的雅聚增添了色彩与诗意（"雨声萧瑟助泉声，鼎吟茶沸相杂鸣"），人们在"两腋清风生"的美好享受面前，感到这一"风流潇雅小茶坊"的聚会之温馨惬意，甚至不亚于晋代王羲之他们的兰亭雅聚了。

其二： 曲水亭前茶社， 茗饮极佳

自然，写到曲水泉亭茶社茗饮的，还有许多人，甚至，将此处称为"兰亭"的，也不独廷爽一人。据文献载，在此之前的道光年间，此亭便已成为茗饮胜处。

史梦兰（1812—1898）字香崖，一作湘崖，一字秀崖，号砚农。祖籍江阴，明万历间迁至直隶乐亭（今属河北）西南大港。自幼好学，道光年间举人，任史馆誊录，选山东朝城县令，以母老未赴任。直隶总督曾国藩开设礼贤馆，以史梦兰学识渊博，礼聘其创修《畿辅通志》，力辞不就，奉母教子，以著述自娱。

史梦兰写有《大明湖棹歌十二首》，其十二云：

乱泉十里此渊渟，港汊纷纷聚一汀。

曲水亭前茶社散，流觞合唤小兰亭。曲水亭在湖南岸抚院西北隅，货古玩玉器者破晓集此，若京都所称小市者。然四面流泉清可见底，茗饮极佳。

（清刻本《尔尔书屋诗草》卷六）

"乱泉十里此渊渟，港汊纷纷聚一汀"，是说曲水亭所处地段之美丽景致，前句盖指百花洲，后句则指水边。曲水亭正是建在此乱泉十里的如同明镜的汇聚之处，在"港汊纷纷"、清溪淙淙的水湄。诗人接着说：此时，曲水亭的茶社刚刚散场，显然，诗人是用那快乐而得意满满的客流，来反衬曲水亭的美好的，因为诗的结句是"流觞合唤小兰亭"，即如果添加上曲水流觞的项目，这里应该就是当年的兰亭雅聚了。

这样的描写，诗人感到仍难尽兴，所以，他又在诗后添加了一段说明，称曲水亭"四面流泉清可见底，茗饮极佳"，这"四面流泉"，自然有供应曲水亭茶茗用水的曲水泉在内，或许，还包括我们今天不知道的其他泉池在内吧。

诗中还写到当年曲水亭畔的集市，那不是普通的市场，乃是高雅的"古玩玉器"市场，而且有时间限定（"破晓集此"），"若京都所称小市者"，这又是一番旧时曲水亭上的古雅风貌。

八、 古代济南家家煮泉饮茶的潇洒与惬意

好茶离不开好水沏泡。茶得水才有其香、其色、其味。

济南泉水，是最为理想的宜茶之水。然漫步济南街头，似乎茶肆茶馆并不多见。

是的，往日济南人几乎家家有泉，他们的"茶馆"，都开在自己家里了。而且，这应该古已如此。

其一： 煮茶风炉处处火

清代乾隆年间，江苏吴县著名诗人张埙来到济南，遍观泉湖之美，乃欣然作《趵突泉》诗，中有诗句写济南家家饮茶之盛况：

> 煮茶风炉处处火，湔裙水阁家家桥。

一城士女在一水，它郡无此风光饶。

"煮茶风炉处处火"，说的就是济南到处都在用风炉瀹茗的状况，何等亲切、熟悉之貌。而"一城士女在一水，它郡无此风光饶"，则鲜明展示了济南城人泉相依的无穷魅力，是的，在这古城里，家家泉水，户户垂杨，人们都是与泉水生活在一起的。这是济南最为动人的生活画面、生活场景了。

其二： 晓汲新泉水， 风炉帘外支

清乾隆后期，山东高密著名诗人王煁长年寓居济南，过上了如同济南居民一般的日常生活。他的《烹茶赠寄庵》诗，便是自己生活的写真：

晓汲新泉水，风炉帘外支。

独从无味处，有得未尝时。

竹几列瓯静，松茶添火迟。

偶来分一碗，清冷入心脾。

（清咸丰七年春晖堂刻本《碻磨诗钞》卷上）

诗人说，他一大早便汲来新鲜的泉水，在院里支好风炉，干什么？——煮茶，煮泉水茶呀。

其三： 春雨家家斗茗来

清代济南饮茶之盛，更为鲜明地体现在道光年间江苏吴县诗人孙义钧的《济南杂诗》里，全诗六首，之四云：

甃石缭垣漱碧苔，汎泉穴出遍城隈。

江南漫羡中泠胜，春雨家家斗茗来。

"甃石缭垣漱碧苔，汎泉穴出遍城隈"，正是济南家泉众多的又一诗意说法。正是家家拥有了那么多上佳的泉水，导致济南饮茶之风大盛。究竟兴盛到什么程度呢？诗人说"江南漫羡中泠胜"，中泠泉，天下第一泉也，位于江南镇江，为什么诗人说"漫羡"呢？其言外之意在最后一句得到了解答，你中泠泉只是一个泉而已，而济南则"遍城隈"皆是也，因此才能在春雨之后，出现"家家斗茗"的盛况呀！

尾声： 关于搪瓷茶缸子的绵长记忆

在济南，大凡在工厂企业工作过，年龄稍大些的职工，想必每人都曾经拥有过一个搪瓷缸子，个头不小，一般是白色的。

那年月，穷，钱少，到了年底，怎么奖励那些辛辛苦苦干了一年的先进生产者呢？于是，聪明的厂领导想出了这个法子——发缸子。这缸子，花钱不多，用处不小，平时午间可用来打饭，上班时间可用来泡茶。特别是盛夏，工人们人人抱着一个大瓷缸子，早晨上班后，抓一把茶叶泡上，一喝便是一个上午，甚至一天，解渴又解乏。

那搪瓷缸子上，一般还要印上红字，上面写的是"先进生产者"或"先进工作者"奖，一般是弧形排列，下面则是"××××厂"或"××××厂工会"什么的。

几十年过去了，这回忆依然如此清晰；还有，搪瓷缸子上蒸腾的水汽，是馥郁满满的茉莉花香气。

崇祯三年，济南名泉的惊鸿一瞥

"堪嗟己卯春， 泉灵忽中闷"：不堪回首的崇祯 "己卯之变"

天下的泉水，总是与其主人及其城市的命运连在一起的。

这在济南，最为明显的例证便是明末崇祯年间的"己卯之变"。

明崇祯十二年己卯 （1639），清兵南下陷济南，前后破畿辅州县四十三，山东州县十八，掳掠人口 46 万余人。

济南军民与清军血战六十日，谱写了一曲保家卫国、英勇不屈的壮歌。

据史书记载，济南城破后，残暴的清兵举起屠刀，"焚杀官兵绅弁数十万人，踞城十有四日乃去，家余焦壁，室有深坑，湖井充塞，衢巷枕藉，盖千百年来未有之惨也！"

大明湖成了鲜红的血水之湖。趵突泉呢？当时的山东右布政使凌义渠在其趵突泉诗里这样写道：

　　　堪嗟己卯春，泉灵忽中闷。

　　　岂止地肺渴，得无天帝醉！

　　（凌义渠《趵突泉涸久复涌顿还旧观》，见清四库本《凌忠介集》卷二）

是的，富有灵性的趵突泉也已经枯干了眼泪，停止了喷涌，诗人说：眼睁睁地看着如此人间悲剧发生而不顾，这一定是天帝醉了呀！

一、梦仙境，遂来仙境：诗人曹玑开启山东、济南之游

如果要问，在"己卯之变"以前，济南的名泉是怎样的呢？

笔者近日所见晚明江南诗人曹玑所著《曹子玉诗集》十卷，其中之《青蕖集》，留下了彼时济南泉水的靓丽身影，令人读之不禁感慨万千。

曹玑（1604—1657），字子玉，号兰皋。明南直常州府江阴（今属江苏）人。天启四年（1624）举人。崇祯十年（1637）成进士，授户部主事，督临清关。明亡后，黄毓祺以抗清入狱，他竭力营救，家以此败落，原辟漫园于城南隅，至此屏迹园居。生平见清康熙《常州府志》卷二四。

曹玑能诗。现存明末刻本《曹子玉诗集》十卷，收诗426首。其中《青蕖集》收诗49首，大多为诗人游历山东所作。在该集《自序》中，诗人称：

> 庚午冬日，舟泊黄河岸边。夜梦作《游仙词》，剩句曰："银河如线月痕斜，触舰青蕖映碧霞。人语忽同天语静，道人何以欲思家？"余觉而识之，了不经意。遂走济上，谒绮石宋师，师为余投辖。历览琅琊、渤海诸其胜，坐卧趵突泉上，怡然、嗒然，几不欲向尘梦中再起……

庚午，明崇祯三年即1630年是也，诗人曹玑时年26岁，为举人（此后7年方成进士）。其时，诗人于黄河岸边的舟船上，夜梦得《游仙词》与青蕖、船舰，诗人似乎坐上了"宇宙飞船"遨游银河，而这些，恰与东晋王嘉所作古代中国神话志怪小说集《拾遗集》中，关于仙界"贯月槎""青蕖"的描写相符合。于是，这引发了曹玑畅游"仙境"的强烈愿望，他干脆下船来到齐地，"历览琅琊、渤海诸其胜，坐卧趵突泉上"，在这些素有"仙境"之称的美丽所在，他啸歌其间，得"怡然、嗒然"的忘形之乐。

"绮石宋师"，谓宋光兰（生卒年不详）。光兰字孚斯，号绮石，福建莆田人，万历四十四年（1616）进士。天启间官济南知府，崇祯初年升山东按察司副使。（见道光《济南府志》卷二十六"秩官四·明副使"、卷二十七

"秩官五·明知府"）

二、 趵突泉： 泉以仙灵， 奇胜超越惠山、 中泠

《青藜集》写了济南的趵突、天镜、马跑、舜井四泉，其绝美景象与潇洒风致令人叹为观止，为今人留下了将近四百年前的济南主要名泉的写真图画。

难得的是，几乎每首诗都有序或引，就这样，诗人便不仅以浪漫多情的诗兴，而且以切近实际的散文形式，更为具体、直观地介绍了名泉的姿态与风景。

以下是《趵突泉歌有序》：

齐名泉也，又曰：珠泉。一池三穴。穴中涌沸高二尺许。无间昼夜。声如瀑布。水面累累泡影，真若十斛明珠。泉后建吕仙楼，楼受千佛诸山，俯瞰渤海。余以雪霁至，止坐卧楼广眺，望白雪楼，绕来鹤桥，登玉壶堂，憩冰鉴亭，骨爽神怡，几不复知向来有风尘车马！嗟乎，惠山、中泠，擅名天下，清或过之，有是奇胜否？泉以仙灵，盖不可测矣！歌纪其略。

杨枝一滴真奇妙，倒泻天根穿地窍。

瑶岛星辰永夜明，青鸾绰约云中笑。

乘风一羽漫凌波，幻作飞泉蘸玉河。

拍拍石床开素雪，涓涓秋影画轻蛾。

珠函层叠何人启，万颗离离光若洗。

点破苍冥一镜盘，无须再撒麻姑米。

停泓曲曲出丹砂，宛转流通海底霞。

池罅未曾装七宝，今来三献水莲花。

花摇瀯露随湍急，跳沫朱楼檐尽湿。

鲛人夜拥碧绡啼，龙女晓披香雾立。

吕翁长珮特珊珊，朗句掀髯气若兰。

异境非仙不能领，真仙无地不奇观。

嵯峨泰岱超仙袖，醉倚玉阑看列宿。

相彼肩摩毂击俦，几时石枕同流漱。

仙耶仙耶何所之，我不知仙仙我知。

五百后先缘近远，世人那辨仙凡姿？

（明末刻本《曹子玉诗集》卷三《青藻集》）

先说序，序有三个层次。

第一层次，描绘趵突泉的独特样貌："齐名泉也，又曰：珠泉。一池三穴。穴中涌沸高二尺许。无间昼夜，声如瀑布。水面累累泡影，真若十斛明珠。"不是这篇文章，我们还真的不知道趵突泉还有一个"珠泉"的名称。时值严冬，非是盛水期，而能"涌沸高二尺许"，足见此时趵突泉水势极佳。接着，诗人由水势而及泉声："无间昼夜，声如瀑布"，最后是写趵突泉如同明珠的可爱形状，"水面累累泡影，真若十斛明珠"，这也怪不得趵突泉有"珠泉"之称啊！

趵突泉（王琴摄影）

第二层次，写趵突泉的周边建筑："泉后建吕仙楼，楼受千佛诸山，俯瞰渤海。余以雪霁至，止坐卧楼广眺，望白雪楼，绕来鹤桥，登玉壶堂，憩冰鉴亭，骨爽神怡，几不复知向来有风尘车马！"不见此文，我们断不知明代趵突泉上有如此之多的亭台楼阁，而且名称来得如此雅致而贴切（完胜今日）。你看，除却我们熟知的吕仙楼、白雪楼、来鹤桥之外，还有坐卧楼、玉壶堂、冰鉴亭，此三名称，或写人们在趵突泉观景坐卧惬意之状，或喻趵突泉"平地涌出白玉壶"独特之态，或道趵突泉以冰为镜、令人明察事理的功能价值，正是风雅而寓意深远。难怪诗人在这样的名泉环境里："骨爽神怡，几不复知向来有风尘车马！"

第三层次乃诗人见识，人文之华。曹玑这样抒发游泉的感慨："嗟乎，惠山、中泠，擅名天下，清或过之，有是奇胜否？泉以仙灵，盖不可测矣！歌纪其略。"这曹玑，不愧为富有见识的学者诗人，他以"擅名天下"的天下第一泉之中泠泉、天下第二泉之惠山泉与趵突泉相比，认为这二泉"清或过之"，而"奇胜"则是在趵突泉之下的。作为一名江南人，能有如此实事求是的公允品鉴，难能可贵。这也说明趵突泉"天下第一泉"的历史地位，在明代已是不争的现实。

接下来的"长歌"，是对趵突泉美姿美景的具体描绘，也是诗人对趵突泉作为"天下第一泉"价值、特征的进一步解说。其中有两个关键词应该注意，一是奇姿，二是仙境。

"杨枝一滴真奇妙，倒泻天根穿地窍"，这是以佛法的奇妙与奇迹，来比拟趵突泉奇姿与走势之独特与壮美。

趵突泉水势浩大，昼夜不息，其水来源，古人不得其解，一般认为，一是银河倒泻（"倒挽银河"），二是"海眼"之说，诗人因以"倒泻天根穿地窍"称之。趵突泉平地涌出，喷高数尺，其倒泻腾空、逆理违规之情状，实为世间罕有，允称大自然之奇迹也！

趵突泉云岚风壑，碧瓦丹楹，素有"仙人之窟宅，黄鹤之驻迹"的仙境之称，为"寻仙"而来的诗人曹玑对此感悟颇深，他先后用"瑶岛星辰""青鸾绰约""鲛人夜啼""龙女晓立""吕翁长珮"等仙境和神话传说中的美丽事物，来比拟趵突泉的姿致风调，称道趵突泉"异境非仙不能领，真仙无地不奇观"。此外，他还赞扬趵突泉"珠函层叠""朱楼玉阑"的雕阑飞甍建筑之美。

三、天镜泉：家有泉穴，"屋里泉声叹化工"

诗人所写天镜泉诗同样使人眼界大开。

这不仅是天镜泉之美，更加令人惊艳的是天镜泉周边的居民，这些居户是家家泉水，而且泉眼不唯在庭院之中，有的已经登堂入室，进入老百姓的房舍之中了。

我们且看曹玑《天镜泉有引》：

> 在济郡城西里许，无台榭之胜一大池，池上为伧夫据作旗亭，辣酒娇妓，土曲村歌，错杂而至。绕泉居民数家，家有泉穴，水更清碧可爱，水中藻荇，绿色难绘，恨不得使寒山文端容见也！泉左有龙潭，为一郡祈霖地，闻其往来灵验，想亦泉神所幻而出者耶。
>
> 仙源漫说有槎通，屋里泉声叹化工。
>
> 寒藻胜于春草绿，游鳞色上舞裙红。
>
> 昔闻兔隐天中镜，今有龙吟曩下桐。
>
> 安得玉箫三弄史，恰乘明月报相逢。

（明末刻本《曹子玉诗集》卷三《青莱集》）

在引里，诗人首说天镜泉的位置、景观，看来，诗人对此池上胜地变作酒家娇妓之所颇为不满。

再说环境，这才是诗人最感兴趣的所谓兴奋点。你看，绕着天镜泉泉池周围的居民们，家家有泉，而且，其泉水清碧可人，水中的藻荇之绿，那是画家也难以描绘的秀色。于是诗人发出慨叹："恨不得使寒山文端容见也！"寒山，众所周知的唐代著名诗僧；文端容，文俶，字端容，明代著名女画家，文徵明玄孙女。诗人说：真可惜寒山、文端容不能前来，用他们杰出的诗画作品来描绘此处清泉的美艳呀。

最后一节，写泉东之五龙潭。有趣的是，诗人将五龙潭祈雨的灵验，也记到了泉水甚至泉神的账上："想亦泉神所幻而出者耶！"

再看诗。

"仙源漫说有槎通，屋里泉声叹化工"，仙源，道教称神仙所居之处；槎，此指仙槎，神话中能来往于海上和天河之间的竹木筏。这句的意思是，在神仙居处有竹筏可以通达海上与天河（银河）之间，何等惊人，然而诗人说，还有比这更为奇特的（"漫说"即是"不要说"的意思），那就是："屋里泉声叹化工"了！

泉本在山，在济南，出自民家已是奇迹，况且今又出自老百姓的居室之内，更是天下少有的奇迹了。听着这泠泠泉声，你能不惊叹大自然"化工"之妙?！

"寒藻胜于春草绿，游鳞色上舞裙红"，在上面的引中，诗人已经对清泉中藻荇之绿做过描绘，这不由得使我们想到老舍对济南泉里绿藻的描写："那份儿绿色，除了上帝心中的绿色，恐怕没有别的东西能比拟的。"（《济南的秋天》）而清澈泉池中红色的游鱼，则将泉边游女的舞裙照得通红耀眼。这份红绿如绣的美景，单是色彩便将人美醉了！

"昔闻兔隐天中镜，今有龙吟爨下桐"，天中镜，谓月宫，传说有玉兔捣药相伴嫦娥，诗人在此以其碧海青天的清澈、纯净喻天镜泉，恰如其分；"爨下桐"，爨，烧火煮饭，典出《后汉书·蔡邕传》："吴人有烧桐以爨者，邕闻火烈之声，知其良木，因请而裁为琴，果有美音。"后遂比喻遭到毁弃的良材，或指焦尾琴本身。而此处显指后者，即在今日济南老百姓的家里，便有着如同龙吟伴着焦尾琴的美妙泉声呀！

四、 马跑泉： "砂砾侵之， 不染其故"

如今的马跑泉，静卧在趵突泉公园的东北隅，浅吟低唱。然而，在自明迄清的数百年间，它一直是一处道旁泉，或称路边泉，它所在的那条街，就叫马跑泉街。不过，这马跑泉似乎一直保持着自己独特的个性，自己的风骨，从而引来世人的赞叹与激赏。

崇祯三年（1630），曹玑来到此处，写下《马跑泉有引》：

穴不盈丈，清鉴须眉，细流渊渊，放而之海。齐人云：齐有七十二泉，殆一源而异名。子瞻所谓万斛泉随地可出者耶！此则独在道旁，砂砾侵之，不染其故。徘徊久焉，惜无支道林来饮马于此！

尺幅停澜飐素秋，温如玉骨朗如眸。

朝分太液生烟霭，夜淬芙蓉澹斗牛。

弱水岂从蛟洞出，灵源宁可杖中求。

当年磊落观泉者，千古玄心足溯流。

（明末刻本《曹子玉诗集》卷三《青藻集》）

诗引写马跑泉"穴不盈丈"，却清澈无比（"清鉴须眉，细流渊渊"），尤其可贵在于，该泉处于风尘满目的道旁，而"砂砾侵之，不染其故"，反而如"万斛泉随地可出者"。诗人显然由此受到感染，他感受到一种"出淤泥而不染"的独立不移的精神气质，他徘徊良久，并由清泉而联想起昔时高僧支道林爱马的故事。

支道林，名遁，河南陈留人，晋代高僧。晋哀帝时曾应诏至洛阳东安寺。善谈玄理，名震一时。时贤谢安、王羲之皆与之游。支道林爱马。据南朝宋刘义庆《世说新语·言语》："支道林常养数匹马，或言：'道人畜马不韵。'支曰：'贫道重其神骏'。"不韵者，不雅、不得体也；神者，神采俊逸之谓也。

曹玑慨叹：如此上佳的泉水，如此贴切的称名（"马跑泉"），可惜没有爱马惜马的支道林前来饮马呀！

在诗中，诗人将眼前的泉景与独到的思维熔为一炉。他说：虽是冬天，待在泉边却如同清风习习、天高气朗的素秋一般，何以如此？因为这是温润如美女、清澈如明眸的清泉呀！它于清晨采撷上天的甘露，夜晚则吸收芙蓉的清香。它出身高贵，不似弱水；这样的灵泉、灵源是值得不辞辛劳、策杖而寻的（宋唐庚《十月十八与舍弟登越王楼便道驱开元寺得句》有句："便道访古寺，策杖寻灵源"）。最后，诗人以颇具哲理的"当年磊落观泉者，千古玄心足溯流"作结。玄心者，玄妙之心识是也，指能够洞彻事物玄理奥秘的心性，诗人认为，这正是"观泉"所能达成的境界。孟子曰"观水有术，必观其澜"，庄子曰"大匠取法"，殆此之谓也。在中国传统文化语境中，水早已不单单是其本身，而是寄寓着人们的社会理想、人生智慧、价值尺度、道德观念的文化载体。

不知曹玑是否知晓马跑泉上宋代名将关胜保卫济南、以身殉国的抗金故事，诚如是，他的诗作当更为悲慨豪壮、感人落泪的吧！

除上述泉水诗，曹玑还写有《长至日谒虞帝庙》：

铁骨荼颜一至尊，九重还慰野人魂。

欲随麟凤看仙仗，独裹风烟拜帝门。

闾井尽餐孺慕水庙有井，俗曰舜井，琴堂都散故薰恩。

南来敢献苍梧牍，肯复伤心旧泪痕！

（明末刻本《曹子玉诗集》卷三《青蕖集》）

诗歌展现了号称"舜城"的济南悠久的大舜文化，比如济南人对于大舜的虔诚悼念与崇敬，此外，还有明末济南舜庙、舜井的样貌，特别是人们饮用舜井水的热火情景。

显然，曹玑在济南、在山东的"仙境"之游是十分惬意的。

济南园林的营建结构与审美特征

2023 年，继《济南名泉考》之后，父亲与我合著的又一部著作《济南园林七十家》付梓面世。

济南作为自古以来的园林城市，美如罨画，然而，在历史的进程中，却有不少园林湮灭无存，且府县志中亦无记载。许多年来，我们依据府县志和历代特别是明清诗文别集，深入发掘，索隐钩沉，写成这部著作。大不易！

宋代李格非撰《洛阳名园记》，所写不过 18 家园林，而济南古代园林则有 70 余家之多（本书实际收录 81 家），这是千百年来济南的一笔少有人知的巨大财富与文化资源。济南府县志所载不仅数量较少，且对园林内部特征更是少有描述。本书依据大量罕见的文献资料，以精确优美的文字，全面展示了济南历代园林的营建特征及内部审美结构。

济南园林，没有比它更能体现济南人与这座古城、与济南泉水的共依共存的血肉与文化联系，它是济南人对泉水利用、古城建设的最高智慧与境界之结晶，因而对于当前的"泉·城文化景观"申遗也有十分现实的价值意义。

读此书，总是觉得，这部书乃是济南园林史的重要基础，或者说，以此书为基础，再来写作济南园林史，便有了充分的文献资料支撑。

济南历代府县志上未见记载的园林，而由我们自明清诗文别集所发现、发掘者，便有 26 处之多。比如：明代，张岚之参山居、金城之西城别业、王诏之白屋、李攀龙之白泉精舍。清代，大明湖上有王士禛之秋柳山庄、朱崇道之湖上草堂、陈庄、李松之湖干小筑、牛翰鉁之小小斜川、宫本昂兄弟之宫家宅子、钱炘和之因寄山庄等；南护城河上有杜云之竹园、黑虎泉西之冯氏园、刘曾骤之梦园、缪润绂之潜园、琵琶泉之王氏别墅、西护城河上徐世光之第二徐园；城中则有芙蓉街上及左近之芙蓉园、芙蓉馆，县前街上之亦楼、刘惠之秋柳园、徐世光之第一徐园等；郊垌有朱崇典之望华楼、张荫桓之鹊南园居；金线泉上有叶圭书之历下园；等等。

更为重要的是，其他园林，即济南府县志有记载者，也甚不完备，或三言两语，或收录数首描绘园林之诗作，支离而零碎；本文收录的这些园林，大多由我们潜心挖掘、补充其他资料文献，并加以精细的解读与审美分析，方才见出园林全面而真实的面貌。

一、 济南园林的分布特征

以下，我想主要依据本书，来分析济南历代园林的基本概况与审美特征。由本书我们得知，历史上济南园林分布情况大致如下：

其一： 泉（河）湖之侧园林

此种园林主要集中于黑虎泉泉群与五龙潭泉群名泉聚集的南护城河与西护城河上，共15处之多（贤清园实由不同历史时期的逯园、罗园、朗园等构成，作者合为一篇）；趵突泉泉群所在的城西南，有园林12处；再是江北独胜的大明湖上，有12家之多。上述39家园林，业已占据济南园林总数的二分之一。

其二： 官署与城内园林

历史上位于济南的官署，如明清以来巡抚署、布政司署、学署、盐运署、济南府署、历城县署等，多为名泉玲珑、景致清幽的园林建筑，另有城内园林如瞻泰楼、灰泉别墅、枣香居等亦大多依泉而建，计有18处之多（含徐世光第一徐园）。

其三：郊坰园林

济南四围群山环抱，郊坰尤其北园一带，烟雨翠岚，流泉啼鸟，绿柳荷塘，因而自古便是园林聚集之地，如北魏之使君林、元代赵孟頫之砚溪村、张养浩之云庄别墅，直至晚清张荫桓之鹊南园。东郊亦有李攀龙鲍山白雪楼、白泉精舍，王诏之白屋等，计15家之多。

由此可知，济南园林分布广泛，如同珍珠漫撒。不过，也有相对聚集的临水之处。中古，园林多集中于历水、泺水流域及城内。而明清以降，则多见于大明湖畔、护城河上，以及趵突泉、五龙潭、黑虎泉等名泉聚集处，为临泉靠河近湖之风水宝地。而郊坰园林，则以北园与东郊为多。

二、 济南水景园及其审美特征

水景园是济南园林的灵魂与主干。

《济南园林七十家》所收录81家园林中，有泉水水景园55处，占园林总数的三分之二。

它们是：房家园、槛泉亭、济南府学文庙、胜概楼、赵孟頫砚溪村、张养浩云庄别墅、珍珠泉大院、山东布政司署西园、江家池、金城之西城别业、王诏之白屋、谷继宗之金线泉亭、李攀龙之白泉精舍、许邦才之瞻泰楼、殷士儋之通乐园、张岚之参山居、山东学署、贤清泉上之逯园、罗园、朗园、汉石园（麊园）、孙光祀之孙氏别墅、张氏漪园、韩天章之灰泉别业、芙蓉园、芙蓉馆、钟性朴之桷园、朱纬朱令昭之水明楼、王苹之二十四泉草堂、泺源书院、朱仑仲之枣香居、张廷叙之德馨书屋、山东运署也可园、五龙潭潭西精舍、大明湖小沧浪（旧时有沧浪泉）、陈震之南马道宅、李士琛之基园、刘叔枚之亦园、毛鸿宾等之锦绣川别墅、乔岳之南郭别墅、杜云之竹园、冯赓飏之冯氏园、品泉山房、蒋因培之燕园、徐宗干之徐园、叶圭书之历下园、尚志书院、徐世光之第二徐园、刘曾骤之梦园、琵琶泉上王氏别墅、缪润绖之潜园等。

有水则活。五龙潭所在区域（东流水、江家池等），是济南私家园林的一个聚集地，而且几乎全部是依泉而建的泉水园林。

清代，这里最著名的两家园林，一是漪园，一是贤清园。

漪园的主人为张秀，所以又叫张氏漪园，园林倚古温泉而建造。

它的特点是构造精致巧妙，令人叹为观止。清初大诗人王士禛有《游漪园记》，专门写到漪园这一特点。漪园的一切建筑与景点，全在水上，但你看不出来，你来游园，走过亭台楼阁和诸多景点，其实是一直在水上走的，但你一点儿也不知道。直到登上最后的一个景点：高阁，你在这里往后一看，这才发现，原来你是一直在水上走的。

这有点儿像中国相声中的"抖包袱"，游客全部被它惊呆了、征服了。它体现了中国传统造园艺术中"隐"与"藏"、含而不漏、动静相生的高超技巧。

另一处叫贤清园，它是倚着贤清泉而建造的，是一处典型的风雅园林。它在二百年间屡易其主，却始终为文人雅士所拥有，其书卷气与诗性风流一直延续不断。它达到很高的审美境界。它的漂亮与高雅，诗情与画意，可以用一句古语来形容："窗外花树一角，即是折枝尺幅"。

清代嘉道间诗人、学者王培荀《乡园忆旧录》曾用八个字称这里的美："流水当门，远山在目。"他还特意记下了形容这里的风雅楹联云："舍南舍北皆春水，微雨微风隔画帘"。（《乡园忆旧录·卷四二一》，齐鲁书社 1993 年版）

诚如当代园林艺术大师陈从周先生所言：风景洵美，固然是重要原因，但还有个重要因素，即其中有文化、有历史。

济南园林，在水上做足了文章，除了泉上园林，还有湖上园林，即大明湖小沧浪。

小沧浪的创造性，在于"湖面上起亭馆"，雅趣无穷。

它将人的居住环境，固化在美丽的大明湖湖面上。

它提供了一个人与水、人与湖更为亲近的场所。

小沧浪整个建筑半浸湖水之中，歇山飞檐，三面荷塘，四面柳浪。当时，济南诗人、画家朱照有《湖西新馆》诗：

城隅亭馆地幽遐，画槛雕栏事踦华。

长夜追欢遥月色，千金治宴为荷花。

（清稿本《锦秋老屋稿》）

湖西新馆，即小沧浪。此诗下有诗人自注："阿运司林保假商家之力，于城隅间湖面上起亭馆，为宴宾之所。额曰：小有沧浪。"

又有多年侨寓济南的诗人、《济南竹枝词》作者王初桐，锦心绣口，作《为阿运使题小沧浪》一首：

即从水面开三径，更向波心结数楹。

柄柄荷香围几席，层层峦翠扑帘旌。

（清刻本《海右集》）

"即从水面开三径，更向波心结数楹"句，巧妙地概括了小沧浪的特征在于，它将人们的风雅世界开发到了"水面"和"波心"之上，从而荷香围来，岚翠扑来。人与自然达到高度的一体、和谐。

自明代开始，济南府学便成为世所罕见的泉水园林。学宫内，有梯云溪、大明湖、濯缨湖三水交汇，苍松翠柏，奇石泮池，人文奥区，美不胜收。

济南园林，端的是在泉上、水上玩出了花样，令人钦羡不已，清代寓居济南的江南诗人吴秋渔在《小沧浪》诗中吟道：

昔人买山今买水，水面亭台明镜里。

（民国续修《历城县志·古迹考四》）

自然，济南的水景园林，最为出彩的还是明代作为德王府、清代作为巡抚衙门的珍珠泉大院。

在这个大院里，五六百年间，有着一个"绝活"："院落泛舟游"。

在一个院落之中，"通舟二里""龙舟荡漾"，这应该是济南独有的天下奇观。咸丰年间，泺源书院主讲何绍基来此作泉河泛舟游，当即为"前厅看放衙，后榭闻荡桨"的景致所倾倒。（见《七月九日，雨龄中丞招同朱伯韩观察、吕秋塍学使、嵇春源山长乘舟由珍珠泉遍历龙湾诸胜，旋宴集于澄虚榭，仍次前韵奉柬二篇》,《何绍基诗文集》，岳麓书社 2008 年版)

还有，大院里不仅名泉在在皆是，有的竟然俏皮地钻到了巡抚大人的廊堂之旁，而且不是一处，是两眼。

清乾隆间山东巡抚杨锡绂在任上，作有《小趵突泉廊堂两旁各一》:

> 天下名泉第一区，小分趵突此为殊。
>
> 不须幽涧还操缦，饱听潺湲是座隅。

（清嘉庆十一年刻本《四知堂文集》卷二十九诗)

泉眼不是在通常的山间，甚至不是在园林和街衢，它在院落，并且比院落更近了一层，是办公座椅的两侧。于公事之隙便可以"饱听潺湲"，这便是"天下泉城"，这便是我们家乡曾经的泉水风貌呀!

难怪珍珠泉大院在整个清代，被称为各个行省巡抚院署风景之最:

> "行省言使者宅，皆无逾济南。"

（见赵国华《退园记》，民国续修《历城县志·古迹考四》)

三、 "水随山转， 山因水活"， 济南园林的山水相生之美

前面谈了水景园的审美，那只是在抽象的意义上，为了叙事的方便而作如此言说的。其实，济南的众多园林，都是山水一体的。

济南四围皆山，青翠扑人眼帘，济南人尤爱山景。因之济南园林，素来有山有水，山水相映，有着山环水绕、山水相生的自然与人文美景。

模山范水，是有大文章的。陈从周先生曾用"水随山转，山因水活"来说明园林之中的山与水的关系，使得园林山水接近自然，"虽由人作，宛自天开"。下面我们来看济南园林中水石相依、水石交融的境界吧。

早在北齐，济南便有房豹之房家园。唐段成式《酉阳杂俎》称其为"山池"，适足见"山"为园林之"主角":

> 历城房家园，齐博陵君豹之山池，其中杂树森竦，泉石崇邃，
> 历中祓禊之胜也⋯⋯

房家园之美丽豪华非同一般。段氏称房家园"其中杂树森竦，泉石崇邃"，这些尚不为奇，关键是房豹敢拿它与大名鼎鼎的金谷园相比，而又得到经多见广的尹孝逸的认可。（参见《酉阳杂俎》卷十二，齐鲁书社 2007 版）

作为国宝、济南文化符号的还有元代济南先贤张养浩的别墅的云庄奇石。

张养浩云庄奇石，素有"十友"与"四灵石"之说。如清人王培荀谓：

> 张白云先生养浩，园中有奇石十，呼为"十友"，最著者龙、凤、龟、麟。

（清王培荀《乡园忆旧录》卷四，齐鲁书社 1993 年版）

"龙、凤、龟、麟"，即四灵石。而"十友"，则多为珍稀、贵重的太湖石。

张养浩《云庄休居自适小乐府》有【中吕】"十二月兼尧民歌·秋池散虑"，其中有云：

> 太湖石神剜鬼劚，掩映着这松衫。恰便似蛟龙飞绕玉巉岩，骇的些野鹿山猿半痴憨。

这是何等生动形象、真切酷似的龙石造型的"写真"，由此足见云庄奇石之独特价值。

济南园林中的奇石假山，大致可分两类，其一，太湖石，为原石；其二，人造之"假山"，由山石土木垒制打造而成。济南有些园林二者兼备，如珍珠泉大院、布政司署等。

而山东学署、济南府学、明代尹旻之尹亭、殷士儋通乐园、清代王苹二十四泉草堂、陈霖之修竹吾庐、张士珩潜亭等，则为太湖石园林。明代陈明之九石山、张岚之参山居、赵世卿之小淇园、清代也可园、小沧浪、刘叔枚之亦园、李士琛之基园、缪润绂之潜园、徐世光之第二徐园等，则为人造之假山。

济南人造之假山达到十分精致的程度。山上大多有亭，以作休憩、观览之用。山下，则有洞穴。如明代薛冈写小淇园：

> 北有土山，山巅有亭，可跻。而徒倚山下，甃砖石为洞，虚敞明洁，有石榻待坐卧，是避暑佳地。惜不涂而白之，可称：雪槛。

有佳木、有怪石、有奇花、有风亭云馆，不具论。

（崇祯刻本《天爵堂文集》卷六《大明湖游记》）

你看，有山（"北有土山"），有亭馆（"山巅有亭""风亭云馆"），有奇花，有佳木。山下尚有"虚敞明洁"的山洞，有石榻等坐卧之具，真的不愧为"避暑佳地"。

明代嘉靖年间，在济南布政司大街路东曲巷，浙江按察司金事陈明的九石山园林庭院，亦颇有特色。

诗人仲言永有《奉怀鹊湖陈宪伯先生用韵》称：

> 九峰滴露供吟笔，八柳含烟护画堂。

（明刻本《寓岱稿》）

九峰，即九石山，其造型十分奇特，它是由九个山头构成的；而八柳，陈明称号"八柳先生"。此联相当精巧：九峰滴露，堪称美不胜收，它为陈鹊湖提供了诗材诗兴，八柳含烟，则烟柳朦胧，动人情性，它簇拥着"善书法"的陈鹊湖的画堂。此联将九石山的郁然的文气与雅致的风采表达得十分准确而精到。

假山之中，最具济南特色的是主人多用济南山之造型来叠山理水，如华不注，如鹊山。

德州罗氏（罗植罗兰斋氏）于乾隆初年买下贤清园同时或之后不久，又买下了济南城北的白鹤亭。罗兰斋死后，白鹤亭由其长子罗以书（字素文）掌管，易名北渚园。张元《北渚园杂咏十三首，为罗素文作》，其二为《小华不注》：

> 金舆一峰秀，相去四三里。
>
> 谁割一片来，下浸云根水。

小华不注乃是北渚园庭院内假山，华不注造型，具体而微（沈世炜同题诗有"山小体独全"句）。

而泺口基园、亦园的风格样式，民国续修《历城县志古迹考四·基园》有这样一段记载：

> 亦园、基园，皆叠石为山，陈雨人监造。雨人善画，故其布置，

069

具有丘壑。亦园山峻拔，基园山坦迤，各有逸致。

一峻拔，一坦迤，二园之假山正是依据华、鹊二山而造型制作。

四、 花木重姿态： 济南园林的植物特色审美

古人营建园林，大多不是为了追求排场、阔绰，而是为了寻求一处清新、雅致、适于人居的、诗意栖居的生存环境，是人与自然的和谐共处，因而，古树名木、四季花卉俨然成为讲求生态环境的园林的主角。

康熙九年（1670），作为山东巡抚（袁懋功）幕僚的杭州布衣陈祚明进入珍珠泉大院，写下《历山官署杂咏》三十四首，历山官署者，山东抚署是也。三十四首中，足足二十四首是咏古树花卉的，如：柳、槐、竹、桃、杏、梨、海棠、丁香、木槿、牡丹、芍药、玫瑰、葵、玉簪、荷、秋兰、茉莉、菊、蓼、月季、长春、金雀、金凤、鸡冠等。（见清雍正刻本《稽留山人集》第十八卷）

此足可想见大院花树之盛。要知道，此时距离山东抚署在德王府废墟上重建，不过四年的时间。由此可知，残暴的清兵对德王府的毁坏，多在宫室建筑，植物倒是大多依然如故吧。

竹、柳、荷、槐……始终是济南人、当然也是济南园林的最爱。

先说竹。大明湖上有明代济南先贤、曾官万历间户部尚书的赵世卿的小淇园。

明天启六年（1626）秋天，见多识广的江南名士薛冈薛千仞先生，来到济南小淇园，有以下描述：

扣得其门，万个篔筜翛翛翠滴。园东一区，缭以垣，复扃以户，启而窥，一望青琅玕，足敌渭川千亩垣，斯户斯宜不令俗子常见。

薛冈大为感慨，说出了他对于小淇园的认识与评价：

夫园之最不可少者，惟水与竹；而北所绝少者，正惟水竹，兹园兼而有，而且不胜其多。

（均见《大明湖游记》《天爵堂文集》卷六）

小淇园为明代济南十六景之一，号曰：竹港清风。

济南园林，金代有万竹园、清代有竹园，单听其名，便知绿竹之盛。济南气候温暖湿润，土壤肥沃，尤其适合竹子成长。据清代同光间寓居金泉精舍的潍县诗人张昭潜（字次陶）称：

> 次陶氏居金泉精舍，手植竹数竿，逾三年，滋生茂密，杜门充庭际，余诗所云，分竹入画室也，王湘筠夫子见之，以此为历下第一竹子。或移植别所，辄不育，故友人皆称为陶竹。
>
> （《唁竹吟》，清光绪刻本《无为斋诗集》卷二）

济南名泉之侧，多有竹林。如珍珠泉便有"珍珠泉上万竿竹"之称。（清嘉道间诗人宋翔凤作有《珠泉竹影》，首句谓"珍珠泉上竹万竿，丛丛深碧相映寒"。出自清刻本《洞箫楼诗纪》二十）

再说柳。家家泉水，户户垂杨，堪称济南的金字招牌、文化符号。而清初王士禛"秋柳"诗响彻大江南北，杨柳更成为济南的城市象征。

康熙间，由德州移家济南的著名诗人田雯有诗《友人书来询卜居所在》：

> 卜居决意在湖乡，风雨春深底事忙。
>
> 近得一庐仅容膝，柴门临水两垂杨。

"柴门临水两垂杨"，正是田雯所居济南曲水亭一带，亦是旧时济南临水民居普遍之风貌也。

济南，自打王士禛写《秋柳》诗，其秋柳情结便浓得化不开了。

王士禛作《游漪园记》，称漪园就连花木也十分讲究："廊北皆巨竹""亭前有梧桐"，"可荫可憩"，而王士禛和济南人最为钟爱的"秋柳"，则始终是漪园的"当家名旦"——或垂柳当门，或绿柳拂水，皆"婀娜可爱"，"漱玉堂后泉池：池上有杨柳合抱，长条下垂披拂，与萍藻相乱，荫可一亩许。炎景却避，凉风洒然，游者倚徙不能去"。

此真正济南特色也。

陈从周先生称：

> 花木重姿态，音乐重旋律。
>
> 我总觉得一地方的园林应该有那个地方的植物特色。

（见《说园》）

光绪年间，泺源书院山长缪荃孙《泺源小史》写泺源书院：

> 西出有门，拦门一垂柳，大合抱，微风拂面，绿荫参差，下为苇荡，曰数百武，水光清涟，上有方亭，署曰："秋水"。

妙的是，济南泉的周围多柳。

有看不见的风洒然来也，泉水荡起波澜，似与绿柳相约，缠绵摇曳。

一叶且或迎意，泉声有足引心。

如诗如画，没有比泉与柳的搭配更动人的了。

谈到荷，济南人首先想到的便是大明湖。元初，元好问在《济南行记》中有生动描绘，他说大明湖：

> 秋荷方盛，红绿如绣。令人渺然有吴儿洲渚之想。

然而，现在要谈的则是济南园林的荷。

济南私家园林，大多会凿池种荷，如张养浩之云庄（"云锦池"）、张氏漪园、冯氏拙园、徐世光的两个徐园等。

济南人爱莲荷之清雅，爱莲荷之清香馥郁、君子之风，"小窗香度碧荷风"，何等诗意，何等醉人！还有，济南是碧筒饮的故乡，炎炎夏日，人们足不出户，便可以享受到"酒味杂莲气，香冷胜于水"的上佳饮料了。

令人钦羡的还有济南园林的古树名木。

布政司署（今省政府大院）有"宋海棠"，传为宋代济南太守曾巩时物。历代官员与济南人珍视万分。清代嘉庆年间，山东布政使吴俊与其亲友尝在海棠树下饮酒赋诗，为自己庆贺生辰，何等风雅，一时传为美谈。诗人有句：

> 芳时胜集两相逢，一时传遍明湖曲。

（见蒋因培《吴蠡涛方伯命酒海棠花下，用东坡定慧院海棠诗韵即席成诗，辄亦继作》，清刻本《鸟目山房诗存》卷三）

珍珠泉大院的古树名木同样耀人眼目。如玉带河的古桑（"祥桑"），海棠园的海棠。清代，据文献记载，珍珠泉大院有数百年海棠树俨然成林。乾隆五十九年（1794），山东巡抚毕沅幕僚史善长有《晓发题院廨壁》诗，其中有注："署北海棠十余本皆二百年物。"而据此之前一百三十余年的清康熙五年（1666），山东巡抚刘芳曙幕友朱彝尊之子朱昆田便曾写过抚署里的这些海棠树，当时即已"大皆合抱，开时如张红云之幔"（见《海棠叹五首》，民国涵芬楼影印清康熙刻本《笛渔小稿》卷八）。

五、 "万象涵泳， 莫不畅遂"： 济南园林的动物掠影

然而，古代给济南园林带来生命活力、青春激情的，莫过于动物。

也许，今天已经没有人能够想象得到，当年，作为堂皇森严的官宅，珍珠泉大院会是一处如此活灵活现的动物天堂、清新淳美的桃源胜概。

乾隆五十九年（1794）冬季，新任山东巡抚毕沅走进珍珠泉大院，便被眼前的情景惊呆，他在诗作里吟唱道：

> 海鹤知何在，沙汀褪数翎。
>
> 苔屿鸥成对，沙坪鹿有群。
>
> （见毕沅《抵署后喜园中台敞亭幽，水深树古，虽冬物荒寒，已足引人入胜，斐然有作，用贻在幕诸君四首》其一、其三，清乾隆刻本《灵岩山人诗集》卷四十）

那时虽是冬季，但在大院里，却有正在褪翎的海鹤、成群的鹿和成双成对的鸥鸟，而且还有供鹿群与鸥鹭休憩、游乐的沙坪与苔屿呀。

好一幅人与自然和谐共处的图画呀！我们不禁为古人的创意与创造而由衷喝彩！

在济南的私家园林里，其他动人情景也颇多见。

元代，张养浩云庄畜有二鹤一猿，谱写了人类与动物和谐相处的动人乐章。张养浩有诗："人共山猿野鹤三。"（《遂闲堂独坐自和十首》，元刊本《张文忠公文集》）

这苍、白二鹤，无论山椒水涯，必与张养浩俱往，平时，则在云庄内往

来饮啄，与林泉花石相映。张养浩描绘道：

　　鹜之既久，习人不惬，往来饮啄，或翔，或眠，或立，或曲颈
理羽，与林泉花石相映，巧史有不能绘。当其戛然而鸣，声动寥廓，
牛童辈拟而和之，若相应答，闻之令人神形飘洒，不待目昆丘、蹠
蓬莱，已仿佛其羽化矣。

除此之外，云庄：

　　其他鸥鹭鳞甲之属，亦莫不雍容闲雅，飞泳自如。

　　　　　　　　（见《翠阴亭记》《云庄记》，元刊本《张文忠公文集》）

张养浩弟子张起岩在《张公神道碑铭》中称张养浩归隐云庄之后：

　　公尝衣长衫，幅巾檐帽，曳杖行吟，逍遥自得，舞鹤驯鹿，导
从后先，人望之如神仙。

济南园林中，多有鹤在。且不说珍珠泉、布政司署、千佛山、开元寺、
趵突泉、小沧浪、潭西精舍等官署、寺庙及风景地，即在众多私家园林，如
张氏漪园、逯氏园、朗园、朱氏水明楼、徐宗干徐园、徐世光第二徐园，也
有鹤的仙影、仙踪。

可以说，古人对生态的重视与保护精神，乃是留给今人的一笔宝贵财富。

比如，在珍珠泉大院，有游鱼，嘉庆间长洲名士宋翔凤诗曰：

　　珍珠泉有涓流痕，赤鲤三尺沫未浑。

（《题郭伯寅孝廉孚占东游吟草三首》之二，嘉庆二十三年刻道光五年修
订本《忆山堂诗录》诗八）

其注云："济南节署珍珠泉，赤鲤鱼长三尺。"

无独有偶，此时亦有山东莱州府诗人李图（字少伯）写有抚署内的《知
鱼泉》诗：

　　旧闻开府邸，中有知鱼泉。

　　不见泉生处，赤鲤过百年。

　　　　　　　　　　　　　　　（清刻本《鸿桷斋初刻诗集》卷二）

由此可知，抚署之内诸泉中的大鱼是颇不少见的。

清人写也可园：

嘉树繁于春葩，时葩茂于露姿，鸣禽引吭而下上，颒鳞耀波而
喋喋。万象涵泳，莫不畅遂。

（周升桓《也可园记》，道光《济南府志》卷六十二"艺文二·历城"）

济南是鸥鹭之乡，今天，一提起鸥鹭，人们多联想到大明湖与护城河上，
还有，玉符河畔、青龙山上白鹭飞。

那时，白鹭却是在老百姓家里，在济南的幽雅园林里，如漪园、逯氏园
里，康熙间济南诗人黄文渊有《过逯氏园亭》（六首），其二云：

丛竹阴阴暑气微，主人迎客响紫扉。

翻愁人语声呼近，惊起池边白鹭飞。

好是醉人！

尾声： 园林， 济南城市的眼睛

《济南园林七十家》实际收录 81 家，然此仍然不是全部。如明代边贡之
万卷楼、西园别馆，许邦才之水村，清代任弘远之添湄楼、见山亭，还有汇
泉寺等寺院园林，尚有不少，均因资料不足而作罢。

济南古代，何以园林会如此发达而且繁盛？

原因在于，济南自古乃山水名城，天下泉城，具有打造园林的优厚天然
条件与环境。

第二，济南作为省会城，文人雅士与官宦人家众多。

这些，都为园林营建备足了天然的与人文的必要条件。

然而，还有一个得天独厚的先决条件，是人。

济南诞生了许多著名的园林、宫室设计艺术家与著名工匠。比如清代嘉
道年间，济南便拥有园林设计家陈霖（号雨人）与宫室设计、建造专家魏祥
等业界著名人物。

驰名海内的宫室、园林设计大师魏祥（1756—?），字致和。先世自章丘
迁来历城。他家境贫寒，依靠下苦力做泥瓦匠养活母亲。他善于思考，匠心

独运，府志称他：

> 工技艺，杰构巧缔，运以精思，遂成伟工。

魏祥一举成名在乾隆五十五年（1790）。

其时，乾隆第六次东巡山东，巡盐御史委托魏祥主持修整沿途境内的行宫，结果大获好评。其后，乾隆回到天津驻跸柳园，下令在行宫门外举办接待安南（今越南）国王的宴会，直隶总督一时乱了手脚，想不到技艺高超的魏祥，一夜之间便制作出精美的彩楼。自此，魏祥声名大振。

在山东，不独曲阜孔庙、邹县孟庙、泰山岱庙及盘路等大工程必得倚重于他；在省城济南，举凡府县学宫、节孝祠、魁星楼、文昌阁、城隍庙，以及贡院号舍，甚至齐河大清桥，都是由他设计修建的。

在济南，魏祥设计施工的还有山东抚署内著名的水上建筑澄虚榭，大明湖上翟氏园林望湖楼等。诗人廷爽《珍珠泉》诗咏澄虚榭云：

> 巍巍高榭临泉畔，澄虚偏助幽情玩。

此可见此榭之壮丽气象与优雅情调。

同治间著名文士郝植恭写有《枕湖楼记》称：

> 盖明湖踞济南之胜，而楼又览全湖之胜焉。

枕湖楼成为观览胜地的关键在于魏祥设计的"疏棂"（后世吟咏一直围绕此精彩设计而展开），有棂且疏，以便"远眺"，而且是楼上的南面与北面"皆植"。另外，是楼下的"曲廊"，那应该是较为豪华的宫室方才具有的设施。最后，是色彩。济南诗人朱畹《题翟翊风枕湖楼》诗有句：

> 翠瓦朱栏映碧流，四围浩渺座中收。

由此可知，枕湖楼用的是红栏与绿瓦，此与大明湖的万顷碧波相互映衬，如同仙境一般。

魏祥有《槐荫堂自叙册》行世，书中多有名人题咏。山东巡抚琦善赞道：

> 仁者择术，君子固穷，熟能生巧，困极思通，身为良匠，行合儒风，人叹其艺，我景高风。

清嘉道间济南名士周乐有《赠魏致和别驾》（四首），其三云：

> 梓桑兴筑不辞疲，名教攸关总手为。

慕圣胸怀垂老切，阐幽心事少人知。

宫墙美富文宣庙，松竹高寒节孝祠。

非是先生营造固，济南谁见典型垂。

（清稿本《二南吟草不分卷》）

陈霖，据清王贤仪《家言随记》：

字雨人。自浙居历下。书画冠时，与兄凤人震齐名。晚年，喜作竹石，兼东坡、与可之长，一帧可质数金。善布园林。潍县田氏园为其役筑，不减清虚堂也。旧居济南城内三角楼下，门前叠石，过者玩所镌句不置。

其后又补充道：

田氏园名蓬莱别墅。又，一亩园，现归丁氏，亦雨人布置。

在济南，陈霖设计的园林作品不计其数。清代，济南泺口为繁华之地。乾嘉时，此地有两处著名的私家园林，一为亦园，一为基园，均为著名的画家兼造园专家陈霖所设计、监造。

陈霖的画艺极高。乾隆后期，有"郑虔三绝"之称的诗人、画家史培，与济南的文士、画家有过密切接触。史培与陈霖可谓一见倾心。史培写有《题陈雨人画竹》诗：

何处云雷震风雨，雨风直切空中起。

如读秋声赋一篇，如睹河山烟万里。

山之巅分水之隈，千竿万竿一起栽。

雨人妙笔奇如此，我欲持竿上钓台。

正因为陈霖有高超的画艺，故其园林设计富有泉林丘壑之美。

园林，是自然与人文、实用与审美相结合的综合性艺术，是人们最高智慧的体现。

园林是一座城市的眼睛。

《济南园林七十家》的价值，绝不仅仅是证实济南自古便是一座名副其实的园林城市，它的价值在城市的未来。

济南自古是书城

引言： 初到济南， 赵孟頫礼让黄发翁

　　闲暇时，常常会想起当年赵孟頫来济南就任济南太守（同知济南路总管府事）时，下车伊始就写下的那首《初到济南》诗：

　　　　自笑平生少宦情，龙钟四十二专城。

　　　　青山历历空怀古，流水泠泠尽著名。

　　　　官府簿书何日了，田园归计有时成。

　　　　道逢黄发惊相问，只恐斯人是伏生。

　　赵孟頫这首诗距今已有七百余年的历史了。

　　想那赵孟頫是何等人物，那学养，那诗文，那书画，都堪称一代风雅。然而，到了济南，他还是有点儿诚惶诚恐。在赵孟頫心目中，济南，那可是诞生了一代学者伏生（一名伏胜）的文化古城，其文化之深厚可想而知。这里称得上"布衣短褐有高士，寻常巷陌存风雅"呀，所以，即便是遇到道旁普通的老年百姓，也不可等闲视之呀！

　　这说明，在当时，济南作为一座"学者之城""读书之城"，已经十分有名。

　　济南浓厚的文化氛围代代相因。在济南，即使民间亦大有高人在，可谓

"藏龙卧虎"。你切莫小瞧寻常巷陌那些平头百姓，他们说不定便是有着大学问、见过大世面的才情纵逸之士。他们不显山不露水，一旦风发泉涌，腹笥倾泻不尽。

一、"济南伏生"，中国图书史上一个最响亮的名字

赵孟頫如此崇敬伏生，不为无因。

"济南伏生"，是中国图书史上一个最响亮的名字。

据《史记·儒林列传》记载，"伏生者，济南人也，故为秦博士"。后来，秦始皇焚书坑儒，是这位济南的经学大师伏生，为救斯文于不坠，冒着生命危险将儒家经典之一的《尚书》秘密藏在墙壁中（"秦时焚书，伏生壁藏之"）。其后，汉文帝时，朝廷寻求研治《尚书》的人物，全国无有。后来听说只有济南伏生通晓《尚书》，想要召他来都城，而此时伏生已经90多岁，不能上路了。于是，朝廷特命太常掌故晁错，专程到济南接受伏生的面授。伏生向晁错传授《尚书》，因年老口齿不清，又不会说"正言"（当时的官话、普通话），晁错听不懂，伏生就让女儿在一旁代为翻译解说（据《汉书·儒林传》颜师古注引卫宏《定古文尚书序》云："伏生老，不能正言，言不可晓也，使其女传言教错。"）这样，晁错终于将《尚书》记录下来，这就是用汉代通用文字隶书书写的《今文尚书》。

后人评论伏生传《尚书》之功云：汉无伏生，则《尚书》不传；传而无伏生，亦不明其义。

元代翰林学士、经筵讲官吴澄（1249—1333）《题伏生授书图》诗云："先汉今文古，后晋古文今。若论伏氏功，遗像当铸金。"

综上所述，济南伏生，不唯是中国图书史上一个最响亮的名字，同时，也是中国文化史上一位为传承中华文化力挽狂澜、奋不顾身的先驱与伟人。

在济南，历来颂扬伏生的诗作不胜枚举，如"百代帝王尊博士，一家儿女作经师"（翁心存《山左怀古》）。"有客穷经同伏胜，何人爱士似平原"（顾诒禄《济南》）。而许多诗歌的落脚点，则是读书"最羡桓荣稽古益，犹

令子弟读藏书"（王鼎《自蓟门至济南杂书志感》）。

伏生授经，两千年来被称为济南的千古佳话。晚清重臣张之洞《济南杂诗》有句云："伏生亲投济南经，杜甫留题历下亭"，直将伏生授经称为"济南经"，此足见伏生对济南的深远影响。

二、 醇儒庄士， 代不乏人；学馆书藏， 在在皆是

清乾隆《历城县志》引元末诗人李祁《云阳集》称："汉兴，承秦灭学之后，济南伏生口授《尚书》，为万世经师之首。其他醇儒庄士有节义名检者，无代无之，信乎天下之名郡，无以加此。"

据不完全统计，济南在中国历史上拥有盛名的著名学者与文士便有：闵子骞、邹衍、伏生、义净、崔融、段成式、李格非、李清照、辛弃疾、杜仁杰、刘敏中、张养浩、张起岩、边贡、李开先、李攀龙、殷士儋、于慎行、张尔岐、王士禛、田雯、蒲松龄、周永年、马国翰等，其中，有不少是学者兼诗人，更有不少是海内闻名的大藏书家。

山东著名目录学家王绍曾、沙嘉孙著《山东藏书家史略》（齐鲁书社2017 年版），得先秦至民国山东藏书家共 559 人，这数字，足以媲美江浙甚至有所超越。其中，济南（历城）得 20 人。其实远不止此，仅据济南藏书家张景栻先生为此书所作之《序》，晚清便有张英麟、萧培元、吴鹗、刘峑、夏金年、邹允中、邢蓝田等多人为书中脱漏。这些藏书家，或世为济南人，或久已占籍历城。

另外，民国以来一代山东图书文献之杰出传人，其尤有大功于桑梓文献者，如王献唐、屈万里、栾调甫、路大荒等，都生活居住在济南，并且在济南从事并完成其著书立说、传承文献之宏伟事业。

明清以来，济南始终是山东图书创作与制作（刊刻）中心，是山东最大的图书市场。首先，作为省会，济南是当仁不让的官刻中心，省级衙门如巡抚、布政司、按察司、学政署、清吏司、盐运司……直至晚清之山东官书局、尚志堂，以及济南府、历城县等官刻书籍，其刊刻全在济南。另外，济南还是山东

最大的家刻书中心。明代，山东家刻书共 364 种，其中济南府 168 种，几占二分之一。清代，山东私家刻书共 2141 种，济南府占 600 种。历城有 249 种，高居榜首（参见唐桂艳《清代山东刻书史》，齐鲁书社 2016 年版）。家刻书以传播学术、文化为主要目的，注重校勘与刊刻质量，济南家刻大多是刊刻自己编撰的书籍和前人的诗文，故多为集部书。济南 600 种私家刻书有 398 种为集部书。济南朱氏，六代刻书，自第一代朱昌祚至第六代朱汲，世所罕见。

"学馆如云，名社相望，昔所谓齐鲁文学皆天性"，这是三百年前乾隆《历城县志》对济南风物的描述。济南府学建于北宋，"规制如鲁泮宫"。明清时期可考的济南书院有 43 所，义学 54 所，遍及济南各州县。济南有清代山东最大的书院泺源书院，沈起元、桑调元、徐松、何绍基、匡源、王之翰、孙葆田、缪荃孙等硕学鸿儒先后主讲于此，周永年、法伟堂、王懿荣、王寿彭等先后在这里读书，人称"山东文化命脉之所系"。济南是山东乡试考场所在地，历代山东省乡试录取名额常以济南府为最。

三、 济南藉书园： 中国最早的公共图书馆诞生地

我们曾在《济南职业学院学报》2020 年第 3 期发表论文《周永年成功创办藉书园新考》。论文以最新发现的翔实文献证实，周永年在首次创办藉书园失败后的 20 余年里，与其家人弃产营书，历尽艰辛，二次创业，终于实现宏愿。中国最早的公共图书馆——周氏藉书园，于 230 年前在济南建成，藉书园藏书楼雄立于济南周氏朗园贤清泉上，公开开放，供人借阅传抄，嘉惠士林近百年之久。

尤为可悲的是，周永年尽管成功地创建了中国第一个公共图书馆，而历史与后人却错误地将其塑造成失败者的形象。人们不了解他的第二次成功，却记住了他的第一次的失败。这就造成了无数的误解与飞短流长。

新资料的发现是在与周永年同时及其逝后的大量的清人别集中。如嘉道年间江苏长洲名士宋翔凤《历下留别八首·历城周东木刺史震甲》诗云："难忘明瑟境，思借海棠巢。""海棠巢"乃是文人读书楼或书斋的美称。济南名

贤清泉上（王琴摄影）

士杨致祺《过朗园赠周生》："美酒从君设，奇书任我搜。"道咸之年在山东任泰安知县、济宁知州，后来官至福建巡抚的徐宗干（字树人）《游周氏琅园》诗："看到湖山吏亦仙，济南名士近名泉。……曲径雨余黏屐齿，小窗风过动书签。琅嬛手泽须珍重，继起文章望后贤。"

而同光年间诗人杨丕度，其《偕唐子翰、王梦周、李梅生宴周氏琅园》诗有句："图书收蓄富，把卷任翻披。"所有这些作品，都不约而同却又十分明确地展现出，在将近百年的历史之中，周永年及其后人，从儿子周震甲到孙子周宗照到曾孙周如城、周如璧……一代又一代，始终秉承着藉书园对外公开开放、造福士民的原则，来此借阅传抄图书的士子们，不仅赞美朗园环境的美丽与优雅，更细致描述借阅图书的过程与享受。（详见论文《周永年成功创办藉书园新考》）

要读懂周永年，首先要读懂他与众不同的追求与境界。

因为爱书购书，因为要实现书籍"让天下人共读之"的美丽心愿，他一个堂堂的"学术明星"成了彻头彻尾的穷人。《乡园忆旧录》说他："家酷贫，赵渭川助以金，并赠诗云：髯翁贫病今犹昔，时欠长安卖药钱。堪笑石仓无粒米，乱书堆里日高眠。"空着肚子，太阳老高了，连早饭都吃不起，你能想象这是一位名噪全国的翰林所过的生活吗？好友李文藻在京师亲眼见到周永年的窘迫生涯："同好周柱史，插架高难攀。万卷不满意，持录愁攒颜。四库写未半，积债如层山。"为了购书，他竟然"积债如山"，令人好不心痛，于是李文藻慨然道，多么希望周永年能登上有权有势的"要津"，使他的藉书园大业能够实现啊！

章学诚曾感慨万千地拿藉书园与其他私家藏书相比："若天一阁、传是楼、述古堂诸家，纷纷注簿，私门所辑，殆与前古艺文相伯仲矣，然或以炫博或以稽数，其指不过存一时之籍，而不复计于永久，著一家之藏而不复能推明所以然者，广之于天下，其志虑之深浅，用心之公私，利泽之普狭，与书昌相去当何如耶！"

济南曾经有那么多无私的爱书人、读书人，众所周知，从秦代济南的经学大师伏生"壁藏经书"，到周永年办藉书园，都是奋不顾身、以利天下的惊天地、泣鬼神的伟大壮举。济南人与书籍的深刻渊源由来已久，自古迄今，济南便是一座名副其实的爱书之城，读书之城。

四、济南：实至名归的书城，自古至今的价值认定

济南有泉，不可胜数，济南有雅称：天下泉城。然而我觉得，济南还当有一个雅称，谓之：天下书城。

这些年里，在我的记忆中，济南曾连续三届被评为全国最佳读书城市，尤其荣膺数字时代的书城，这不容易，但它不是偶然的。

自古以来，济南风俗有"五美"，其一便是"读书"："章缝家多教其子弟以继书香，即农夫胥役亦知延师"。又，"士人，好读书，多盟社"。（参见乾隆《历城县志·地域考三·风俗》）

《隋书》云：青齐风俗，男子多务农桑，崇尚学业。

乡贤刘敏中云：长老有勤俭之范，子弟多弦诵之风。

所谓"水怀珠而川媚"，济南之美，除却湖山名泉，更在于它的书卷气与读书声。

漫步大明湖滨，其南门右侧便是当年北方图书文物之重镇——山东省立图书馆及其"奎虚书藏"，在王献唐主持下，至抗战前夕，其馆藏古籍高达21万余册，善本3.6万多册，金石物品1.7万余件，于是，特建"奎虚书藏"新楼以储藏之。据济南已故学者张景栻先生回忆：

> 少时常赴图书馆阅书，时日照王献唐先生掌山东图书馆，于普通阅览室圆厅北，设善本书阅览室。其地仿天一阁，四周环水，通一小桥，楼下设长案连椅，壁上悬牌，标善本书目，楼上藏书。读者指其书名，管理人员即取诸楼上，恣人阅读，不收费也。课余辄往，因得稍窥版本之门径。

一卷在手，湖岸清风，且是免费阅读善本书，真的是风雅之至！此等佳遇，怕只能发生在济南。

而省图对面，则是素有"齐鲁文衡""海岱文枢"之美称、"规制如鲁泮宫"的济南府学。

漫步芙蓉街上，当年这里可不尽是餐饮一条街，街南端路西，那座最为高大排场的洋楼，便是民国初年山东最大也最知名的图书社——济南教育图书社，其创办人是被誉为山东大教育家的鞠思敏、王祝晨先生。济南教育图书社不仅在山东卓有影响，还将业务扩展到河南、河北等地，对三省的教学与文化发展做出了贡献。从五四运动到抗日战争前，济南教育图书社年销书额都超过20万元，成为图书发行行业的佼佼者。

济南作为一座历史文化名城，即便在那些小街僻巷里，也不知埋藏着多少名人足迹和风雅旧事。

有一个济南故事，在笔者看来，其主人翁正是应了赵孟頫的"道逢黄发惊相问，只恐斯人是伏生"的那句诗。

众所周知，在现代，真正的藏书家是绝无仅有的，但就是在这样的环境下，济南却诞生了一位自称"布衣"的学富五车的大藏书家张景栻（1913—2006），他居住在历下区的小街僻巷——棋盘街，一生默默无闻、鲜有人知，然而，山东著名的目录学家王绍曾、沙嘉孙却称他为与黄裳先生并列的"现代山东最大的藏书家"，并且盛赞其"精通目录版本、金石文字及音韵训诂，著作等身"，"（王）献唐之后，齐鲁学术文献之传，唯先生一人而已"（《山东藏书家史略》）。

如果你是一个读书人，生在济南，长在济南，那么，你是有福气的。

济南人敬重文化人，敬重读书人。这是一个骨子里的东西。

于是，我欣然作《济南自古是书城》二首：

当年王孙初到济，道逢老翁疑伏生。

明湖一片新蒲绿，济南自古是书城。

佛峪青山尽著名，藉书园里怀古情。

贤清一曲满清听，济南自古是书城。

周永年成功创办藉书园新考

一、 周永年、 桂馥初创藉书园考

清代乾隆年间，济南学者周永年与桂馥合作，于济南创建了中国历史上最早的公共图书馆——藉书园。然而，藉书园坚持了不长的时间，以失败告终。

其后二十年，经过周永年不懈的努力，藉书园终于成功。然而遗憾的是，今人却对此茫无所知。

尤其可悲的是，周永年尽管成功地创建了中国第一个公共图书馆，而历史与后人却错误地将其塑造成失败者的形象。人们不了解他的最后的成功，却只记住了他第一次的失败。

我们还是必须从他第一次创建藉书园时开始梳理，然后方可在时间与逻辑的链条上，看清他是如何总结经验教训，又是如何忍受常人难以想象的挫折与苦难，以一个"阔于世故"的"书呆子"的痴情与韧性，终于在有生之年将这一举世伟业创造成功的。

毋庸讳言，多年以来，学界对于周永年及其藉书园的研究是一个十分薄弱的领域。

截至目前，藉书园于何时、在何地所办，又是因何种原因失败，均语焉不详或莫衷一是。然而，在探讨这些问题之前，在逻辑上需要先廓清这样一个问题，即周永年何以要尽平生之力去建藉书园？为什么天下的士子成千累万，唯独他会产生这种天才的想法，并且坚定不移地付诸实施，最终成为中国公共图书馆的创始人的？

我们认为，概括起来，可有四点，盖书之用、书之难、书之方、书之志是也。

周永年像

这首先要从周永年的独特人生经历说起。周永年，字书昌，一字书愚。清雍正八年（1730）出生在济南东流水巷一个商人家庭。周永年自幼聪颖，嗜好读书，"少长，于书无所不窥"（尹鸿保《书周征君逸事》，民国《续修历城县志·杂缀二》）。他还有一个嗜好就是买书。在四五岁时路过书店，他竟掏空口袋的钱物购买了一本《庄子》。他在泺源书院的老师沈起元称：

> 余来主泺源书院讲席，得周生永年，其文矫然，其气凝然。百无嗜好，独嗜书。历下古书不易得，生故贫，见则脱衣典质，务必得，得则卒业乃已。今之藏经、史、子、集、二氏百家之书，已数千卷，皆能言其意者。

（沈起元《国朝耆献类征初编》卷一百三十）

由此可知，周永年的想法首先来自"唯嗜读书"的经历：他由此感悟到图书的无上价值，此为书之用；并且深切体会到读书人的无书之苦，此为书之难。

二是他的"儒藏"理论与实践，使他终于一步步摸索到解决这一问题的方法（"书之方"）。关于儒藏，应该首先提及明代藏书家曹学佺。他认为道教与佛教都有自己的专门藏书，即《道藏》与《大藏经》，因此儒家的典籍也必须收集起来分门别类加以收藏，建立儒藏。周永年继承并发展了这一思想。他认为自汉朝以来，无论官府还是私人，所藏之书浩如烟海，但大多散失殆尽，一个重要的原因就是他们的藏书都为一己之用而不能广泛传播，使得许多书籍"藏之一地，不能藏之天下；藏之一时，不能藏之万世"（《林汲山房儒藏说》，见民国《续修历城县志·杂缀二》）。而开办"藉书园"，亦即借书园，正是让书籍"藏之天下""藏之万世"的途径与方法。

当然，最重要的，是他的无私胸怀与顽强毅力，这不是一般的推己及人，而是济世渡人的博大情怀，其要义在"为天下""为万世"，为天下读书之人铺路请命在所不辞，为万世文化之薪承传光大鞠躬尽瘁。

（一）藉书园初次创办时间考

桂馥尝在周永年去世后的回忆碑传里谈起：周永年"约余买田筑藉书园，祠汉经师伏生等，聚书其中，招致来学。苦力屈不就"（《碑传集》卷五十《周先生永年传》）。只提筑藉书园事，但未详何时何地。

据道光《济南府志》之"桂馥"本传：桂馥于"乾隆戊子（乾隆三十三年，1768）以优行贡成均……教习期满，选长山训导，奉委在省监视泺源书院，复与济南周书昌振兴文教，出两家所藏书，置藉书园，以资来学，并祠汉经师其中，诱掖后进甚笃"（见道光《济南府志》卷三十八）。

原来，桂馥于1768年优贡入京师国子监，教习期满，当为下年被选为济南府长山县训导，但他未去长山上任，而是奉上峰委派，留在济南，担任泺源书院的监院（位置次于山长或曰掌院、主讲），于此期间，他与周永年创办了藉书园。由此可知，藉书园初次创办时间在乾隆三十四年（1769）前后。

（二）藉书园初次创办地点考

已故学者徐北文先生认为藉书园"地址是在五龙潭畔"（《林汲山人周永年》，见《徐北文文集》，济南出版社1996年版）这结论是颇有道理的。笔者认为其理由有三，一是此处距离周永年的家东流水巷很近，便于管理。二是此处有空闲地，这是最关键的。刚好 20 年后，桂馥又在此潭之西筑潭西精舍，想是此处既有空闲，又先曾在此筑藉书园，"轻车熟路"也。三是景致胜地，深为周、桂及文人雅士所喜爱，易招致来者。不过，在无确切文献的支持下，此亦断不可视作最终结论。

（三）失败原因

原因有三：一是书籍量少，吸引力差。周永年虽自幼嗜书并有所积累，但其时尚为求取功名途中的书生，据其师沈起元所记，周永年 25 岁时有书数千卷（沈起元《国朝耆献类征初编》："周生永年，今所藏经史子集二氏百家之书，已数千卷……生今年二十有五。"）此后又十余年，估计亦不足万卷。而桂馥家世代为孔府的洒扫户，积书亦不会多。周永年所有图书加上桂馥所出，计万卷左右，这作为私藏是一个不小的数字，但办图书馆，是远远不足的。

二是要务缠身，无暇顾及。且不说桂馥作为监督，抽身不得，且看周永年的科考时段，周永年为乾隆三十五（1770）年庚寅顺天乡试第八名，乾隆三十六年辛卯进士。乾隆三十四年（1769），显然正是他准备、奔波、忙碌于顺天乡试，接着是会试、殿试的关键时刻。这样的终身大事，他是不敢稍有怠慢的。

三是经验不足，疏于管理。图书公开开放，这是中国从未有过的新鲜事，周、桂二人缺乏管理经验是必然的，同时，济南也缺乏适应这一变化的读者，以致书籍流失相当严重。我们可从桂馥的这番话中品出丝丝寒凉："聚书其中，招致来学。苦力屈不就。顾余所得书悉属之矣。"本来是大公无私地做"公益"事业，却不料是这样的下场，"力屈"，是人力、物力、财力都有的，可惜用尽了也不济事，最后一句"顾余所得书悉属之矣"，显然有对自己书籍流失的痛苦与怅惘。

二、 弃产营书二次创业， 艰难竭蹶辛苦备尝

在总结了第一次办园失败的教训之后，周永年一刻也没有停止再次创办藉书园的步伐。

乾隆三十三年（1768）夏，周永年与桂馥书，约其往青州辟藉书园。桂馥《题萧尺木画卷稿》有记："昔登蒙山……时周书昌寄书，邀余往青州辟藉书园。"乾隆三十六年辛卯（1771），周永年考中进士，改归铨部，遂出都门回到济南等待安排。此时，周永年一心筹建藉书园，曾前往徂徕山选址。桂馥有诗可资为证："徂徕山色好，独往置田庐。石室数万卷，愿为后人储。"（《送周进士永年》，《未谷诗集》卷二）

乾隆三十七年（1772），曾任禹城知县的南川（今重庆南川区）人、周永年好友周士孝（号松厓）理解他的抱负与追求，特意要在莱芜县景致最好的肃然山之阳，为其建别业藉书园（此可见周永年已经明白家须与园合一，以便于管理），于是周永年急忙赶去考察，准备重建藉书园。（"曩者壬辰之秋，南川家松厓明府，将为余置别业为藉书园，余素耳肃然山阳丘壑林庐之美，因往游焉。"《王母刘太孺人八十寿序》，清刻本《林汲山房遗文》）许是此地距都市较远，不便士子借书查阅，后遂作罢。

乾隆四十年（1775），周永年以凤望被荐，与邵晋涵、戴震征修《四库全书》。此时，周永年的风光与荣耀达于极致。据其好友章学诚称：

> 一时学者称荣遇……二君者（周永年、邵晋涵）皆以博洽贯通，为时推许。于是四方才略之士，挟策来京师者，莫不斐然有天禄石渠句坟抉索之思，而投卷于公卿间者，多易其诗赋举子艺业，而为名物考订与夫声音文字之标，盖骎骎乎易风俗矣！

显然，周永年成了领一代风潮的"学术明星"，他完全可以过上一种众星捧月式的安逸富足的生活，但是他偏不。

弃产营书，也许一般人理解不了这四个字的分量。这是一条不归路，它

令人想到一个民族最为宝贵的传统：摩顶放踵，以利天下。

此时的周永年除了精心修纂《四库全书》，还为筹建藉书园做了三件大事。

（一） 搜书、 购书

京都不比历下，其书源显然要丰富厚实得多。据王培荀《乡园忆旧录》，此时王培荀的祖父寓居北京，恰与周永年是邻居。他称周雇了四个仆人，专门为他收购图书，甚至连王家的仆人都要协助打理（"与先王父交善……有仆四人，专为收掌。先王父在都日，寓舍比邻，朝夕过从，家仆田升亦代为经理。所刻书，多寄余家代为消散"）。

每次回济南探亲，周永年两手空空，一无所有，唯有满船满车之书。好友桂馥有《送周进士永年》诗写此情境，至为感人，中有句云：

声名动日下，君心冲若虚。脱然返故乡，惟载满船书。

石室数万卷，愿为后人储。传之得其人，犹胜儿孙愚。

最后，桂馥将周永年的壮举称为"千古之心"（"送君千古心，樽酒空踟蹰"），实为知音一遇也！

（二） 抄书、 录书

周永年利用纂修《四库全书》的方便条件，借出馆里的书，将桂馥叫到北京，雇上十余名书工，日夜不停地抄录（"借馆上书，属予为四部考，佣书工十人，日钞数十纸，盛夏烧灯校治，会禁借官书，遂罢"）。此时恰逢周永年好友李文藻来京公干，竟也一道加入抄书的行列。李文藻有诗专述其事："两月住京华，与君无暂闲。借钞中秘籍，手少佣为艰。"（《六月十五日出都留别钦州冯伯求、季求，历城周书昌，次伯求见赠韵二首》之二，李文藻《桂林集》）

（三） 刻书、 印书

尤为感人的，是周永年尤其关注山东学者、诗人的遗书遗稿，一旦发现，即为之刻印刊行，如山左著名诗人王苹的文集《蓼谷文集》、张元《绿筠轩诗四卷》《贷园丛书初集》等山东名家作品集，数不胜数，皆是周永年出巨资为之刊刻行世。王苹《蓼谷文集》，周永年发现于肆市而购得，李文藻在《蓼谷文集序》中，称自己对周之义举"重有叹焉"，"盖（王苹）先生以诗名播于天下，而知其能文者固少也。此四册者，出先生手录，更无副本。若其后人不鬻焉，而以覆瓿糊窗，或什袭藏之，或蚀于蟫，啮于鼠，毁于火，糜于屋漏之水，则先生之能文，终无知者矣。又使鬻于不知文者，恐仍有数者之患，再不幸而遇郭象、齐丘其人，又必窜为己作。则是集之遇书昌，谓先生死而无灵，可乎？"文章曲折尽意，层层递进，却又真实可信，感人至深。

周永年在回忆李文藻时曾说：

> 忆君有言曰："藏书不借，与藏书之意背矣；刻书不印，其与不刻奚异？"尝太息以为名言。

（《贷园丛书初集序》）

这是李文藻所言，更是周永年毕生遵循并践行的宗旨。

而周永年聚书、购书的过程，更是历经挫折、苦难乃至灭顶之灾。王培荀《乡园忆旧录》曾经记下周永年的四次失书的重大磨难——

其一：先生在馆时，蒙上垂问家藏书籍，刻有书目二部，遂以进呈。点出一千余部进之，后印以御宝发还。堂官某求暂留借观，未数日而其家籍没，书遂入大内矣。

其二：（先生）出门每以五车自随。在德州书院将归，以书寄朋好处，迨返，而其书尽为人窃去。

其三：在济宁时，留书某家，为水漂去。

其四：子东木，名震甲，为河南太康令。以二千金往江南买书以归，家中无人，戚某守宅，书籍、古玩、字画尽为所鬻。及归里问所藏，即零篇断简，无一全者。

真是一部购书史，几多辛酸泪。周永年失书，除了难以预测的自然灾害，主要是所遇非人。然而，有时在朋友处亦复如此："先生在日，尝以钞本三十种质于四川李雨村。雨村遇逆匪之变，万卷楼被火焚，未尽者亦被人抢去。"

因为书，他变成了一个彻头彻尾的穷人。

《乡园忆旧录》说他：

> 家酷贫，赵渭川助以金，并赠诗云："髯翁贫病今犹昔，时欠长
> 安卖药钱。堪笑石仓无粒米，乱书堆里日高眠。"论者谓绝似先生行
> 乐图。与先王父交善，尝以商彝托先王父代售，其清况可想。

空着肚子，太阳老高了，连早饭都吃不起，你能想象这是一位名噪全国的翰林所过的生活吗？如果不信，还有他的同好李文藻在京师亲眼所见周永年的窘迫生涯，而作《六月十五日出都留别钦州冯伯求、季求，历城周书昌，次伯求见赠韵二首》，我们且看其二：

> 同好周柱史，插架高难攀。
>
> 万卷不满意，持录愁攒颜。
>
> 四库写未半，积债如层山。

为了购书，他竟然"积债如山"，令人好不心痛，于是李文藻慨然道，多么希望周永年能登上有权有势的"要津"，使他的藉书园大业能够实现啊："好古苦无力，此情不能删。望君登要津，刊布传通阛。"

哲人云：选择，即是命运。是为社会大众，还是为一己私欲；是为中华文化，还是为金钱财货；是为千秋后世，还是为一时之快：前者意味着受苦受难，而后者则是富贵安享，周永年毅然选择了前者。

他在有生之年，断然舍弃了人世间的享受与幸福，一刻不停地聚书，向着创办藉书园的目标艰难跋涉、砥砺前行、顽强奋进。

著名诗人李宪乔有《赠周林汲》诗：

> 都城千万户，独此抱矜矜。
>
> 每约无尘处，相寻有道僧。
>
> 尽收看后卷，只对影边灯。
>
> 犹寄班行里，自言多不胜。

（李宪乔清刻本《少鹤诗钞内集》卷十）

一座风雨之中的悲壮塑像！

三、 百年沧桑藉书园， 万卷图书任君搜

许多年里，笔者沉潜于济南文献之中，发现了众多藉书园成功建成的第一手诗文资料。

周永年在生命的最后几年，已经为藉书园制订了最为切实可行的计划。

第一步，买下贤清园（时称罗园，周家买下后称朗园）为家。

第二步，在贤清园建造藉书园藏书楼。贤清园是济南的著名私家园林，地处周永年自幼成长的东流水巷，周永年对其感情非同一般，且景致幽雅，开阔宏敞，建书楼供借阅最为理想。周永年在世时，这两步计划已经完满实现。

许多人认为，朗园的创立者，或曰第一位主人是周震甲，其实，这是不对的。

这一错误印象来源于王培荀《乡园忆旧录》中一段记载："园旧名罗家园……东木（周震甲字）得之罗氏，自号朗谷，因改名朗园云。"（见民国续修《历城县志·古迹考四亭馆三》）

准确地说，朗园（一名琅园）是周震甲之父周永年买下并改建居住的，其第一代主人为周永年。

此事证据甚多，如济南诗人朱畹的诗《重游朗园，怀周林汲先生》：

先生今已往，留得此园亭。

竹影摇荒砌，月光穿曲棂。

临池曾试墨，倚石记谈经。

遗帙空连架，间房深自扃。

（清道光二十一年种竹山房重刻本《红蕉馆诗抄续二》）

朱畹（1766—？），字籹人，号虚谷。历下诸生。周永年长朱畹36岁，因而周永年去世时，朱畹已是25岁的成年人。所以，周永年晚年在济南的事情，他应该十分清楚。

朱畹十分肯定地将朗园称作周永年死后留下的园亭（"先生今已往，留得此园亭"），并称周氏在这里过着"临池试墨""倚石谈经"的学者生活。

这就充分说明：朗园的第一代主人为周永年无疑。

朱畹未提及藏书楼事，而周永年祖侄周乐（1770—?）有诗，明示藏书楼为周永年所建，诗题为《同王秋桥游朗园有作园为家东木刺史重构筑》：

> 凤尾出墙头，入门溪水流。
>
> 满园都是竹，盛夏亦如秋。
>
> 鸡犬仙居在，鱼虾客醉留。
>
> 林泉此第一，廿载得重游。
>
> 犹忆吾宗衮，竹阴同把樽。
>
> 兹游过燕寝，崛起见龙孙_{时云坡举孝廉}。
>
> 径曲杂花护，楼高万卷存_{书昌太史有藉书园，藏十万卷。}
>
> 蓬瀛宛在目，绳武道须敦。

（民国《续修历城县志·古迹考四》）

诗人回忆二十年前，与族叔周永年在园内竹阴下把樽饮酒的往事，并称朗园的十万卷藏书楼为"书昌太史"藉书园，而其子周震甲东木则是"重构筑"。由此可知，周永年生前已将"与天下万世共读之"（《林汲山房儒藏说》）的藉书园建造成功。

不唯如此，周永年还为藉书园制定了完整的借阅规则。

他精心编制《藉书目录》，并请著名文史大家章学诚作序，反复申明藉书园的宗旨为"藉者，借也"。"盖欲购室而藏托之名山，又欲强有力者为之赡其经费立为法守，而使学者于以习其业，传钞者欲以流通其书，故以藉书名园。"章学诚还曾感慨万端地拿藉书园与其他私家藏书相比：

> 若天一阁、传是楼、述古堂诸家，纷纷注簿，私门所辑，殆与前古艺文相伯仲矣，然或以炫博或以稽数，其指不过存一时之籍，而不复计于永久，著一家之藏而不复能推明所以然者，广之于天下，其志虑之深浅，用心之公私，利泽之普狭，与书昌相去当何如耶！

遗憾的是，周永年藉书园其实是做成了，而今人对此却茫无所知。周永年成功地创建了中国第一个公共图书馆，历史与后人却错误地将其塑造成了失败者的形象。

追根溯源，造成历史误会的主要在于两篇文章。

死者身后，最具话语权的是其生前好友的追忆文章，一是桂馥的作为碑传的《周先生永年传》，其中只谈了以往他与周永年共同创办藉书园的失败史："苦力屈不就"五字，对当时和后世影响极大，但一般读者不会去分辨，这说的是过去而非现在更非后来。（此后在各种人物典籍中，这五字出现的频率很高，如蔡冠洛《清代七百名人传·周永年》："以力绌不就。"）

二是章学诚，其《周永年别传》确为世上难得之妙文、至文。但其时他已离开京城四年多，不了解周永年及济南藉书园的近况；尤其写周永年"志既美而不就当世"的遭遇，凄切悲催，也易给读者造成失败落魄的印象。

最关键的，还有作为正史的《清史稿》上，称周永年"开藉书园，据古今书籍十万卷，供人阅读传抄，以广流传。惜永年殁后，渐就散佚，则未定经久之法也"。

其实，在周永年及其子孙后代的不懈努力下，周永年藉书园不仅建成了，而且巍然的藏书楼雄立于贤清泉之侧近百年之久。令人感喟且唏嘘的是，在将近百年的历史之中，周永年的后人，从儿子周震甲到孙子周宗照到曾孙周如城、周如璧……一代又一代，始终秉承着藏书楼的图书对外开放、造福士民的原则，这可以从大量的诗文作品中得到证明，来此借阅传钞图书的士子们，不仅赞美朗园环境的美丽与优雅，更是细致描述了借阅图书的美好享受。

比起乃父永远也脱却不掉的浓浓的书卷味和书生气，周震甲显然更为警敏而且实际。据民国续修《历城县志》，周震甲，字东木，乾隆四十五年（1780）举人，历任河南通许、尉氏诸县知县，因政绩卓著升任信阳知州，是一位清廉爱民且有智慧、能力的基层官员。周震甲时期的朗园之美，有王培荀《乡园忆旧录》可以为证：

园有联云："田家况味，寻常流水只当门；远山在目，林下光阴岂寂寞。"藏书万卷，种竹千竿，入门巨竹拂云，清泉汹涌过亭下，飒飒如风雨声……北堂临水，月下听泉，阶上垂钓，如白乐天庐山草堂，濯足涤尘虑，消烦暑也。楹联云：舍南舍北皆春水，微雨微风隔画帘……

"藏书万卷，种竹千竿"，其时，朗园成为济南胜景，而最为宜人的却是它的藉书园——藏书楼。不唯济南与山东的士人，外省的诗人、学者亦纷纷前来读书借阅。

江苏长洲名士宋翔凤（字于庭）于嘉庆十九年（1814）来到济南，谒双忠祠（双忠祠所祀明巡按御史宋公学朱为其六世从祖），游大明湖，而他尤难忘怀者是在朗园借读的经历。作为著名经学家、学者，宋翔凤显然眼界颇高，但亦对朗园景致赞不绝口，并专作《历城四忆诗·朗园竹》一诗，其序云："周东木朗园别业有贤清泉。……泉上种竹万竿，绿影参差，涧流转碧，俗尘一涤，幽怀满襟。"（清嘉庆刻本《忆山堂诗录》卷八）而更令他铭刻在心的还不是这些，其《历下留别八首》之五《历城周东木刺史震甲》诗云：

> 绿竹夹清水，名园访近郊。
>
> 难忘明瑟境，思借海棠巢。
>
> 生意看庭树，天涯若系匏。
>
> 可怜泉石畔，孤负载山肴。

（清嘉庆刻本《忆山堂诗录》卷八）

宋代，王安石在任舒州通判期间，将自己的读书楼起名为灊峰阁。三十年后黄庭坚来此，作六言诗《题灊峰阁》，其中有句："徐老海棠巢上"，意称徐佺结屋海棠之上。之后，海棠巢遂成为文人读书楼或书斋的美称。"难忘明瑟境，思借海棠巢"，足见宋翔凤念念在心的还是在藉书园的借读时光。试想，这里有周永年、李文藻编辑刊印的《贷园丛书初编》十二种，该书集清代经师研治经学音韵著述之大成，还有宋翔凤最为心仪的顾炎武、张尔岐、王士禛的各类著作，藉书园此时应是最为权威、全面的收藏借阅之馆。这就难怪宋翔凤沉浸其间，就连主人特为准备的山肴野蔌都吃不出味道了。

周永年之孙周宗照，号定斋，监生，有《喜闻过斋诗草》。县志称其"世守经籍，博学工诗"，颇有乃祖之风。他由此更能体会文人对于图书的需要。

嘉庆道光间济南诸生杨致祺，字征甫，又字征和。著有《天畅轩仅存草》。杨致祺"诗虽不多，而神致修然，自饶天趣"，诗界称"隽才"（《国朝山左诗汇钞》卷三十）。他与其弟杨恩祺、杨祐祺并称"历下三才子"。他写有《过朗园赠周生》：

> 为访故人去，因成潇洒游。
>
> 临池照寒碧，搴竹弄清幽。
>
> 美酒从君设，奇书任我搜。
>
> 坐来浑忘返，不待主人留。

（民国《续修历城县志·古迹考四》）

这里的关键词是"美酒从君设，奇书任我搜"。由此看到，在周氏藏书楼存储的大量珍贵的图书、奇书，无偿地任凭文士们自由查阅、翻搜，如若是朋友或熟人，甚至有美酒相陪，这样的"服务态度"，当然会使得读者心中充满感恩颂赞之情，甚至不等主人挽留，便已全然沉潜于书海之中，早已忘记了回家。

藉书园在道咸之年，迎来它的全盛之期。其时，周永年的曾孙周如城（号云坡），中道光甲辰举人，官顺天平谷知县。另一曾孙周如璧（号子完），为道光己酉拔贡。

道光年间在山东任泰安知县、济宁知州，后来官至福建巡抚的徐宗干（字树人，号伯桢、峷之）有《游周氏琅园》诗：

> 看到湖山吏亦仙，济南名士近名泉。
>
> 苔痕上石堆青嶂，树影摇波皴绿天。
>
> 曲径雨余黏屐齿，小窗风过动书签。
>
> 瑯嬛手泽须珍重，继起文章望后贤_{谓子完茂才}。

（清刻本《斯未信斋诗录》卷九）

这首诗写的是诗人在周氏藉书园阅读图书的幸福感受，"小窗风过动书签"，好是诗意，好是养心啊；"瑯嬛手泽须珍重"，诗人又直接说，这里分明是上帝藏书的地方（琅嬛）呀，这书上，留有最可崇敬的先辈周永年的手迹，可千万要珍惜啊！

所谓饮水不忘掘井人，登斯楼也，则无人不忆起当年周永年建楼的无尽苦难与博大爱心。清代道咸年间济南诗人王德容（1780—?），字体涵，号秋桥。因考场失利，遂结庐大明湖鹊华桥东，教授生徒，不事进取，游其门者，多知名士。性耽山水，工吟咏，诗以真朴为宗。著有《秋桥诗选》。其《游朗园》：

朗园数亩纳泉流，万卷书藏百尺楼。

当年杖履观鱼地，此日塥篾听鹿秋_{谓主人周云坡子完昆仲。}

（清道光三十年刻本《秋桥诗续选》卷一）

又《孟秋廿二周子完邀集朗园》：

区擅七桥胜，架藏千帙宜。

分襟回首望，月色照迷离。

（民国《续修历城县志·古迹考四》）

藉书园一直延续至同治年间而不衰，济南同光间诗人杨丕度，为道咸间济南名士杨恩祺之子，其《偕唐子翰、王梦周、李梅生宴周氏琅园》（四首）之一：

谁识名园好，清幽乐不支。

薜萝缘水榭，荇藻罩方池。

土沃培花胜，竹深留客宜。

图书收蓄富，把卷任翻披。

（光绪四年刻本《国朝历下诗钞》卷四）

由此可知，直至同治年间，周氏藉书园依然图书资源较为富足，并一直坚持着公开开放、嘉惠士林、"把卷任翻披"的公共图书馆的本质特征。

藉书园于光绪三年（1877）由山东济东泰武道李宗岱购去，改建为汉石院。次年，王钟霖在《国朝历下诗钞序》发出悲凉喟叹："黄叶朗园，泉流不返"。

盖王苹（王黄叶）之二十四泉草堂、周永年之朗园早已成为济南之文化符号，文化象征。

藉书园于乾隆末年正式建成，历经嘉庆、道光、咸丰、同治四朝，而世守藉书园的周永年家族，从周永年，到儿子、孙子、曾孙，亦经历四代，共 88 年。

是周永年及其谨遵父祖之教的后人，把周家藏书楼办成了一处名副其实的借书园。

我们应该记住这个日子，在距今 250 多年前，在中国，在济南，人们已经拥有了自己的公共图书馆。

周永年于九泉之下，可以含笑矣！

周永年藉书园成功创办又有新证据

一、 何绍基一则题跋揭开藉书园神秘面纱，
十九间藏书屋宏大结构赫然在目

今天的人们无论如何不会想到，清代道光、咸丰年间客居济南的名士何绍基，会成为周永年藉书园创办成功，特别是该园十九间藏书屋的结构的见证人。

两年前，笔者曾发表《周永年成功创办藉书园新考》（《济南职业学院学报》2020年第三期）一文，这是迄今国内学界唯一的一篇依据诸多可靠历史文献，论证周永年藉书园成功创办的论文。然而，对于藉书园的内在结构与景致气象，人们依然一头雾水。令人欣喜的是，近日，笔者从何绍基诗文中，不唯发现藉书园成功创办的最新证据，而且充分领略到藉书园的内在结构与园林风致之美。

何绍基（1799—1873），字子贞，号东洲，晚号蝯叟。湖南道州人。清代知名书法家、诗人。其父何凌汉官至户部尚书，是著名的藏书家。何绍基幼承家学，少时即有文名。他时常出入阮元、程恩泽门下。道光十六年（1836）中进士，选庶吉士，授编修，官至四川学政。

笔者发现的是何绍基写于道光丙申年（1836）的一则题跋——《记安氏

刻孙过庭书谱后》：

> 此册乃在济南时，朗园主人周通甫代为买得者也。通甫为东木
> 先生之子，以藏书世其家，园中列屋十九间，皆以藏书。箱案衼屋
> 梁。屋外环以水竹，为城西佳胜处。余每偕毅弟过园，与通甫纵谈，
> 辄移时不能去。通甫又好金石文字，有所得，手自剪饰装池，至千
> 数百种。临风阅古，相与诧赏。今通甫下世已久，每展是册，远想
> 故人，不能以已。闻通甫子颇能读祖父书。何日得重过济南，一访
> 名园，重问酒痕诗印也！通甫有友杨征和，专习《书谱》，仿作大字
> 殊佳。道光丙申春漫记。

（《何绍基诗文集·文钞》卷十，岳麓书社 2008 年版）

先从标题中《安氏刻孙过庭书谱》说起。

孙过庭（约 648—703），唐代著名书法大家，书学理论家，字虔礼（一作名虔礼，字过庭）。官率府录事参军。好古博雅，工文辞。善正、行、草书，尤以草书擅名。所著《书谱》，阐述正、草二体书法，见解精辟独到，而《书谱》之手书墨迹，更是著名的草书名帖。因之，《书谱》实为书、文并茂的书法理论著作。

孙过庭书法，笔法浓润圆熟，笔势坚劲如丹崖绝壑。宋米芾以为"凡唐草得二王法，无出其右"。明陶宗仪称其"作草字咄咄逼羲、献，尤妙于用笔，俊拔刚断，出于天材"，并称其书论"妙有作字之旨，学者宗以为法"（《书史会要》）。清刘熙载则说是："用笔破而愈完，纷而愈治，飘逸愈沉着，婀娜愈刚健。"（《艺概·书概》）

《书谱》问世以来，有几经翻刻与印拓的各类版本，其中尤以清初收藏大家安岐刊刻的安氏刻本（一木一石，两

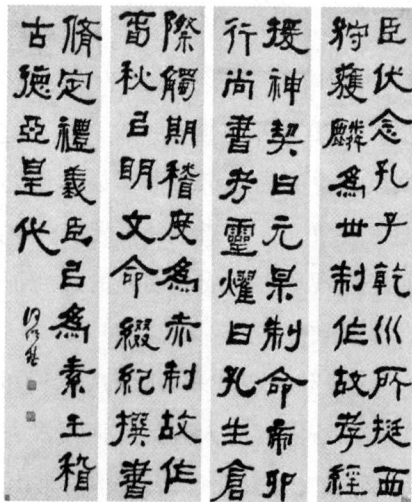

何绍基书法

套版本相同、材质不同的《书谱》）为佳，为其"朝夕披对"、匠心复制、勾摹尽善的精良之作。

对于《书谱》这一超高水平的草书法帖，恢宏思维的书法理论巨著，后世同样作为书法家的何绍基，自然十分渴望拥有。想不到，这由他的好友、周氏藉书园的第三代掌门人周通甫为他"买得"了，其激动之情当何如！

周通甫，即周氏藉书园第三代主人周宗照。宗照字用晦，又字定斋，号通甫，周永年孙，周震甲（字东木）子。国子监生。世守经籍，博学工诗。著有《喜闻过斋诗草》等。

济南名士余正酉编《国朝山左诗汇钞》，称："通甫性情豪放，议论英伟。惜所著散佚，仅有哲嗣如城孝廉寄到诗草一册。"（道光二十九年海棠书屋刻本《国朝山左诗汇钞》后集卷三十"周宗照"）

若问：周宗照与何绍基，一在济南，一在湖南，他们是如何结识的呢？

原来，道光、咸丰年间，何绍基曾两次在济南常年居住，近十年之久，济南乃是他的第二故乡。

第一次是"随侍"父亲。何绍基之父何凌汉曾于道光二年（1822）至四年在济南任提督山东学政，于是，何绍基兄弟与母亲廖夫人举家迁来济南，随侍父亲于大明湖滨学院街上之山东学署。所以，何绍基的青少年时代是在大明湖上度过的，我们且看他的《济宁舟中题贾丹生大明湖图卷》：

> 我昔大明湖上住，出门上船无十步。
>
> 高楼下收云水色，小桥径接渔樵渡。
>
> 春风杨柳绿如海，夏雨蒲莲密成路。
>
> 雪晨月夜更奇绝，清舲短笛无朝暮。
>
> 不惜狂歌坠星斗，时讶闲魂化鸥鹭。
>
> ……

你看，他写起大明湖来那么情韵悠悠，文采飞扬，他说大明湖的"鹊亭古寺长板桥，都是当时醉眠处"，他说自己后来到了很多城市，但都不能与济南与大明湖相比，因为"少年奇赏由天付"，济南有他最为珍贵、美好的青少年生命记忆呀！

第二次来济南居留是在30年后的咸丰年间。咸丰初年，何绍基在四川学政任上，颇有政绩，却因不谙官场规则，得罪权贵人士而遭到陷害。咸丰五年（1855），57岁的何绍基绝意仕进，他角巾筇杖，游览了峨眉诸峰与长安、咸阳、华山等处之后，于次年到达济南，应山东巡抚崇恩之邀，主讲济南泺源书院。自此至咸丰十年深秋，他在自己最爱的济南一住又是五年，讲学授徒，为山东培养大批人才。

回到题跋上来。这是何绍基第一次来济期间，此时，年轻而风雅的他在济南广交文朋诗友，周宗照是其中之一，他们一道在济南寻诗访古，煮酒赋诗，考彝器，谈碑版，醋畅淋漓，不亦乐乎，同时也结下深厚的真挚情感。何绍基与周宗照尤其投缘，他与仲弟何绍业（毅弟）成了周氏朗园的常客，他们热衷文化，志同道合，何绍基这样写他们在一起的快乐时光：

> 与通甫纵谈，辄移时不能去。通甫又好金石文字，有所得，手
> 自剪饰装池，至千数百种。临风阅古，相与诧赏。

亦因此，何绍基真正见识了藉书园的真貌。他说：

> 园中列屋十九间，皆以藏书。箱案虹屋梁。

这是我们首次看到对周永年藉书园的规模与结构的直接描述：十九间藏书屋，书箱（柜）高度，直顶到屋梁。

藏书规模宏大，它与周永年十万册藏书是相适应的。

何绍基没有说明，这十九间藏书屋是平房还是楼房，我们依据当时其他藉书园文献，则完全可以肯定藉书园是楼房。

如嘉道年间著有《秋桥诗选》的济南诗人王德容，其《游朗园》有句：

> 朗园数亩纳泉流，万卷书藏百尺楼。

周永年祖侄周乐有《同王秋桥游朗园有作》，其中有句

> 径曲杂花护，楼高万卷存书昌太史有藉书园，藏十万卷。

（民国《续修历城县志·古迹考四》）

由此，我们可以断定，藉书园是楼，是十九间藏书屋与其他房屋合成的藏书楼。

又，从时人称之为"百尺楼"来看，大约是一处阔大的三层楼房。

何绍基还写到藉书园的美丽景致：

屋外环以水竹，为城西佳胜处。

水竹世界，是对于周氏朗园即藉书园环境的精妙把握。

二、 酒痕诗印——何绍基与藉书园的其他关联

（一） 何绍基 《石门颂》 诗， 咏藉书园旧藏与济南花前月下旧游事

咸丰十年（1860）秋，何绍基在卸任泺源书院山长、离别济南前夕，作《石门颂》诗，诗题甚长，为《朱时斋、杨旭斋来看"石门颂"，因追述癸未、甲申旧游，话及蒋伯生、周通甫、杨征和、张泺卿、朱季直及仲弟子毅皆成古人，凄然有作》。

石门颂，东汉摩崖刻石，隶书。碑额题《故司隶校尉楗（犍）为杨君颂》，建和二年（148）刻。记杨孟文主持修复褒斜道之事，又称"杨孟文颂"。书法高古浑朴、雄健恣肆，为汉隶的代表作之一，是中国书法史上的一座丰碑。

何绍基在诗前写有这样一段序文：

《石门颂》者，藉书园所藏旧拓，共四幅，流落散失。陈晋卿
得第四幅留置吾斋，既而杨旭斋以首二幅来，李子青以第三幅来。
遂成全璧。余于己酉春得奚林和尚所藏《石门颂》及《张黑女铭》，
忽忽三十五年矣。

原来是，藉书园藏有《石门颂》旧拓，可以想象其珍贵程度，而其流落散失后，又（在友人协助下）鬼使神差地归何绍基所有。可谓缘分深厚也！

何诗颇长，今择取与本文主旨密切的前半部分以飨读者：

忆余昔年廿四五，随侍使节至齐鲁。

藉书园与燕园邻，始识伯生及通甫。

泺卿季直摹古印，征和锐志习书谱。

余偕仲弟正年少，跌宕其间上下古。

渐染金石文字味，四十年来成肺腑。

晚年更作历下游，乾嘉余韵留樽俎翁覃溪、阮仪征、桂未谷、黄小松、李铁桥、孙渊如诸老搜考金石，踪迹多在山左。

访古时寻白雪楼，寻诗屡泛青荷渚。

残书破帖偶一收，非复少年勤记睹。

石门颂出藉书园，当日园名动当宁。

纯庙方开四库馆，主人与窥东壁府书仓先生。

藏书多种入宸鉴，名碑古碣衰成簿。

孙曾繁衍苦饥贫，未免缥缃归市沽。

……

诗作涉及何绍基在济南的诸多好友，下面扼要介绍两位。

蒋因培（1768—1838），字伯生，江苏常熟人。生而聪慧，读书过目成诵。17岁以国子监生应顺天乡试，为法式善所激赏，由是知名。嘉庆二年（1797）入赀得县丞，分发山东。自嘉庆十二年（1807）至二十三年（1820），先后在山东金乡、高密、汶上、泰安、齐河等县任知县，多有政绩。曾在金线泉侧建燕园为名士聚会之所。后以直言忤上官，遣戍军台，未逾年释回，著有《乌目山房诗存》等。

杨征和，上则题跋《记安氏刻孙过庭书谱后》便见其名，即济南名士杨致祺。杨致祺（生卒年不详），字征和，又字征甫，清代济南府历城县（今济南市）人。诸生。著有《天畅轩仅存草》。杨致祺"诗虽不多，而神致修然，自饶天趣"，诗界称"隽才"（《国朝山左诗汇钞》卷三十）。王培荀在《乡园忆旧录》中，对杨致祺兄弟三人（另二人为杨祐祺、杨恩祺）有生动描述。

历下杨征和致祺，兄弟三人有"三才子"之目。致祺善书能画，随笔画兰，不数作也。好丝竹，酒间花下，清歌悠扬，宾客乐与酬酢，次善雕刻图章，工揭裱，家藏书画，多手自装潢，非俗工可及。……家极贫，入其室，图书鼎彝，位置都雅，有若素封。一堂怡怡，萧然有以自乐。

（《乡园忆旧录》卷三五九，齐鲁书社1993年版）

何绍基在诗中说，他在二十四五岁时，便随侍做官的父亲来到济南，从

106

而与藉书园主人周宗照和燕园主人蒋因培结为好友，他还与张渌卿（待考）、朱季直（名朱方，篆刻家）、杨致祺一道研讨古印书谱，由此奠定下自己金石文字的坚实基础。他盛赞山东、济南是金石碑版的宝库："翁覃溪、阮仪征、桂未谷、黄小松、李铁桥、孙渊如诸老搜考金石，踪迹多在山左。"而他的珍宝《张黑女铭》帖与《石门颂》旧拓等，亦全数"得之历下"。他更难忘怀的，是在济南山水古迹之间访古寻诗的浪漫生涯（"访古时寻白雪楼，寻诗屡泛青荷渚"），青荷渚者，大明湖是也，那是诗人心中的圣地。

下面，何绍基在诗中透露了一个我们从来不曾掌握的历史细节：是（周永年）藉书园震动乾隆皇帝，促使乾隆下大决心要纂修《四库全书》的（"石门颂出藉书园，当日园名动当宁。纯庙方开四库馆，主人与窥东壁府。"）。当宁、纯庙，乾隆是也。

其后，周永年的大批珍贵书籍流入内府而一去未归。王培荀《乡园忆旧录》有记："先生在馆时，蒙（皇）上垂问家藏书籍，刻有书目二部，遂以进呈。点出一千余部进之，后印以御宝发还。堂官某求暂留借观，未数日而其家籍没，书遂入大内矣。"

（二）何绍基《跋曹景完碑阴拓本》言及周氏藉书园藏品旧物，感慨万端

《跋曹景完碑阴拓本》是何绍基又一则题跋，文字不多，谈及周氏藉书园之藏品旧物。文如下：

> 此亦周通甫手粘本。道光乙酉春，在济南藉书园，通甫才收得。
> 见示其所藏，碑面拓本极精，远胜碑阴。咸丰戊午、己未间，客游
> 历下，颇得旧碑拓，未见斯本。时周氏物散落将尽矣。

> （《何绍基诗文集·文钞》卷八，岳麓书社 2008 年版）

道光乙酉为道光五年（1825），由此可知，何绍基在父亲卸任山东学政之后，依然居留济南，并与好友周宗照等研讨金石文字。而何氏称咸丰后期周氏物"散落将尽"，则未免言重。咸丰同治间济南诗人杨丕度有《偕唐子翰、王梦周、李梅生宴周氏琅园》诗，称周氏藉书园：

土沃培花胜，竹深留客宜。

图书收蓄富，把卷任翻披。

（三）从藉书园到燕园，何绍基与周宗照等在济南燕园谈碑看画、饮酒赋诗的风雅过往

何绍基与周宗照等人，同样的一众朋友，在济南的风雅聚会之处除了藉书园所在的周氏朗园，还有蒋因培的燕园。

道光二、三年，何绍基和弟弟何绍业与刚从塞外归来的蒋因培（《蒋因培墓志铭》称蒋因培"到戌未及期，蒙恩释回"，其返回济南当在道光二年）相交往，成为燕园的常客。何绍基在咸丰十一年（1861）所作《题圉令赵君碑三首》有段回忆文字："道光二、三年间，伯生居济南西关外之燕园，余与先弟子毅偕周通甫、杨征和、张渌卿诸君谈碑看画，过从无虚日……"

而何绍基于道光十八年（1838）所题《题朱季直方印册》跋谓：

> 丁酉冬，季直来京师，枉顾欣然。盖别来十三年矣。犹忆燕园旧游，张渌卿、周通甫均归道山，陈鹿樵不知今在何许。主人蒋伯生弃园归虞山，闻甚佳健，然亦音信久阔矣。何邻泉、杨征和幸俱无恙，亦不审重晤何时？……然求如十三年前，在抱山堂中考彝器，谈碑版，剥果呼杯，淋漓酣畅，光景何可再得？

（《何绍基诗文集诗钞》卷三）

一叶缥缈如烟往事，一腔深厚文化情怀，令人不禁感喟唏嘘！

华不注的文化气象与审美特征

一、 华不注，中国核心文化理念的孵化场

"仙梵开初地，春秋识旧名。"

清代大诗人朱彝尊在其《华不注》一诗中，开篇即点出华不注在历史上的重要地位。华不注之所以著名，正因为它是春秋时代的古战场，齐晋"鞌之战"即发生于此。这场战争从前因到后果，整个过程曲折生动，紧张激烈，充满戏剧性，然而，"三周华不注"真正可圈可点的并不在此，何哉？一言以蔽之，在于它是中华传统文化核心理念的孵化场，在于它对日后数千年中国文化的深刻影响。

（一） 残疾不是歧视、 嘲笑的理由： 中国人关于残疾的文化理念的最初形成

我们生活的文明世界，有不少虽未明于法律却是约定俗成的规则，比如，不能拿人的生理缺陷开玩笑，嘲笑残疾人，这是无分国籍、无分古今一致公认的恶劣行径。

在鞌之战的故事中，正是由于嘲笑残疾的恶行，才为战争的爆发埋下了种子。

齐顷公七年（前592），晋景公派大夫郤克出使齐国，邀请齐国参加断道之会。郤克和鲁、卫、曹国的使者一同到了齐国，准备筹备结盟以遏制楚国。但是齐顷公自恃强大，想让鲁、曹、卫这几国直接依附齐国，表现出了对晋、鲁等国的轻慢。郤克患目眇，其他几位使臣恰好也都有秃头、腿瘸、驼背等生理上的缺陷。齐顷公在接见列国使臣的时候，特意在自己的侍臣中挑选类同的残疾者去迎接招待四国使臣，然后安排母亲以及嫔妃侍女登台观礼。结果，眇者陪眇者，秃子陪秃子，瘸子陪瘸子，罗锅陪罗锅，大家鱼贯而进。齐顷公之母萧同叔子看到眼前这滑稽的场面，与在场之人不禁哄堂大笑。郤克等在看到这种巧合的接待人员时早就诧异，现在听到后宫妇女的笑声，非常气愤，觉得受到戏弄，被人当笑料，简直是奇耻大辱。

郤克于会见后发誓要报仇雪耻。齐顷公十年（前589），齐国连续进攻鲁国、卫国。卫鲁两国向晋国求援。此时，郤克已是晋中军主帅，并掌握大权，故而经他的鼓动，晋国兴兵伐齐，战争由此爆发。

鞌之战这个故事，能够进入《左传》，进入中国文学史，进入各种课本读本，究其原因，在于它深刻的文化价值和极高的哲理内涵。这场战争的由来，逼迫人们思考如何对待残疾人的问题。此后，千百年来，数不胜数的诗文作品发出对歧视残疾人的萧同叔子和齐顷公的同声谴责，势若排山倒海。如王士禛《华不注怀古》："齐晋昔更霸，往事可怜伤。岂知夫人笑，遂招四国殃。"赵执信《华不注山行》："跛者御，跛者登，妇人帷房闻笑声，笑声未绝晋师兴。"

"鞌之战"以其鲜活的形象正告天下：残疾，永远不能成为歧视乃至嘲笑的理由。此战影响并且形成了中国人世世代代对待残疾人的理念，这是人类文明的最低门槛。可以说，华不注点燃了中国早期文明的曙光。

（二）逢丑父易位救主：中国传统文化理念 "忠" 的完美阐述

在华不注脚下的华阳宫，有忠孝二祠，主祀逢丑父与闵子骞。忠与孝，是中华民族的传统美德，也是中国传统文化中最重要的两大价值观念，而说到中国古代忠与孝的典型人物，非逢丑父、闵子骞莫属，而这两个人的忠孝故事与历史遗迹，都与华不注密不可分。华不注，可以说是中国传统忠孝观念与其两位代表人物的生成发端地与文化承载地。

鞌之战中，出现了一个古今称颂的大忠臣——逢丑父，他舍身救主的壮举被代代传颂。

在三周华不注的战事中，晋军司马韩厥驾驶着一辆战车，紧紧追赶齐侯。逢丑父为了保护齐侯，和齐侯交换位置，以便不能逃脱时冒充齐侯，迷惑敌人。那个时候的战车都是木制的车轮，道路也是坎坷的土路，想要摆脱晋军的追击并不容易。将要到达华不注山下的华泉时，齐侯的马车被树枝钩住，动弹不得，被韩厥追了上来。

韩厥不敢对齐侯无礼，逢丑父随机应变，用君主的口气命令齐侯下车，往华泉去取水来给自己喝，而齐侯趁此脱身逃走。韩厥献上逢丑父，郤克见不是齐侯，大怒，命令杀掉逢丑父。丑父面对死亡，呼喊道："从今以后，再无义士替君王赴死。人世间确有一个，就是我！今天也要被人杀戮了。"这个悲壮的义士感动了郤克。郤克说："一个人不畏惧用死来使他的国君免于祸患，我杀了他不吉利。赦免他，用来鼓励侍奉国君的人。"于是他赦免了逢丑父。郤克这两句话，今天读起来还是那么感人。古时候的人敬仰忠臣，华不注山也因逢丑父这千古忠臣添了忠义的色彩。

鞌之战发生在公元前589年，而孔子则生于此后的公元前551年。显然会受到此事件的深刻影响。孔子有名言曰："臣事君以忠"（《论语·八佾》），其弟子子夏则曰："事君，能致其身"（《论语·学而》），而子张则言："士见危致命"（《论语·子张》），这简直就是比照着逢丑父的行为说的。可以说，逢丑父的舍身救主，促成并成就了中国古老的"忠君"思想的形成。

显然，华不注的逢丑父救主，在中国古老"忠君"思想的形成上，有它的开端性的价值、意义。清代道咸间学者、诗人史梦兰（字香崖，号砚农）有《游华不注山 即晋逐齐师三周处》：

当日三周遗迹在，华泉指点余寒烟。

昔闻丑父右公易公位，早开纪信诳楚计。

纪信诳楚以忠死，丑父得免真幸事。

一时胜败安足论，代君任患今几人？

问之山僧僧不答，春山无语开笑靥。

（清稿本《尔尔书屋诗续集》）

纪信，汉刘邦手下将军，随刘邦起兵抗秦。楚汉相争，由于其身形、样貌酷似刘邦，在荥阳城危时，他假装刘邦，向西楚诈降，被俘。项羽有意招降，遭到拒绝，最终被项羽用火刑处决。

纪信显然是一名"忠君"的典型人物，然而，史梦兰指出，纪信不是开端，逢丑父才是，"早开纪信诳楚计"的，是"易公位"的逢丑父。如今，"代君任患"是越来越少了。由此诗，可以看到逢丑父在历史上，特别是在"忠君"思想上是开了先河的，亦因此，其深远影响不可低估。

（三）华不注、闵子骞：中国孝文化的发端与传承

闵子骞像祀立于华不注山华阳宫西侧配殿孝祠。

在其东南不远处，有一条"闵子骞路"。这是济南唯一一条以文化名人命名的道路。

这条路的中段路西，是济南百花公园。闵子骞祠墓即在公园的孝文化博物馆内。前为庙堂，往北走20多米处，就是一座突起的坟墓。该坟墓高约3米，封土直径约5米，呈圆形，四周有多尊石羊、石马、石狮、石龟等石像，还有古树，肃穆而森严，令人油然而生敬意。"文革"前，闵子骞墓规模很大。当时墓区南北长约300米，东西宽200米。墓堆封土直径7、8米，高10多米，周围有合抱粗的古树30余株，历代碑刻10余尊。

闵子骞晚年传道于齐，死后葬在此处。他的后代亦在齐国居住，为闵子骞守墓。今天章丘龙山镇西沟头村聚居的闵姓，便是闵子骞的嫡传后裔。

因为闵子骞，华不注又成为中国孝文化的发端地与传承地。

多少年来，闵子骞同大舜一起，享受着济南人最高规格的祭拜与悼念。

宋代，有二苏题碑。

元代，山东提学陆釴《谒闵子祠》诗云：

季氏今无邑，费公还有堂。

112

> 松楸汶水意，俎豆华山阳。
>
> 春草寒犹重，芦花絮不扬。
>
> 采蘋聊驻节，仿佛见宫墙。

这诗深情表达了济南人对闵子的思念与缅怀。

明代，朝廷将济南闵子墓附近地段编为"闵孝里"，"春秋俎而豆之贤，有司亦时为修葺"，在闵子墓祠建起"讲学堂"，而且，"邑侯张公翼明建祠于城中"（刘敕《闵子墓并建祠记》），新祠在济南城内钟楼寺街（后毁）。

清代至民国，闵子庙香火尤盛，祭祀与修葺屡见于地方志乘，如1920年春，济南人士义修东关闵子墓，功既竣，省长屈六文亲为文以记。

闵子骞（前536—前448），名损，春秋末年鲁国人。孔子弟子之一，少孔子15岁，在孔子弟子中地位颇尊，德行、孝道曾受到孔子称赏，德行与颜渊并称，孝道与曾参齐名，居于"十哲"之中，被后代奉为笃圣，世称闵子。唐赠费侯，宋赠琅琊公，又赠费公，明改称先贤闵子。

孔子曰："孝哉闵子骞，人不间于其父母昆弟之言。"

这段话出自《论语·先进》，意思是，孔子说：闵子骞真是孝顺呀，别人对于他爹娘兄弟称赞他的言行毫无异议。

闵子骞以孝著称，其孝名流传最广、影响最大的是在其"单衣顺母"的事迹上。这些故事，愈到后世，愈加着意对于"芦花"意象的渲染与突出，"芦花""鞭打芦花"成了闵子骞孝行故事的代名词。

刘宝楠《论语正义》"孝哉闵子骞"条下，引《艺文类聚》书中称引自《说苑》的记载：

> 闵子骞兄弟二人，母死，其父更娶，复有二子。子骞为其父御车失辔，父执其手，衣甚单。父则归呼其后母儿，持其手，衣甚厚温。即谓其妇曰："吾所以娶汝，乃为吾子。今汝欺我，去无留。"子骞前曰："母在一子单，母去四子寒。"其父默然。故曰：孝哉闵子骞。

对于这一记载的真实性，学术界有不同看法，主流看法的趋向是认同的。

著名学者李泽厚亦征引《论语正义》《韩诗外传》所载此事，称"上引故事，具体翔实"，表示了对其真实性的认可。

闵子骞"单衣顺母"的故事在中国千古传诵，闵子声名赖此历代传响不衰。唐宋时期，闵子骞的事迹已广泛传颂；元代，郭居敬将闵子骞编入二十四孝；特别是，中国戏曲以此为基础加工而成的"芦花"剧本的搬演，更以燎原之势，使得闵子骞的孝行故事家喻户晓、妇孺皆知，如今，几乎各大地方戏曲皆有"鞭打芦花"之剧目，并颇受国人青睐。

与闵子骞遭受后母虐待相对应的，还有《太平御览》所载闵子骞所作《崔子渡河》曲：

> 崔子渡河者，闵子骞之所作也。崔子早无母，其后母常以其死母名呼之，不应者，后母辄笞之。崔子恶与其母同名，欲自杀，恐扬父恶，又死母名，应则逆，非义也。则以能游渡河为辞，系石于腹，入水自沉而死。众人但以为不能游耳，莫知其故自沉。是以父过不扬。闵子骞大其能为父隐，伤痛之，故援琴而鼓之，以美其意，故曰《崔子渡河》。

此事至为哀伤，令人不忍卒读。然此正可见证闵子骞遭受后母虐待之情事，此为同病相连，惺惺相惜，所以闵子特为作曲伤之且美之。这也集中体现了闵子的孝道观：子为父隐（"大其能为父隐"），亦即不牵累父名、为父隐恶扬善，这与其在"芦花"故事中，受到后母虐待、父亲指责而忍气吞声不自辩护，是颇为一致的。

近年来，有关闵子骞遗迹的确定，成了各地争论的焦点。山东、安徽、河南，均有不少关于闵子骞的历史文化遗存。闵子墓在全国共有六处，分别是历城、宿州、萧县、曹州各一处，范县二处。

闵子骞的真墓只能有一处。笔者认为，以济南闵子骞墓为是，其理由有四：其一：济南闵子墓祠历史悠久，北宋时，苏辙、苏轼为之作《记》书碑，此为所有闵子墓祠中最早的也是作者层次最高的文献。其二：济南闵子墓为真墓，自古公认，载在籍册。其三：济南闵子墓得闵氏家族特别是闵氏大宗所公认，为先贤后裔肃拜之所。其四：闵子骞死于齐，葬于齐。闵子骞晚年

在齐传道，死后子孙在齐为官守墓。（详见《闵子骞真墓在济考》）

二、郦道元与华不注，名人与名山最为辉煌的相遇

古往今来，状写趵突泉的诗文作品可谓多矣，但被人们牢牢记住、卓然可传的却不多。

然而，有这样一段文字，在济南、在研究者那里，却是无人不知、无人不晓：（泺）水出历县故城西南，泉源上奋，水涌若轮。

凡能有缘一睹趵突泉风采的，还能寻到比"涌轮""上奋"更贴切的字眼吗？再不会有。

而事情并非到此为止，这位作者还有描写华不注的名句，足可与此相媲美：

济水又东北，经华不注山，单椒秀泽，不连丘陵以自高；虎牙
桀立，孤峰特拔以刺天；青崖翠发，望同点黛。

寥寥数笔，千载难易。

因为它神情毕肖、生动逼真地活画出历史上被称作"济南三誉"的华不注山、趵突泉的神韵与风貌，业已播扬于千载以下。

这些绝妙话语，全部出自北魏郦道元的《水经注》。

郦道元是南北朝时期北魏官员、地理学家。其著作《水经注》是一部内容丰富多彩的地理著作，也是一部优美的山水散文集。走遍中原大好河山、饱览过山川秀色的郦道元，曾自豪地宣称："山水有灵，亦将惊知己于千古矣！"

中国历史上，有敢作这样宣示的作家吗？古今皆无。

的确，郦道元遇到山水，是郦道元之福，而山水能遇到郦道元，更是山水之福也！

山水与名人的相遇，恰似金风玉露一相逢，便胜却人间无数。这最为绝妙的搭配，正所谓"地因人胜"，相映生辉。

济南的山水文化与文学在早年便得遇郦道元这样的高手，是济南山水之福，是济南文化之福。

郦道元（约466—527），字善长，范阳涿县（今河北省涿州市）人。他既是我国古代杰出的地理学家，又是著名的文学大家。郦道元出身世家，曾祖绍，任濮阳太守；祖嵩，任天水太守；父范，曾任青州刺史。郦道元平生好学，历览奇书。他开始是承袭父亲的永宁侯爵位，后历任治书侍御史、冀州镇东府长史、东荆州刺史、御史中尉等，以"执法清刻""为政严酷"著称。

郦道元的《水经注》是为魏晋时代无名氏所著的《水经》一书所作的注释。但他的注释，实际上是一部"别开生面"的著作，其学术价值，堪与裴松之《三国志注》、刘孝标《世说新语注》、颜师古《汉书注》并驾而齐驱。

郦道元本着"因水以记地，即地以存古"的编写原则，博采了汉魏以来许多山川土风、历史掌故的文献，并根据自己随北魏文帝巡幸长城、阴山，以及自己做冀州、鲁阳、颍川、东荆州等地太守、刺史时"访渎搜渠"的调查记录，叙述了大小一千多条水道的源流经历，以及沿岸的山川景物和故事传说。

"水中山"华不注

另外，从《江水注》中对秦代李冰的各种水利建设的歌颂，《河水注》中对秦始皇筑长城造成的人民"冤痛"的同情，也可以看出他对人民利益的关怀。

尤其是，从文学上看，这部书在描写山川景物上，取得了非同寻常的艺术成就，许多章节甚至成为千古传诵的名篇，如众所周知的《江水注》中"巫峡"一节，在不足两百字的篇幅中，写了巫峡两岸高峻的山势，夏天奔腾的江水，峡中四时景物气氛的变化等，而且写得如此从容不迫，隽永传神。

郦道元与济南有着深厚的渊源。北魏承明元年（476），郦道元的父亲郦范出任青州刺史，他到任不久就将家眷接到青州治所东阳城。在南北朝时，青州与冀州两州相邻，其疆域大体相当于今天的山东省。冀州治所历城即在今济南市，而郦道元曾在冀州任地方长官。因此，长期生活在山东和济南的郦道元受齐鲁文化的深刻熏陶，对山东山川地理乃至水道的热爱与熟悉自不待言。他对流经济南的济水做过认真的考察，对于济水所流经济南一段的风景名胜，其中包括当时的济南泉水，进行了极为生动、真切的描述。除了上文提到的趵突泉，郦道元在《水经注》中还写到北魏时期济水所过的（古）大明湖、净池（即今五龙潭）一带的湖泉美景：

> 其水北为大明湖，西即大明寺，寺东、北两面侧湖，此水便成净池也。池上有客亭，左右楸桐，负日俯仰，目对鱼鸟，极水木明瑟，可谓濠梁之性，物我无违矣。

绿树婆娑，水流清澈，鱼鸟依人，寥寥数笔即勾画出古大明湖的明丽景致与浓厚诗意，实可谓"片语只字，妙绝古今"。

这也就难怪，唐代柳宗元、宋代苏轼等人的山水散文，都曾经受到过郦道元的深刻影响。苏轼《寄周安孺茶诗》说："嗟我乐何深，水经亦屡读"，由此可见郦文非同一般的艺术感染力。

接着，郦道元在本篇中又记载了"与泺水会"的另一条泉河——历水的源流走向：

> 湖水引渎，东入西郭，东至历城西，而侧城北注。湖水上承东城历祀下泉，泉源竟发，其水北流，迳历城东，又北，引水为流杯

池，州僚宾燕，公私多萃其上。分为二水，右水北出，左水西迳历城北，西北为陂，谓之历水，与泺水会。

文中"历祀"即舜庙，舜庙附近有舜泉，双泉竞发，水势甚大，即为历水之源。"据苏辙《舜泉诗序》：城南舜祠有二泉，泉之始发，潴为二池，酾为石渠，自东南流于西北。灌濯播洒，蒲莲鱼鳖，其利滋大。明洪武初，改山东行省，增修城垣，尘市殷阗，宋苏辙所谓石渠者，已不可复见，而舜泉亦由此漂没。所谓历水者，仅今存之大明湖古之历水陂也。"历水北流至流杯池（即今王府池子一带），听这文气郁然的名称，便知为州僚游宴觞咏之风雅之处。而历水再往北流，则进入历水陂即今之大明湖，"北出者与泺水会，同入鹊山湖"。

下面，我们要特别谈谈《水经注·济水卷》中关于华不注山的记载。

应该说，《水经注》中关于济南华不注的记载，不仅为济南泉水留下了珍贵的文献资料，而且其文采焕然、生动传神的笔墨功夫，给后人留下永恒的回味和艺术享受。

其一，描写华不注山势山形出神入化，千载难易，这就是：

单椒秀泽，不连丘陵以自高；虎牙桀立，孤峰特拔以刺天。

22字，你切莫小看了这22字。真的是字字金石，特别是郦道元的"不连丘陵以自高"，曾经引发出后世多少文章与联想呀，我们甚至可以说，它使得后世无数的华不注诗文都成了这七个字的解说与阐释。何以故？因为这七个字有着无限的深意，是文化的绝妙象征，一言以蔽之，这描写潜藏着对人的"独立不倚"的人格精神的描摹与赞扬呀，历来的文人都被华不注的这种风采和风骨所倾倒，华不注成为独立不倚的崇高的人格精神的化身与象征。这也说明，世间的事物，一旦与象征挂上钩，一旦与文化相联系，那含义、影响就无限地扩大了，后来的作者无论如何也难以超越这个高度。

其二，创造出两个充满无限创意和感染力的比喻："单椒""点黛"。

前者妙喻其形，后者以美女的美眉喻其绿秀，这些都给予后世诗人和游览者以无限的启发与想象。

如果说，上述的"不连丘陵以自高"，更多体现的是华不注的男性的阳刚之美；那"点黛"一词，正是对华不注如同美女的另一种美感的生动表述，这同样开启了华不注的另一审美途径。其后，大诗人李白的"绿翠如芙蓉"、王士禛的"尹邢双夫人山"的意象的创建，以及后世无数的赞赏和效仿，全都来自郦道元的初创。郦道元可以算是华不注的第一个知音，他开启了华不注壮美劲健与优美婉约的两路审美途径，真的是"山水有灵，亦将惊知己于千古矣"，毫不为过。

郦道元第一次将华不注的美诉诸美好的文字并展现在我们面前，且取得如此骄人的成功，不能不说是一个奇迹。

郦道元注华不注，是中国历史上名人与名山一场最为辉煌的相遇。

三、 浪漫地思， 诗仙李白笔下的华不注

华不注山下，有李白诗碑。

自唐、宋以后，来华不注的文人墨客每至此便有三事，曰："酌华泉水、吊三周战处、诵太白诗。"（明李焕章《登华不注记略》，参见乾隆《历城县志·山水考二》）由此可见李白对于华不注山之深远影响。

济南的山水，尤其华不注确实有灵，到了唐代，它遇到号为"诗仙"的大诗人李白。

李白（701—762），字太白，号青莲居士。他一生浪迹山水，游遍祖国名山大川。济南秀丽的湖山风光、淳朴的风土人情和浓厚的文化氛围，都曾使这位大诗人流连忘返，并给后人留下了赞美济南湖光山色的诸多诗篇。

李白从开元二十四年（736）由湖北移家东鲁，寓居任城（今山东济宁），直到乾元二年（759）将儿女移往楚地，在山东寄家时间长达二十余年，山东可以说是他的第二故乡。如杜甫在《苏端、薛复筵简薛华醉歌》诗中说："近来海内为长句，汝与山东李白好。"将李白称为"山东李白"，以致后世史书也因此认为李白是山东人，如《旧唐书·李白传》称："李白，字太白，山东人。"

天宝元年（742），李白奉诏入朝，李白以为大展宏图的美梦即将实现，

但很快发现所谓的奉诏应制只是侍从游宴而已。天宝三年（744）春，李白在度过了三年"供奉翰林"的政治生活后，被唐玄宗"赐金放还"。李白在青少年时代就倾心道教，遭受此次政治失败，更激发了他的遁世之心。大约在这年的初夏时节，李白离开长安，并在洛阳结识杜甫，二人成为莫逆之交。其后，在归鲁途中，李白来到齐州紫极宫，请道士高如贵授道箓，入了道士籍。

虽然寄居异乡，但济南美丽的湖光山色和淳朴的风土人情却给了这位漂泊的游子以巨大的温暖和深深的喜悦，重新唤起了他对生活、对自然的热爱和眷恋。他游历过济南的多处名胜，而其中尤其难忘并留下举世传诵的灿烂诗篇的，是华不注。

（一）中远景："湖光摇碧山"的无限风韵

李白曾泛舟濒临华不注的鹊山湖，写下诗作《陪从祖济南太守泛鹊山湖三首》：

> 初谓鹊山近，宁知湖水遥。
> 此行殊访戴，自可缓归桡。
>
> 湖阔数十里，湖光摇碧山。
> 湖西正有月，独送李膺还。
>
> 水入北湖去，舟从南浦回。
> 遥看鹊山转，却似送人来。

鹊山湖，旧在济南城北，鹊山湖之南及东，与今大明湖相通，由泺水北流汇集而成。鹊山湖是一个很大的湖泊，也是唐宋时代济南的风景胜地。其东界正为华不注。据乾隆《历城县志山水考三》"鹊山湖"条所引《天下名胜志》，因湖中多莲花，又称莲子湖。金初，伪齐刘豫开凿小清河，直接导泺水入海，鹊山湖自此后莽然田壤，不复烟波，令无数后人扼腕而叹！

李白实不愧诗歌大家，他的这组鹊山湖诗，写来不急不缓，收放有致，情景交融，意在言外。第一首写自己开始以为鹊山很近，哪知湖水浩渺竟是如此壮观遥远。好在此行不同于当年王子猷拜访戴安道那样刚刚到达就匆匆返回，而是完全可以轻松悠闲地放缓回归的船程。这是在美景之下一种优游从容、细细品味的享受的、惬意的心态，是一种无与伦比的幸福感觉。

在第二首诗中，李白精妙地描摹了鹊山湖的风光，"湖阔数十里，湖光摇碧山"，这是诗中的华美段落，鹊山湖面宽阔达数十里，好一派壮阔浩渺的气象，这该是华不注的阔大的中远景。鹊华二山倒映湖中，湖面碧波荡漾，而山呢，又是碧绿碧绿的，最为精彩的还是诗人在此下了一个"摇"字，你看，湖光山色中，湖光伴着青山，摇呀摇，一切都处于动感之中，这是清风与湖山的互动吗？还是大自然自身最美的律动？一个"摇"字展现出灵动无尽的情致和韵味。而此时，湖的西边正有明月高悬。在这样的美丽景致中与太守泛舟游览，就好像当年郭林宗与李膺同舟共济。郭、李二人是东汉的士人领袖，据《后汉书·郭林宗传》："（郭林宗）后归乡里，衣冠诸儒送至河上，车数千辆，林宗惟与李膺同舟而济。从宾望之，以为神仙焉。"李白在这里正是借郭林宗与李膺的名士风流来形容自己和太守同泛鹊湖的风神潇洒。

第三首写的是归程，水往北流而船向南行，这两种交错的运动方式相映成趣。而在行走的船上遥看鹊山，却像是鹊山不停地转动着身子在殷勤地送客哩。这收尾来得情深意切，而且挖掘出大自然和生活中固有的生动情趣。这组诗不仅写出了济南湖山景致之美，而且展示了人的情思之怡悦，境界之旷远，实可谓语短情长，言简意深。

（二）特写："绿翠如芙蓉"的审美定格

李白攀登华不注山，《古风》其一云：

昔我游齐都，登华不注峰。

兹山何峻秀，绿翠如芙蓉。

萧飒古仙人，了知是赤松。

借予一白鹿，自挟两青龙。

含笑凌倒景，欣然愿相从。

泣与亲友别，欲语再三咽。

勖君青松心，努力保霜雪。

世路多险艰，白日欺红颜。

分手各千里，去去何时还。

在世复几时，倏如飘风度。

空闻紫金经，白首愁相误。

抚己忽自笑，沉吟为谁故。

名利徒煎熬，安得闲余步。

终留赤玉舄，东上蓬莱路。

秦帝如我求，苍苍但烟雾。

李白这首诗飘逸、浪漫，充满奇异瑰丽的想象和独具匠心的创造，如他将华不注比作"绿芙蓉"（是一个不亚于"单椒秀泽"的意象），如他说自己在华不注山上遇见了仙人赤松，赤松借给他一只白鹿，而赤松自己则乘着两条青龙，两人含笑升天，一同在空中俯瞰地上的倒影，何等潇洒飘逸，自在逍遥之至也，这就难怪此诗对后世所产生的深远影响了。绿芙蓉、仙人、白鹿作为诗歌意象，屡屡出现在后人诗作之中。如清代王士禛《初望见历下诸山》诗云："十万芙蓉天外落，今朝正见济南山。"董芸《华不注》诗云：

芙蓉绿秀雨中鲜，

俯视齐州九点烟。

何处仙人骑白鹿？

乘风一问李青莲。

（三）"浪漫地思"与"拟容取心"：华不注两种审美范式的形成

由于郦文、李氏的深刻影响，其后的华山诗文便形成了两种写作范式或曰创作方向，这就是：偏重李白精神遨游的"浪漫地思"与偏重郦道元逼真刻画的"拟容取心"。然而，更重要的是：无论是从郦道元的"单椒秀泽，不连丘陵以自高""青崖翠发，望同点黛"，还是李白的"绿芙蓉"中，我们都可以发现一个诀窍，一个描写山川的诀窍，这就是，发现与寻求山川与人性的潜在的沟通性，这样便迈出了从自然走向文化的关键一步，这样自然物便

122

有了生命与呼吸，有了弹性与伸展性。比如郦道元的"不连丘陵以自高"引发出后世多少"文章"，因为他对华不注的描写潜藏着对"独立不倚"的人格精神的赞扬。

四、曾巩：从"翠岭嫩岚"到"壮士三周"

（一）济南，是曾巩的诗

提起苏轼，人们总也忘不了他的那首"欲把西湖比西子，淡妆浓抹总相宜"的诗，其实，曾巩与济南的关系，丝毫也不亚于苏轼与杭州与西湖的关系。如果说，杭州，是苏轼的诗，那么，济南，就是曾巩的诗！

千百年来，在济南的城市发展史上，有众多并非土生土长的济南人的外籍人士为这座城市奉献了聪明才华，做出过重大贡献。其中尤值得人们终生铭记的，是曾巩。

曾巩于济南的贡献，堪称"千古一人"。

这位跻身"唐宋八大家"行列的著名文学家，可不单单是做了几首优美漂亮的泉水诗或修了几座湖边亭馆，不是的，他是为济南这座城市的整体审美的规划与建设倾尽心力，或者说，他是这座城市最早的泉文化设计者、建设者，他为把济南建成一个潇洒的园林名城，做出了彪炳史册的历史贡献。

曾巩（1019—1083），字子固，北宋政治家、文学家，建昌南丰人，雅号"南丰先生"，曾巩"生而警敏……辞甚伟，甫冠，名闻四方。欧阳修见其文，奇之"。宋仁宗嘉祐二年（1057），曾巩中进士，先后任太平州司法参军、馆阁校勘、集贤校理、实录检讨官等，后来他先后出任越州、齐州、襄州、洪州、福州、明州、亳州、沧州等地地方官，晚年拜中书舍人，官至三品。曾巩享年65岁。著有《元丰类稿》五十卷，《续元丰类稿》四十卷，《元丰类稿外集》十卷等。

（二）济南太守的文化视野

"济南自古多名士，每得风流太守来"，王象春在这首诗的注文中还列举了几位济南太守的名字："唐之李邕，宋之曾巩、晁无咎，元之赵孟𫖯，皆风流蕴藉，民享安富之福。"

熙宁四年（1071），53 岁的曾巩来到齐州（今济南）任知州。曾巩上任前，齐州地方豪强势力十分猖獗，如曲堤周氏拥有雄厚资产称霸一方，欺压良民，奸淫妇女，无恶不作，因其势力很大，州县官吏不敢过问。曾巩上任后的第一件事便是打击地方豪强黑暗势力与盗寇，"其治以疾奸急盗为本"，他依照法律首先镇压了曲堤恶霸周高，从此"豪宗大姓敛手莫敢动"。接着，他以怀柔、教育和分化瓦解之策，治理了章丘的盗民之乱，使齐州出现了"外户不闭"、安定祥和的社会秩序。

不过，更为可贵的，还是曾巩的文化视野。

曾巩在齐州十分注重兴办教育，他在齐州恢复了《尚书》之学，使齐州学校皆授《尚书》，从而促进了地方教育事业和学术事业的发展。

然而，这些还不是体现曾巩文化视野的主要方面。曾巩关于济南建设的文化视野与文化素养，集中地体现在四个字上："泉水利用"。

曾巩以前人从未有过的眼光与气魄，不仅深刻、敏锐地发现了泉水对于济南这座城市的无与伦比的价值，并且以超强的毅力与气魄，放开手脚，充分利用泉水打造济南美丽景观，使济南成为一座"潇洒似江南"的山水名城。曾巩对济南的改造在城市建设史上具有彪炳史册的光辉价值。以下，笔者分述之。

1. 慧眼独具的北水门工程：自然多灾的历下陂，变成人文胜地的大明湖。

济南多甘泉，而逢雨季，南部山区和城内诸泉的水流则会毫无节制地宣泄城北；与此同时，北门之外又"流潦暴集"往城内涌，于是北门内外，常被水患。曾巩在考察了地理水文之后，在北城展开了大规模的水利建设，其中的核心工程便是北水门（即水闸）的建设。

熙宁五年（1072）年初，曾巩"以库钱买石，僦民为工"，在其旧门之处，用石头垒成水门的两崖，用坚木做成闸门，"视水门之高下而闭纵之，于是内外之水，禁障宣通，皆得其节，又无后患"。北水门的建成使当年这块名为历水陂的沼泽成为天然水库，成了今日大明湖的最早雏形。

接着，曾巩利用疏浚湖水时挖掘的泥沙，修筑了一条贯通湖的南北两岸的可驰骏马的堤——百花堤，并在堤北的北城墙上修建了北渚亭。百花堤将湖水隔为东、西两部分，堤上栽花种柳（"周以百花林""间以绿杨阴"），若沿堤一路走来可到北岸登临北渚亭。宋人晁补之尝描绘过登亭所见之壮美景观："群峰屹然列于林上，城郭井间皆在其下，陂湖迤逦，川原极望。"

曾巩还围绕大明湖建起芙蓉、水西、湖西、北池等七座桥梁，将湖水和泉水串联起来，构成了碧波桥影、绮丽柔媚的"七桥风月"景观。

此外，他还在与湖紧邻的州衙和湖畔修建了名士轩、净化堂等诸多亭馆楼榭，点缀在湖山之间。

清人董芸说："湖上亭馆之盛自宋始。熙宁间，曾子固知齐州事，一时歌咏见于《南丰集》中者：曰仁风亭，曰芍药厅，曰净化堂、曰竹斋，曰凝香斋，曰环波亭，曰采香亭，曰水香亭。"

应该说，正是在曾巩主持的规划与建设下，大明湖方始构成了它之后近千年作为风景胜地的基本格局与面貌。济南人方才拥有了他们最爱的湖山景致。

2. 趵突泉，从命名到馆舍打造，使其成为综合的文化景观。

曾巩的第二篇泉水文章是关于趵突泉。

曾巩任职齐州太守的时间是宋神宗熙宁四年（1071）六月至熙宁六年（1073）九月，此时，正是刘诏槛泉亭最红火的时期，甚至到了熙宁十年（1077），刘诏还以罕有的隆重规格在槛泉亭接待了苏轼。

然而，在曾巩的诗文作品里，却从来未曾出现过槛泉亭的名字。

试想，那个爱慕风雅的刘诏，肯定不止一次地请托过他，希望这位地方官、大文豪能为自己心爱的槛泉亭歌咏品题，甚至，曾巩也曾陪伴许多的如赵抃的名流去槛泉亭，别人都有作品相赠，而他竟没有只字片言。

这是一个谜。

曾巩作于熙宁六年（1073）二月（此时距他离任齐州还有半年）的《齐州二堂记》（齐州二堂此时竣工）终于露出端倪。

原来，曾巩有一个宏大的趵突泉计划。

也许，曾巩是最早、最敏锐地发现趵突泉对于济南这一座城市的巨大价值的济南官员。

在《齐州二堂记》里，我们看到他围绕历山、趵突泉，还有齐州二堂做的一系列考证考察。就趵突泉而言，他查阅典籍，访问士民土人，亲赴南山发源地现场勘察，从而第一次科学阐明了趵突泉的发源地乃是"泰山之北与齐之东南诸谷之水"，还有其蓄储量大、潜流也远，因而悍疾迅猛蔚为天下奇观的原委所在。

通过历史与现场的考证考察，曾巩更认识到了这泉的价值，这样独具魅力的泉水是天下少有的。所以，他要作趵突泉的文章，他要把它推出去，让世人认识这泉与济南的价值。

首先，他要重新为这泉起名（或曰正名）。

因为，槛泉亭，这名字太普通了。

槛泉，指的是由下向上喷涌的泉，这样的泉还有许多，所以，以槛泉命名的泉不在少数，究其实，槛泉是一个一般性的共用名称，缺乏特点。

尤其不能容忍的是，槛泉亭突出的是亭而不是泉。

所以，曾巩从聪明的济南百姓那里听到他们称此泉为"趵突"时，一定激动极了，这名字用来状泉水之形、之声，实在妙不可言，而且，它太独特，是全国唯一的称名。

于是，他在《齐州二堂记》里郑重记下："其旁之人，名之曰趵突之泉"。

这是趵突泉的名字第一次见诸文字记载。

接着，他写出了诗歌《趵突泉》。

这是最早以"趵突泉"之名出现的诗歌。

正是槛泉亭的年代，可曾巩却写了他的趵突泉诗。

好一位一心为黎民、一心为齐州的风流太守啊！

曾巩的趵突泉文章是一组漂亮的组合拳。

齐州向无接待上面朝廷派来的使臣的使客之馆，于今，他特意将使馆建在趵突泉（泺水）之侧，让那些见多识广、声名藉甚的使者们率先看到趵突泉的卓绝风姿，以扩大趵突泉在全国的知名度与影响力。

我们可以想见，曾巩在建齐州二堂时，他一定会想到，要是趵突泉能在使馆之内就好了。

泉池园林多在私家，这是宋代园林的一大特点，如金线泉。据北宋王辟之《渑水燕谈录》："齐州城西，张意谏议园亭有金线泉。"

名泉当时虽在私家，却是整座济南城的财富。

宋人张邦基《墨庄漫录》云：济南为郡，在历山之阴，水泉清冷……曾子固诗"瀑流"作"趵突"，未知孰是？

此趵突改名不易之一例。

然正是曾巩的更名一举，为趵突泉此后千年的声名与辉煌做了铺垫。

3. 组织文创作品讴歌济南景致：济南泉湖审美的记忆收藏。

曾巩有一双足以穿透历史的眼睛。

当曾巩将济南建设成一座"潇洒似江南"的山水名城之后，他一定会有新的想法。徜徉在大明湖上，他一定明白这些亭台楼阁，甚至美丽的"七桥风月"，都会随着岁月的更迭而陈旧、破碎，甚至，消失殆尽……

唯一可以留住它们的，是记忆，是作为收藏的记忆。比如：诗歌。

靠什么可以达到永恒？文学乃是其一。

物毁人亡，好的作品能世代流传。

于是，他身先士卒，曾巩在济南的咏唱诗作，其数量之多，质量之高，实所谓锦霞在天，珠玑满目。曾巩在齐两年，写下70多首诗，占其平生诗歌创作的六分之一。更重要的，他邀请名家、好友来济南、写济南，比如当时颇负盛名的"清江三孔"孔平仲兄弟等。所有这些举措，留给了济南至为宝贵的审美作品与文献资料。

（三）华不注，从"翠岭嫩岚"到"壮士三周"：自然与人文的交响

有了上面一番对于曾巩文化视野的分析，再来理解曾巩的《华不注山》诗，就是另一种面貌了。

> 虎牙千仞立巉巉，峻拔遥临济水南。
>
> 翠岭嫩岚晴可掇，金舆陈迹久谁探？
>
> 高标特起青云近，壮士三周战气酣。
>
> 丑父遗忠无处问，空余一掬野泉甘。

宋金时代，是华不注最美的时期之一，湖光山色，青翠倒影。这一时期的华山诗文作品不多，但大多出自大家手笔，如宋代的曾巩与金元之际的元好问。由这些作品中，我们可以窥见当时华不注的景致之美。

诗的上两句，写华不注的气势与方位。"虎牙千仞"是从北魏郦道元描写此山的"虎牙桀立，孤峰特拔以刺天"脱化而来，"峻拔遥临济水南"，说的是华不注的方位，如今倒成了我们考察古济水流向的资料。由此可知，在宋代，济水当在华不注之北浩浩流淌，而且华不注距济水还有一定的距离。这些描写都是宋时华不注的状况。

诗中值得特别注意的是"翠岭嫩岚晴可掇"句，它写尽了华不注当年的美姿。"翠岭"说的是华不注山体的绿化之美，它依然如同郦道元所写的"青崖翠发，望同点黛"甚至有过之而无不及；"嫩岚"，岚指山林雾气，"嫩岚"比喻华不注特有的水光潋滟的水雾美丽烟雨胜景。须知，宋代的华山是一座完全浸泡在水中的山。如清人王培荀在《乡园忆旧录》中说："鹊、华二山在城北，华独高秀，《水经注》以为'虎牙刺天'……登汇波楼，眺望翠色，近在眉睫，故额题'鹊华秋色'。甲子秋闱，以此试士，试贴中亦有佳句可采。解元王余枚云：'霜老株株树，沙明面面湖。'盖宋时华山下有湖，自大明湖乘舟直至山上。昔人以山如花萼注水，故曰华不注。"曾巩还说，这种青翠与烟雨胜景尤其在晴日，那是可以拾取回家的，诗人在这里用了一个巧妙的"掇"字，表达了对这美不胜收的景致的多么强烈的喜悦与赞美啊！

然而，读这首诗，你如果只是记住了大自然的水中山，还是远远不够的。曾巩一个深深的感叹是："金舆陈迹久谁探？"

金舆，华不注的故称。"华不注山，《舆地志》云，一名金舆山。"诗人在此慨叹人们对于华不注的历史陈迹也许少有探究了。接下来，诗人又再次强调并赞赏华不注"高标特起"、直插云端的奇美山势，而与之相对应的，则是古代发生在这里的著名战争：那齐晋大战中壮士们"三周华不注"的故地哟，仿佛至今依然战火弥漫。只是当年逢丑父"舍身救主"的忠勇事迹，已经无处可以寻问，只有甘美的华泉水空自在天宇间流淌。

诗人在历史与现实之间腾挪跳跃，将其在诗句中巧妙而有机地融为一体，思想内涵丰富，于豪迈劲健之中不乏隽秀幽美，读之余味不尽。

除此诗外，曾巩还有一首《登华不注望鲍山》，诗如下：

> 云中一点鲍山青，东望能令两眼明。
>
> 若道人心似矛戟，心中那得叔牙城。

鲍山，在济南城东的现济钢新村内，是春秋时期齐国大夫鲍子牙的食邑。过去，这里还有一座石城，名鲍城。鲍叔牙死后葬在此山。这首诗出典"管鲍之交"。据《史记·管晏列传》：管仲家贫，曾经与鲍叔牙合伙做生意，赚钱后分利益管仲总是多占，但鲍叔牙不认为管仲贪婪，而是深知管仲家贫不得不如此。两个人一同当兵去打仗，管仲经常逃跑，可鲍叔牙不认为管仲胆子怯弱，而知道管仲要保命供养老母。以致管仲感动地说："生我者父母，知我者鲍子也。"

曾巩登上华不注，望见鲍山，他想起管仲与鲍叔牙的故事，大为感动。他通过怀古，情愿以一片善良、温煦之心来看待这个世界。由此可知，曾巩在济南时，经常会攀登华不注，而且要登上顶峰的。

熙宁六年（1073）六月，曾巩调任襄州，济南老百姓以"绝桥闭门"的方式挽留他，曾巩只能于夜深人静时悄悄离去。其后，人们在千佛山建起了曾公祠。清代道光年间，曾公祠在大明湖畔重建，后来被人们习称为"南丰祠"。今日之南丰祠，已成了大明湖的一处重要的人文景观。

在描写华不注的诗文中，曾巩是最早强调华不注的历史文化的，从曾巩开始，对华不注的咏歌开始从山水扩展到人文，从"翠岭嫩岚"到"壮士三周"，华不注增添了历史的厚重感，自然与文化形成了有机的互动。山水的真谛在文化，山水的灵魂是文化，文化才能为山水增添无限的底蕴，并永葆生机的源泉所在。举个例子，佛峪的林汲泉，因周永年而名声大增。前往佛峪与林汲泉观瞻、凭吊的诗人、游客数不胜数，而且大都是奔着周永年与林汲泉而来的。这一事实雄辩地说明：山水景观的灵魂是文化，是名士，是名士文化。武夷山很美，但是让武夷山闻名世界的离不开宋代理学家朱熹的武夷书院，"朱子理学"在这里萌芽、发展、传播天下。有明白人称：武夷山若是没有朱熹的武夷书院，怕是评不上世界遗产的。

泉水，是自然的，而（人的）利用，则是人文，是文化，它形成了文化的结晶。如原始的历下陂到大明湖的过渡，形成了后代乃至千秋万代足以自豪的文化景观、文化气象。作为一名并非土生土长的外籍人士，曾巩对于济南的理解，对于华不注的理解，是非常深刻的，对济南的打造，对泉水的利用，如今看来都是具有前瞻性和开拓性的。他深刻诠释了"泉水利用"四个字并付诸实践，一再地从自然向文化迈进。

沈复《浮生六记》"浪游记快"篇中写道：山水怡情，云烟过眼。故名胜所在，贵乎心得。名胜到了真正懂它的人那里，才彰显出它的价值。

五、 鹊华烟雨成胜赏——元代华不注才人佳制

元代，众多文士被华不注的美景吸引，华不注诗文大量涌现，其中，包括郝经、胡祗遹、王恽、张之翰、刘敏中、赵孟頫、张养浩、于钦、宋褧、吴当等著名文士和诗人、艺术家的名篇佳作。

元代华山诗文的繁荣有两大原因，其一，元初，华不注以其"鹊华落星青照湖"的美姿，成为独与趵突泉相提并论的济南名胜之冠冕。游观者包括文人越来越多，如王恽在其散文《游华不注记》中所说："济南山水，可游观者甚富，而华峰、泺源为之冠。"而在其诗《华不注歌》中吟道"齐州山水天下无，泺源之峻华峰孤"，即为明证。其二，是赵孟頫《鹊华秋色》图的深远影响。

其实赵孟頫《鹊华秋色》图的出现不是一个偶然的现象，而且不是他第一个画出《鹊华秋色》图的。元初，作为鹊华意象的构成之一"鹊华烟雨"（尚不是赵孟頫的"鹊华秋色"）业已引起人们的广泛关注与极大兴趣。

（一）郝经：名泉相会来浸山

赵孟頫之前，元初较有影响的华不注诗文作者，以郝经、胡祗遹、王恽、张之翰、刘敏中为代表。郝经（1222—1275），字伯常。其先泽州陵川（今属山西）人，金亡后徙顺天。诗人、学者。1252 年，忽必烈召咨以经国安民之道，条上数十事，皆称意，遂留王府。忽必烈即位，为翰林侍读学士。1260年，充国信使赴宋践约，被贾似道扣留于真州，拘宋十六年，著述甚丰。著有《陵川集》等书。郝经写有《华不注行》：

> 昆仑山巅半峰碧，海风吹落犹带湿。
> 意气不欲随群山，独倚青空迥然立。
> 平地拔起惊屏颜，剑气劲插青云间。
> 济南名泉七十二，会为一水来浸山。
> 我来方作鲸川游，玉台公子邀同舟。
> 君山浮岚洞庭晚，小孤滴翠清江秋。
> 酒酣兴极烟霏昏，鱼龙惨淡回山根。
> 少陵不来谪仙死，举杯更欲招其魂。
> 魂兮不来天亦老，元气崔嵬山自好。
> 超超绝顶凌长风，注目东溟望蓬岛。

时人称郝经之文丰蔚豪宕，诗多奇崛，此诗即其一例。诗人还别具慧眼地发现"济南名泉七十二，会为一水来浸山"。是的，不仅这华不注平地拔起，独倚青空，叹为奇绝，就连环绕此山的湖水，也是与众不同的，它是晶莹甘甜的泉水呀！郝经还写有济南《金线泉》诗等。

（二）胡祗遹：好营别业结云巢

胡祗遹（1227—1295），号紫山。磁州武安（今属河北）人。曾官河东山西道提刑按察副使、山东东西道提刑按察使、济南路总管。卒后，朝廷追赠其为礼部尚书，谥"文靖"。工诗文、散曲、书法，著有《紫山大全集》，但多散佚。其《华不注山》三首之一云：

历山岩壑尽雄豪，平野孤根迥自高。

脱海青莲明宝供，倚天翠凤理云毛。

三周胜负儿童戏，万古西东日月劳。

不大阴深不艰险，好营别业结云巢。

《四库总目》称胡祗遹"以吏材名一时，诗文自抒胸臆，无所依仿，亦无所雕饰，惟以理明词达为主"。此诗亦然。其称华不注"好营别业结云巢"句，说明其对华山之爱，亦说出当时之风尚。胡祗遹还写有别具一格的词《木兰花慢·留题济南北城水门》：

历雄都大邑，厌车马，市尘深。爱历下风烟，江湖郭郭，城市山林。人家水芝香里，看万屏千嶂变晴阴。无问买山高价，休论寸土千金。

偶因王事惬闲心，佳处更登临。倩万斛泉珠，四围岚翠，一洗尘襟！强齐霸图陈迹，但华山平野耸孤岑。今夕高筵清赏，明朝驲骑骎骎。

词作不仅生动展示了济南"万斛泉珠，四围岚翠""人家水芝香里"之美，而且写出了在济南北城上观看华不注，遥想"强齐霸图陈迹，但华山平野耸孤岑"的沧桑之感。

（三）王恽：天遣一柱标齐墟

王恽（1227—1304），字仲谋，号秋涧。卫州路汲县（今属河南省卫辉市）人。元初著名学者、诗文家和政治家，历官元世祖忽必烈、元成宗铁穆耳两朝，一生五任风宪、三入翰林，直言敢谏，恪尽职守，多有政绩，为一代名臣。曾官山东东西道廉访副使。他博涉经史，著有《秋涧先生大全集》等。写有诗《华不注歌》，文《游华不注记》。元史本传称王恽"文章自谓学于元好问，故其波澜意度皆不失前人矩矱；诗篇笔力坚浑亦能嗣响遗山"。先看王恽《华不注歌》：

齐州山水天下无，泺源之峻华峰孤。

秦鞭有力驱不去，天遣一柱标齐墟。

初疑太素女娲氏，补天断手兹遗余。

又如翠凤鬌郊薮，来应世瑞开昌图。

南山连络虽可爱，未免阿附相承趋。

孤撑直上夹右碣，猛视又似天门貙。

庆封齐豹两元恶，哆哆犹露雄牙须。

不然齐太史，冤血凝碧老不渝。

化成直笔插天外，堂堂使表春秋诛。

乾坤乃有此雄跨，未许鹊药争头颅。

江山胜概尽轩豁，远客吟眺增踟蹰。

李白上天不可呼，云烟变化何须臾。

后人摹写觑天巧，百匝空绕青芙蕖。

文章李杜光焰在，有诗无诗将何如。

我思齐晋迭雄长，山灵枉被兵埃污。

桓公九合犹霸事，三周其下真夸诛。

会须扶策凌绝顶，望入苍梧叫帝虞。

王恽的确是以劲健遒苍、浑厚夺人的笔力，写出了华不注的雄奇峻拔之势。而较之此诗，他的散文《游华不注记》更见风采，特别是他自历下亭登舟渐至华山的一段描写：

北际黄台，东连叠径，悉为稻畦莲荡，水村渔舍，间错烟际，真画帧也。于是，绿萍荡桨，白鸟前导，北望长吟，华之风烟胜赏，尽在吾目前矣。是日也，天朗气淑，清风徐来，水平不波，鸣丝歌板，响动林谷，举酒相属，开口而嚎。少顷，扶掖登岸，相与步入华阳道观。

这真是碧波青山，烟雨浩渺，人在其中，一派情景交融、鱼鸟相亲的美丽动人景象如在目前，令人不禁想起乃师元好问《济南行记》中那段描写华不注的著名文字，真是隽美洒脱，如出一辙。而济南章丘诗人、一代名臣刘敏中亦写有《湖亭泛舟抵华峰下作》，中有"日夕山风吹醉醒，雪涛和月撼归舟"和"不尽草花随远近，相忘鱼鸟自沉浮"的诗句，恰与王恽文章写华山之水雪涛浩渺、鱼鸟相望的情景相印证。

谈到元代华不注散文，值得一提的还有官居礼部尚书、翰林院承旨的博学史家张起岩的《迎祥宫碑记》，其中称济南"环城诸山，不雄且丽"，"而巉岩万寻，孤撑云表，则华不注为之冠。峻秀之语，见称李白，非偶然也"。

（四）赵孟頫：抱膝独对华不注

谈到华山艺文，对后世影响最大的当然是赵孟頫。他的《鹊华秋色》图将有专章论述，此处先谈他的华不注诗。

赵孟頫（1254—1322），字子昂，号松雪道人，元代书画大家，浙江湖州人。赵孟頫是宋太祖赵匡胤十一世孙，生平跨宋、元两个朝代。他"幼聪敏，读书过目辄成诵，为文操笔立就"。青年时期仕于南京，为真州司户参军。"宋亡，家居，益自力于学"。

后元廷委派程钜夫"搜访遗逸于江南，得孟頫"，当时的赵孟頫"才气英迈，神采焕发，如神仙中人"。元世祖初授其兵部郎中，后迁集贤直学士。因其能力出众，精通治道，元世祖又打算让他参与中书政事，"孟頫固辞，有旨令出入宫门无禁"。此后"孟頫自念久在上侧，必为人所忌，力请补外"，后赵孟頫被任命为同知济南路总管府事。当时总管缺任，赵孟頫得以"独署府事"。

赵孟頫在济南任职共有三年多的时间，充分展现了他的从政才能和治理水平。在此期间，济南官事清简，社会安静。赵孟頫有着高超的案件审理能力。"有元掀儿者，役于盐场，不胜艰苦，因逃去。其父求得他人尸，遂诬告同役者杀掀儿，既诬服。孟頫疑其冤，留弗决。逾月，掀儿自归，郡中称为神明。"

赵孟頫同时是一位文化素养极高的艺术大家，他为发展济南的地方文化所作出的杰出贡献更是卓然可传。他在济期间，"为政每以兴学校为先务"，他改善府学条件，以致"笾豆充羡，生徒来集"，他奖掖文士，提携学子，每遇能为辞章者，即大加赞誉。他夜出巡视，闻有读书声，便记其住所，次日派人送来好酒以示慰问。

赵孟頫在公务之暇常与夫人管道升到趵突泉、大明湖、华不注等处游赏。

赵孟頫在济南的诗歌创作，以《趵突泉》诗最为著名。古往今来，写趵突泉的诗文作品数不胜数，而赵孟頫的这首诗却独占鳌头，享尽风华，所谓"南丰二堂之记，子昂濯尘之篇"是也。赵孟頫诗出，犹如在诗坛上刮起一股飓风，掀起了一个"和诗运动"，王培荀称："赵松雪一诗，和者千人"（参见《乡园忆旧录》），足见此诗在诗坛上影响之深远。

据考，赵孟頫的官舍在济南的东仓。另据清代王士禛考证，他在"济南郡城西北十里"的泺口一带名为砚溪的地方建有别墅，其中有泉名洗砚泉。王士禛说："历下孙氏有别墅在济南郡城西北十里，而近其地四面皆稻塍，与鹊、华两山相望。圃中有泉，相传赵松雪洗砚泉也。一日，园丁治蔬畦，得石刻于土中，洗剔视之，乃松雪篆书二诗……"

这段记述真实可考，书中提到的诗刻石现存于济南市博物馆。这两首诗一为七古，一为七绝。

下面来看赵孟頫的这两首诗：

> 抱膝独对华不注，孤襟四面天风来。
> 泉声振响暗林壑，山色滴翠落莓苔。
> 散发不冠弄柔翰，举杯白月临空阶。
> 有时扶筇步深谷，长啸袖染烟霞回。
>
> 竹林深处小亭开，白鹤徐行啄紫苔。
> 羽扇不摇纱帽侧，晚凉青鸟忽飞来。

（据冯云鹓《济南金石志·历城石》）

据诗意，赵孟頫当在北郊的洗砚泉别墅中，面对鹊华烟雨，荷塘田田，感慨大发。这首诗充满文人雅趣，作者聪明地将自身也写了进来，一个"散发不冠弄柔翰，举杯向月临空阶"的自由自在的文人雅士，一个"有时扶筇步深谷，长啸袖染烟霞回"的山人形象，全诗清邃奇逸，令人读之人有飘飘出尘之想。诗作表现了诗人与华山与大自然亲切交流的温馨情怀。

难怪多年后，清代诗人董芸依然为此大发感慨："清泉白石砚溪村，几度临池渍墨痕。纱帽笼头挥羽扇，风流犹忆赵王孙。"

（五）张养浩：　星月满湖归路晚

元代，为华不注作出传神写照的还有咱们的济南老乡张养浩。

张养浩（1270—1329），字希孟，自号齐东野人，别号顺庵，晚号云庄老人。济南人。先世济南章丘人，祖父张山奠居济南，遂为济南人。

张养浩 17 岁时作七律《过舜祠》，19 岁作《白云楼赋》，"以才行名缙绅间"。初任堂邑县尹，惠政在民，有口皆碑，去后十年，民众犹为立碑颂德。元武宗至大元年（1308），拜监察御史，因上《时政疏》，请求改革弊政而触怒当权者，被贬为翰林待制，旋又被罢官。元仁宗即位，被召为右司都事，后历任秘书少监、陕西行台治书侍御史、右司郎中、礼部侍郎等。元仁宗延祐五年（1318）拜礼部尚书。元英宗即位之初，参议中书省事。

其后，张养浩弃官归隐济南城西北之云庄，过了近八年的隐居生活，其间七次拒绝朝廷征聘。而在天历二年（1329），关中大旱，朝廷召其任陕西行台御史中丞前往赈灾，他却义无反顾，立即登车就道。到官四个月就因操劳过度而去世。朝廷赠授其为陕西等处行中书省平章政事，追封滨国公，谥"文忠"。其诗文结集为《归田类稿》，另有散曲集为《云庄休居自适小乐府》。

张养浩是我国历史上著名的政治家、散曲家和诗人。苏天爵谓其为"一代伟人"，尹旻称之为"齐鲁一人，今古罕俪"。

下面是张养浩《游华不注》诗：

苍烟万顷插孤岑，未许华山冠古今。

翠刃劐云天倚剑，白头归第日挥金。

攀援正欲穷危顶，歌舞休教阻壮心。

星月满湖归路晚，不妨吟棹碎清阴。

以赤子之情描摹故乡山水，无论数量之多还是质量之高，张养浩都堪称历代济南名士中的佼佼者。

周永年曾在重刊《归田类稿》序中说：济南山水，"自郦道元《水经注》外，房豹、李、杜、苏、黄、曾、元诸公，仅见于诗篇。李文叔有《历下水记》，其书已不存。"而张养浩归卧云庄多年，"于环城之溪光山色，刻画清新，为诸家所未及。而各体之文，往往神施鬼设，自辟门庭"。这评价极为中肯剀切。

这首《游华不注》诗清丽雄放，气盛词达，能道人所欲言。

"苍烟万顷插孤岑，未许华山冠古今。"

这是与另一同名华山的对照，此华不注虽小，但其刺云倚剑的气势却实在不同凡响。

"星月满湖归路晚，不妨吟棹碎清阴。"

结句则精妙地写出了华不注作为湖中山、水中山的月夜之美诗意之美，令人回味无穷。

六、 边贡： 旧是齐侬钓游处

华不注的深远影响，在明清达于极致。明代王廷相、边贡、王世贞、李攀龙、许邦才、亢思谦、黄克缵、严一鹏、刘敕、刘橄、刘朝宗、陈翾、王象春、王大儒、叶承宗、李焕章等均写有华不注的众多诗文作品。

有明一代，在文坛上影响最大的，莫过前后七子了，而与华不注结下深厚情缘的前后七子便有四位。

我们先来说说边贡。

边贡（1476—1532），字廷实，号华泉，祖籍江苏淮阴，元末其六世祖朝用因避战乱迁居历城华不注山之阳的姚村（今历城区姚家镇）。三代以后，成为历城华族。祖父边宁，官应天府治中；父边节，曾任代州知州。

明弘治九年（1496），边贡中进士，授太常博士，深得孝宗赏识。十八年（1504）除兵部给事中，虽重忤时贵，但他毫不退缩畏避。孝宗驾崩，他上本弹劾太监张瑜与太医刘泰、高廷和用药之误，又上《言边患封事》本，弹劾太监苗逵、保国公朱晖、都御史史琳用兵之失，词义剀切，闻者凛然。正德初迁太常寺丞，因不善事刘瑾，正德四年（1509）外放河南卫辉知府，后改荆州知府，颇有治绩，擢山西提学副使，但因丁父忧而未莅任。父忧服除，正德十年（1515）起为河南提学副使，申条教，勤考校，士风大振。十二年（1517）以母忧归。世宗即位，即起为南京太常寺少卿，转刑部右侍郎，不久又拜户部尚书，因久居留都，悠闲无事，乃游览江山，饮酒赋诗，夜以继日。嘉靖十年（1531），嫉妒其名声的右都御史汪鋐劾其纵酒废职，遂致仕回乡。

边贡在大明湖畔筑万卷楼，蓄书籍、金石甚富。想不到嘉靖十一年（1532），书楼为大火所焚。边贡仰天大哭曰："嗟乎，甚于丧我也。"从此一病不起，于次年辞世，终年57岁。边贡葬在历城县东南的莱家庄。

有明一代，前后七子辉耀文坛。王士禛说："明诗莫盛于弘正（弘治、正德年间），弘正之诗莫盛于四杰。"所谓"弘正四杰"指的是明代"前七子"中的佼佼者李梦阳、何景明、徐祯卿和边贡。由此可以看到边贡在明代诗坛上的显赫地位。而从济南文学的角度着眼，边贡的地位更为重要，王士禛指出："吾济南诗派大昌于华泉（边贡）、沧溟（李攀龙）二氏，而筚路蓝缕之功，又以边氏为首庸。"

边贡对家乡济南尤其华不注有着深厚的感情，他曾在诗中说：

> 我济富山水，人称名士乡。

（《春日卧病寄刘子希尹王子孟宣》）。

华山与华泉，自古为济南的名山胜水，而边贡居家期间曾在华山与华泉之间筑起西园别馆读书、居住，并自号华泉、华泉子，其诗文集亦名《边华泉集》《边华泉集稿》等。其与华山的渊源之深厚可谓无以复加。

边贡故居姚家村即在华不注之南数里。边贡有《过姚村旧业村有先君子遗陇》诗，称"百年桑梓地，回首一伤魂"。写来情深意长，感情至深。而其定居西园别馆后，他激动万分地写下《卜山居城有作》诗：

> 久定华山约，今来始卜居。
> 梦游曾屡到，心赏复何如？
> 圃巷环高柳，渊泉抱古墟。
> 从兹簪与绶，当有绝交书。

在这首诗中，诗人说，他早就与华不注定下约定，将来一定到山脚下居住，今天终于实现这个积久的心愿，这可是连做梦都多次梦到的地方啊！他写这里的景色是"圃巷环高柳，渊泉抱古墟"，读者自可想象到此地当时的美景。还有，似乎一提到华不注，他就激动得难以自抑。如他在《分题得鹊山湖送维正李宪副之山东》一诗中写道："堰北山灵鸟相聚，对面潀溁华不注。山前绿稼隐茅茨，旧是齐侬钓游处。"诗人自述：华不注山前的绿树禾稼之处，那就是我过去钓鱼游乐的地方啊！还有比这更亲切感人的诉说吗？边贡深以他家居华不注而自豪，以为这是当年李白、李邕等名家赏游并加以浪漫礼赞的名胜之地，他豪迈地吟唱道：

> 横桡越水浒，飞踏青芙蓉。
>
> 华阳洞口跨白鹿，醉吹玉笛呼眠龙。
>
> 长镵野老逐李邕，锦袍仙人随赤松。

另外，边贡与华山的百姓、居民也结下深厚情感。如他曾写下《寄华山人》诗：

> 山人归薜萝，迢递两年过。
>
> 道远情无那，秋来兴若何？
>
> 隰霜收早稻，江日曝寒蓑。
>
> 不见云中鹄，空传招隐歌。

（清康熙四十四年刻本《边华泉集》八卷卷三）

华山人为谁，今已不得而知，但由此诗可知，边贡已经和华山的居民成了好友，成了莫逆之交。此外，边贡还为华山人所作的梅花画作题诗，诗写得情意款款，温馨暖人。诗名《题梅赠华山人》：

> 梦里神交几见亲，画中还比梦时真。
>
> 岁寒心事东风面，人与梅花一样春。

边贡还写有专咏华不注的《与平厓林豸史泛湖北抵华不注山夜从陆归二首》，以下是这两首诗：

> 泛舟出近郭，落日半溪阴。水阔蒹葭净，山寒烟雾深。
>
> 壶觞不尽兴，丝竹有余音。独恨黄花少，犹烦隔浦寻。
>
> 黄昏过别业，却见旧山僧。客驾聊云息，乡愁转更增。

审美济南

水光浮夜月，林影散秋灯。隔苑闻寒犬，高轩醉懒乘。

我们以第一首为例做些分析。这首诗写了华不注之美，特别是作者深秋游览华不注的雅兴和愉悦心情。首句写诗人与好友泛舟出大明湖及济南城郭，进入可直通华山的水道，而此时西边的落日将流水铺成半溪金黄。这也顺便点明了出游的时间。"水阔兼葭净，山寒烟雾深"则是对华山美丽景致的描摹。水阔，指水势浩荡阔大；兼葭，芦苇，深秋时节，芦苇枯萎刈割将尽，更显见一片碧水秋空，浩渺澄澈。而"山寒烟雾深"，写的正是水汽空蒙、如诗如画的鹊华烟雨的美丽景致，山寒，不是山的寒冷，而是人的主观感受，这是写诗的妙诀，即写主观感受的真实。这也显示出出游的季节：秋杪。在这样的美景面前，诗人与友人兴致大发，不仅畅饮美酒，而且吹竹弹丝，其乐不可支之情状如在眼前。"独恨黄花少，犹烦隔浦寻"，"独恨"二字，从表面看来，似乎是一种遗憾，其实，这是诗人采用的欲扬反抑的手法，你想想，要隔着水浦到水的那边去寻找菊花，那兴致该是何等的高涨，这叫作意在言外。

纵观全诗，正是边贡平淡和粹、沉稳流丽、"兴象飘逸，而语亦清圆"的美学风格。明代前后七子的复古运动倡言"文必秦汉，诗必盛唐"，而边诗的妙处正在于借鉴吸收唐诗在兴象情韵方面的成就，善于运用生动鲜明的形象（意象）表达丰富悠长的意味。

七、 前后七子与华不注： 王廷相、 李攀龙

与边贡同一时期，对华不注怀有无限深情的还有边贡的好友、明代"前七子"之一的王廷相。

（一） 王廷相： 绿波绕山年年在

王廷相（1474—1544），字子衡，号浚川。明代仪封（今河南省兰考县）人。弘治十五年（1502）进士。选庶吉士，授兵科给事中。刘瑾当政时受陷害。嘉靖初屡迁四川按察司佥事、山东按察司副使兼提督学政。嘉靖二年（1523）再迁山东右布政使，以右副都御史巡抚四川，累迁至南京兵部尚书兼

140

都察院左都御史掌院事。卒谥肃敏。著有《王氏家藏集》《王浚川所著书》等。王廷相博学多才，节义文章，并著于世。清初，杨时荐在《王氏家藏集序》中称"浚川为明朝麟凤，德业文章卓冠时髦"。

王廷相《华不注歌》：

> 岌嶪登齐城，瞰华不注峰。苍壁峭孤云，怪石蟠虬龙。惊风喷荡万里来，灵气直与秋争雄。岱麓群峰秀袅娜，莲蕊芙蓉万千朵。白日云霞相蔽亏，梁父徂徕明一火。崒嵂华不注，别出三山支。仙人移家过西海，坠落拳石成崔嵬。平地突兀青刺天，不一倚附资维持。我昔东游走其下，泉上盘石一停马。峚磴查牙不得上，胸次巉天讵能泻。济水奔流东入海，绿波绕山年年在。紫凤不来乌鸢翔，石上琅玕日沉彩。呜呼！风尘颎洞兮，逢时之危，龙蛇遁藏兮，豺狼恣睢。孤臣独立兮，不愧兹石，浩荡沈瀯兮，极于两仪。

他以粗犷有力的笔触描绘山的状貌与气势："苍壁峭孤云，怪石蟠虬龙。"而"峭"与"孤"及多奇石怪石，正是华不注的典型特点。接着，诗人笔锋一转，又从山容山貌写到山周围的环境："济水奔流东入海，绿波绕山年年在。"想想看，绿水浸山，波光潋滟，水秀山明，青翠如滴，这是何等的美景，何等的韵味。而本诗的特点还在于它蕴含的诗外之境，言外之意。从"平地突兀青刺天，不一倚附资维持"到"孤臣独立兮，不愧兹石"，我们可以看到诗人深心之中的象征与寄托。

吴景旭称王廷相诗"大抵规摩三谢，故五言神似"。钱谦益虽对王廷相诗作不无微词，但也不得不承认他高自标置，"起何、李之后，凌厉驰骋……其托寄亦高且远矣"。

（二）李攀龙：一峰深注白云孤

无独有偶，在边贡、王廷相之后的明代嘉靖、万历年间，文坛上又出现了以李攀龙、王世贞为代表的"后七子"。而与华不注缘分深厚的济南人、后七子领袖李攀龙，甚至被他的当代人称作"华不注"。如明代章丘知县、政声文名都颇为卓著的董复亨在其《繁露园集》中说："予读边、李二公及《函山文集》，庭实若泺上之泉，于鳞若华不注，函山则大明湖……可称'历下三绝'。"在这里，董复亨将边贡（字庭实）比作趵突泉，将李攀龙（字于鳞）比作华不注山，而刘天民可以媲美大明湖。董复亨将李攀龙比作华不注，显然与李攀龙和华不注的渊源与感情，特别是他独立不倚的精神风骨与华美高雅的诗歌风格密切相关的。

李攀龙（1514—1570），号沧溟，字于鳞，祖籍济南长清，自其曾祖父起徙居历城韩仓店。他九岁丧父，家境贫寒，勤奋读书。嘉靖二十三年（1544），李攀龙中进士，官授刑部广东司主事，不久升员外郎，又升郎中。其间，他参与了吴维岳、王宗沐等人的诗社，又与王世贞、谢榛、徐中行、宗臣、梁有誉等结识，正式形成"后七子"文学团体，李攀龙遂成为一代文坛领袖。嘉靖三十二年（1553）秋，他出任顺德知府，有善政，三年后升陕西提学副使，因与上官陕西巡抚殷学不和，又有感于数次地震，遂谢病告归。隆庆元年（1567）李攀龙出任浙江按察副使，不久被擢为河南按察使，因母卒扶柩归乡，并因哀毁得疾，后心痛病突发病逝，葬于柳沟（今北马鞍山之东）。

李攀龙一生创作了1400余首诗歌，各体兼备，尤以七律成就最高，堪称明代之冠冕。王世贞《漫兴十绝》誉其诗品之高为"峨眉天半雪中看"；胡应麟《诗薮》称为"高华杰起，一代宗风"；沈德潜称其"高华矜贵，脱弃凡庸"。

我们且看李攀龙的《登山绝顶》：

中天紫气抱香炉，复道金舆落帝都。

二水遥分青嶂合，一峰深注白云孤。

岱宗风雨通来往，海色楼台入有无。

不是登高能赋客，谁堪洒酒向平芜。

"中天"，即高空中，当空。"复道"，楼阁或悬崖间有上下两重通道，称复道，此处指楼阁间架空的豪华通道。"金舆"，古代帝王乘坐的车轿。这句的意思是，云气缭绕的烟雨鹊华，犹如耸立在天宇间的一个冒着紫气的香炉，也似帝王乘坐的车轿，行进在帝都豪华的复道之上。这首联即出手不凡，显示大家风范。李攀龙用出人意料的"紫气香炉"和"复道金舆"两个妙喻，写出了华不注的美丽景致与华贵风采。华山不仅是著名的"三周华不注"的古战场，其山与水（华泉）也早已著录经传，其华贵自不待言，而金舆不只是古代帝王乘坐的车轿，它也正是华不注的又一名称。这显示着诗人的构思之妙。

"二水"，指济水（大清河）与小清河，它们虽然相隔一定距离，但青山却将它们连为一体，这是何等美妙的景色，由此句也可看出，诗人是站在华山的绝顶以畅远目，且紧扣"登山绝顶"的诗题，而"一峰深注白云孤"则与"二水遥分清嶂合"形成巧妙、工稳的对仗，并托出华不注孤岸峻拔的气势。

"岱宗风雨通来往，海色楼台入有无"，古人认为，华不注为泰山余脉，"类泰山石，其脉皆根于南山"。而站在华不注峰顶可东眺大海，这是何等壮观的气象。于是，诗人与友伴在峰顶饮酒赋诗，豪情满怀，发出"不是登高能赋客，谁堪洒酒向平芜"的豪迈吟唱。《诗经·鄘风·定之方中》："终然允臧。"毛亨传："升高能赋……可以为大夫。"赋，写作；登得高，看得远，能够描绘形状，铺陈事势。登高能赋，喻指国家的有用人才。在这里，李攀龙显然是以"登高能赋"自居的，这固然出自他清高孤傲的"狂夫"性格，但就他的德才而论，也是恰如其分的。而这一切，都是由登上华不注峻拔的绝顶引发的。

李攀龙还写有《登华不注山送公瑕》一诗：

> 鸿雁高飞木叶丹，逍遥台上一凭阑。
>
> 浮云不动孤峰起，落日长临二水寒。
>
> 多病故人书未达，中原秋色醉相看。
>
> 预愁匹练江南道，极目吴门驻马难。

此诗，诗人除了用鸿雁高飞、木叶吐丹，"秋色醉相看"等来描画华不注的美丽景致外，还妙用"寒""难"等字，情景交融地表达了朋友之间依依惜别的深厚情谊。

八、 前后七子与华不注： 王世贞

李攀龙死后，后七子另一位领袖人物独主文坛二十年，声势浩大，他就是王世贞。王世贞（1528—1590），字元美。江苏太仓人。

王世贞学问广博，著作甚富。虽其摹秦仿汉，拟古主义与七子门径相同，"然其才学富赡，规模终大。譬诸五都列肆，百货具陈，真伪骈罗，良楛淆杂，而名材瑰宝，亦未尝不错出其中"。

王世贞写有《济南道中望华不注》：

华不注何崎岖，青山削立峰岑。
寄语三周铁骑，何如一杖登临。

冠盖人人白雪，生涯处处青山。
莫怪攀龙任酒，王生犹在人间。

欲雪千山自暝，将风万树生寒。
偿债半生车马，误人一世衣冠。

翛翛桧栝风紧，蔼蔼桑榆日斜。
莫怪牛羊未下，中峰自有人家。

由诗题可知，王世贞不是"登"山，而是"望"山，是诗人在济南道上望见华不注而产生的联想与感慨。第一首，诗的前两句，写华山的美丽景致，然后笔锋一转，诗人说，在如此好风景面前，我要寄语那些三周华不注的将士们，你们冒死拼杀，哪里比得上登上华不注峰顶一赏大好风光呀！

对于数千年前那场轰轰烈烈的战事，诗人竟出一如此宁静淡泊之语，这是看惯沧桑的超然与达观，诗作充满着"青山依旧在，几度夕阳红"的历史哲学意蕴。

第二首，"冠盖"，指官员的服装与车乘，此处指官员、官宦人家，"白雪"，喻指高雅的诗词，亦可指李攀龙的诗作与生活方式。全句的意思是，官宦们人人追求高雅的诗词或李攀龙的风格，而居处亦选择在青山之下，像李攀龙那样生活在华山与鲍山之间，这大概是当时的一种风尚吧。而居住在青山绿水高楼画阁之间，难怪李攀龙要饮酒赋诗，而王生（疑指仙人王子乔）也要降落人间享受无穷之乐了。

而从第三、第四首我们可以看到明代的华山风貌与气象。

其一，树木繁茂（翛翛桧栝，蔼蔼桑榆，万树生寒）。

其二，山半腰有山民居住，且尽享田园耕家桑木之乐，这是一番多么美好动人的情景啊。

王世贞这组诗，写来轻快活泼，幽默逗人，实可谓平实中有深意，淡泊中含至味。

九、 言简义丰， 思致清远： 明代华不注散文概观

明代，写华山的散文逐渐增多。作者大多为宦居山东、济南的官员及文人雅士。如嘉靖年间袁洪愈《游华不注漫记》，亢思谦《游华不注记略》《续游华不注峰》，陆釴《崇正祠碑记》，以及万历、崇祯年间贺一孝《济南府重建崇正闸记》，李焕章《登华不注记略》，刘敕《泰山行宫醮社碑记》《华山新建泰山行宫醮社记》《泰山行宫建庙碑记》等。

这些散文大多言简义丰，富于韵味，具有较深的哲理与较为高远的境界。如袁洪愈《游华不注漫记》。

袁洪愈（1516—1589），字抑之，号裕春。吴县人。举嘉靖二十五年（1546）乡试第一。明年成进士，授中书舍人，擢礼科给事中。因弹劾严嵩亲信、检讨梁绍儒阿附权要等事，为时任大学士的严嵩所忌，出为福建佥事。历河南参议、山东提学副使、湖广参政，所在以清节著。嵩败，召为南京太仆少卿，寻迁太常。万历中，迁南京工部右侍郎，进右都御史，掌南院事，改礼部尚书。万历十五年（1587），就改吏部。其冬引年乞休。帝重其清德，

加太子少保致仕。

这篇漫记写于明嘉靖四十二年癸亥（1563），即袁洪愈在山东提学任上。作品描写了华山景致特别是仲春既望月色之美（"日霁风和，人情畅如""月出东岫，景致奇也""翘首以观，有凌霄之想"），富有文人雅趣（"棋敲石上云，并拟蓬莱仙侣；杯引溪边月，同开寰宇尘襟"），特别是在登山之余展示了深沉的人生与历史之叹惋："此月之明，此山之高，始天地而始焉，终天地而终焉；吾人者，寓形两间能几何时？而欲与造物者相为不朽，则必有道矣。"

而此次与之共同登山的亢思谦写有《游华不注记略》《续游华不注峰》，亦有异曲同工之妙。

亢思谦，福建闽县人，明嘉靖二十六年（1547）进士，四十一年（1562）任山东右布政使。著有《慎修堂集》。

在《游华不注记略》中，他写道："仰视孤峰，四无延附，峭拔特起，如碧凝黛染，直侵云表；奇石杂列，若虬龙虎豹，盘踞奋扬。"而登上峰顶"俯视齐城，若在几席下。群山环峙，泉流交注；湖光树色，映带左右；斜阳暮霭，晃耀飞扬，诚天下奇观也"。描写华山景致，由下而上，舒展有致，可谓生动传神。

值得一提的还有乡人刘敕的作品，刘敕（1560—1639），字君授。明代济南府历城县（今济南市）人。明万历七年（1579）举人，之后屡考不售，遂以举人身份出任陕西富平县知县。在任期间，他减赋税，重文教，受到乡人的敬重。后辞官归家，无意仕进。

刘敕在学术上有重大成就。他曾为忠孝二经作注，被礼部采用，成为各级学校的教材。崇祯五年（1632），刘敕又编成历城县历史上第一部县志《历乘》，全书共 18 卷 10 万余字，此书对后世影响很大。刘敕性耿直，尚气节。崇祯十二年（1639），清军进攻济南，刘敕不屈被杀害，其子弟亦被杀害。乡人感其忠诚，为他建立了牌坊，名为"三齐文献"。

刘敕还著有《岱史》《白鸥阁集》《海岱吟》等，写有诸多华山诗文作品。其文章大多为碑记之类，而其文采焕然，思致清远。

在这些文章中，除了他对华山的精彩描绘（如"平地突起，孤峰插天，小清绕于前，大清绕于后，盈眸苍翠宛若芙蓉，足称历之胜概"），令人眼界大开的是他的鬼神观，他说："神在若有若无之乡，苟不求之神明而求之心，则一念之善，一念之神也。"在那样的年代，如此话语，直如醍醐灌顶，不同寻常。

难怪公鼎说他"卜筑明湖之上，日与鸥鹭相狎，故其发调清远，修辞秀雅，尝出物情之外，余故谓君受之长以风也"。

十、 清初五进士同游华不注考

济南东北的华不注，清代之前作为济南的第一名山，有"花鸟之盛，不下虎丘"之誉（全祖望《游华不注记》），引得文人雅士纷纷登临，发思古之幽情，赋华美之文章，如郦道元、李白、曾巩、元好问、赵孟𫖮、边贡、王廷相、李攀龙、王世贞等。到了清代，华山景致虽大不如前，而诗文作品却成倍剧增。单是清初顺治年间，五进士同游华不注并赋诗刻碑，已经是很值得传颂的文人雅事了。

这事发生在顺治丁酉年（顺治十四年，1657），五位顺治朝的进士，分别是严沆、李世洽、陆朝瑛、施闰章、堵廷棻，他们在重阳节后四日相约同游华不注山，兴酣之际，以《丁酉重九后四日同登华不注》为题，以"秋"字为韵，由严沆首唱，每人赋诗一首，并且刻成石碑，镶嵌在了华不注山脚下华阳宫西侧泰山行宫的后墙上（参见《济南第一名山——华不注》，济南出版社 2015 年版）。

明清之际，文人雅士燕集于名山秀水，诗酒相酬，也算是平常之事，不过这同游华不注的五位进士，有三位当时在济南为官，陆朝瑛（字石斋）任山东按察司金事、分巡济南道，施闰章（字尚白，号愚山）为山东提学金事，堵廷棻为历城知县，他们三人同游倒是可以理解，但严沆、李世洽二人何以在丁酉之年来到济南，并与另外三人同游华不注同题赋诗呢？近日，笔者经过多方考证，终于弄清楚他俩来济南的原因。

原来，他们二人丁酉年来济南不是偶然的，这是济南也是山东政治文化领域的大事，这年他们被朝廷任命为山东乡试的主考官，因此来到济南履职完成这一重大使命。

李世洽，字君渥，为顺治丁亥科进士。河北束鹿人。据民国《束鹿县志》记载：李世洽"初授江南太湖县知县。甲午年升任兵部武库司主事，丙申年升任武库司员外郎，本年升车驾司郎中；丁酉（1657）年加一级为山东乡试主考"。要说李世洽与济南真是缘分深厚。三年后，他又升任山东督粮道参议。其父李鸣珂明崇祯初年曾任山东盐运使，李世洽说不定小时便是在济南长大的呢。

严沆，字子餐，号灏亭，浙江余杭人。顺治十二年进士，官至户部侍郎，总督仓场。为"西泠十子"之一。据清钱仪吉《碑传集·严侍郎沆传》记载："丁酉，江南科场舞弊，各省举人皆复试，惟公所主山东试，奉旨不必覆试。"也就是说，严沆也是在丁酉年来到山东主持乡试的主考官。

说起丁酉年科场舞弊，这是清初最为轰动的科场大案。先是顺天府的北闱乡试后，民间盛传考官徇私舞弊，收受贿赂，为权贵大开方便之门，被给事中参奏后，经查属实，顺治皇帝大怒之下，七名官员被斩首抄家。之后是江南的南闱乡试，落榜考生不满考试结果，以各种方法制造舆论，传到京城，南闱的考官们也纷纷掉了脑袋。这两科的新进举人，都被召至京城，由皇帝出题，重新进行考试，考试不通过者被革去了功名，甚至籍没家产，惨遭流放。

而严沆、李世洽主持的山东乡试，却"奉旨不必覆试"，可见主考官公正严明，清廉自守，让参考的士子们心服口服，没有闹出什么丑闻。科场结束后，卸下差事，严沆、李世洽二人在施闰章等人的邀约下，遍游济南山水，在《施愚山集》（黄山书社1993年版）中，我们可以看到当年施闰章陪同严沆、李世洽游览济南名胜的诸多诗作，如《同严子餐给谏李君渥枢部泛明湖》《趵突泉送严子餐都谏北还时主考山东》等，而这后一首诗题的小注"时主考山东"，又提供了一个严沆作为山东乡试主考的佐证。

以上五位进士中，诗名最高的就得算是施闰章了，当时诗坛上便有"南施北宋"之称（指施闰章与宋琬）。碑刻上施闰章的这首华山诗，展现了华山的景象与诗人登高怀乡的思绪（"蹑屐华峰最上头，孤亭盘石卧淹留"，"凭高何事添惆怅，回首乡园松菊秋"）。然而，据《施愚山集》，他还写有一首和以上诸人的华山诗，诗题为《华不注同子餐君渥石斋赋得秋字》：

峻嶒孤障逼天愁，绝顶横看沧海流。

自觉浮生妨白眼，醉邀落日坐清秋。

谈天稷下名虚在，跃马中原战未休。

苍茫寒云阴万叠，谁知今有谪仙游。

这首诗无论气势还是韵味，显然都比诗碑上的诗要好得多。尤其诗的前两联，"峻嶒孤障逼天愁"下一"愁"字，"醉邀落日坐清秋"下一"邀"字，将华不注完全拟人化了，这就将华不注孤峰插云的威逼气势和看惯人间沧桑的放达潇洒生动地展现出来，实在是难得的佳作。这样看来，施闰章共写了两首华山诗，不知是否因为对前一首（恐怕为即景应时之作）不满，而在其后或结集时另作一首，也未可知。

十一、 全祖望：言简意赅绘名山

清代，写华不注的散文作品亦复不少。比如阮元在其《小沧浪笔谈》的作品，还有朱照、王培荀在其著作中对华山景致的美丽抒写。康熙至民国，由乡贤赵履恭、刘鹤岭、李沅等撰文《重修泰山行宫碑记》《重修华阳宫四季殿碑记》《重修泰山行宫十王殿碑记》《茶棚碑记》等众多碑记除宗教内涵外，这些碑文大多对华山描景绘物，富有文采。

清代散文中，尤值得一提的是全祖望《游华不注记》。

全祖望（1705—1755），字绍衣，号谢山，小名补，自署鲒埼亭长，学者称谢山先生。浙江鄞县（今宁波市鄞州区）人。清代史学家、文学家和思想家，浙东学派重要代表。乾隆元年（1736）荐举博学鸿词，同年中进士，选翰林院庶吉士，为李绂所重用。因李绂与张廷玉不和，散馆后以知县任用，遂愤而辞官不复出，专心著述。所著有《鲒埼亭集》。

这篇散文不足 300 字，但却极富史料价值和文学价值。

作者写的是他在雍正九年（1731）夏天游历华不注的经历，为后人留下当年华不注难得的真实景况与面貌。

其一，当时华不注景致已大不如前，而声名不减："山中乱石横亘，蹊径芜塞"，"而前辈盛称鹊华秋色，故再过之"。游览已无水路可直达，"向罗学使竹园借骑……游"。

其二，山半"汲华泉"，这说明当时山半有泉，许是当年山下华泉淤塞，山门以山半之泉代之。

其三，华不注最为明媚之时在明代及之前："沙门为予言：'明德邸在历下时，此间花鸟之盛，不下虎丘。'"当然，作为历史风景名山，华不注风韵犹存，全祖望以诗意之笔描摹道："登其巅，直见渤海。时则天风飒飒，始知秋气。山门青绿，隐隐初有萌芽。道元'单椒秀泽，虎牙兀立'之语，可为神肖，不能复措一词。"真的是美不胜收！

如此短小的一篇文章，却有着如此丰富的历史信息和审美韵味，这充分展示了全祖望不唯作为历史学家，而且作为文学家的睿智与才华。当年写这篇短文时，全祖望只有23岁。所以，作为一名出色的历史学家，他的《梅花岭记》成为传颂千古的文学名篇也不是偶然的。

十二、 乾嘉学术泰斗阮元的华不注情缘

（一）阮元： 文武兼修， 学者仰为山斗

翻开历史，宦居或寓居济南的官员和名士中，与华不注关系非凡的数得上阮元。

据《清史稿》，阮元：

> 身历乾嘉文物鼎盛之时，主持风会数十年，海内学者奉为山斗焉！

阮元年轻成名，文武兼修，一生历经政治、军事、学术、艺术、历史考古多个领域，多有不凡业绩甚至辉煌建树。

阮元字伯之，江苏仪征人，清乾隆五十四年（1789）进士，选庶吉士，散馆第一，授编修。逾年大考（翰詹），他又是第一，超擢少詹事。乾隆高兴

地说："想不到在我八十岁以后又得到这样出色的人才！"此后，阮元由学政、巡抚、总督一路飙升，直至体仁阁大学士，先后掌管刑部、兵部等，实可谓官运亨通，业绩骄人。

阮元为政和处世的特点是，无论职位高低，他均能"尽心职守，清慎持躬"。如在浙江巡抚任上，时海盗屯聚浙粤闽东南沿海，伺机上岸行窃，老百姓苦不堪言，阮元指挥、协调李长庚、岳玺等著名水师将领会剿盗寇，多年与之血战，出生入死，使百姓生命财产得以维护保全，海防得以安全无事。

此外，阮元博学淹通，早被知遇，历官所至，每以振兴文教为己任。如他在山东提督学政、浙江巡抚任上，编辑《山左金石志》《两浙金石志》《积古斋钟鼎彝器款识》；在浙抚任上建立诂经精舍，祀许慎、郑康成，选高才肄业，在广东建立学海堂，亦如之。他偕大学士朱珪主持会试，"一时朴学高才搜罗殆尽"。史书上称他"选士有家法，人才蔚起"。

阮元博学多才。他不仅有政绩，而且以著作家、刊刻家、思想家著称于世。他的治学领域极为广阔，经学、文字学、金石学、天文历算学、史学、地理学、校勘学，无不涉猎，尤专于经学。阮元主编了《经籍籑诂》《十三经注疏校勘记》，皆为皇皇巨制。

自乾隆五十八年（1793）至乾隆六十（1795）年，阮元在提督山东学政任上，大约两年时间。两年时光不算长，但感情的深浅是不能以时间的长短来衡量的。

阮元与山东和济南深厚情感有着诸多缘由。他是山东的女婿，他的妻子江氏去世后续娶孔氏，而孔氏不是别人，乃曲阜衍圣公孔昭焕之孙女、诰封衍圣公孔宪增之女、衍圣公庆镕之姐。

其次，阮元对山东特别是济南的历史文化和自然风光，有着发自肺腑的激赏与挚爱。他说：

余居山左二年，发泰山，观渤海，主祭阙里，又得佳士百余人，录金石千余本。朋辈觞咏，亦颇尽湖山之胜。

（见《小沧浪笔谈·序》，以下引文出此书者，不注。）

（二）阮元与华不注

大明湖、华不注，是阮元在济南最为挚爱、用情最深的两处名胜。我们从他的诗文作品中便可以窥见。

阮元与华不注的关系，以下试析之。

其一，华不注之美的生动表述。

阮元在文章中写道：

华不注山，独立平楚中，秀削孤清，苍翠湿人眉宇，即郦道元所称"单椒秀泽"者也。

话不在多，寥寥数语，却是华不注山的传神写照。

其二，华不注山下环境之美。

写华不注山的诗作汗牛充栋，而写华不注山下环境的却十分罕见，阮元为我们填补了这一空白。他在《小沧浪笔谈》里写道：

华不注山下泉源灌注，陂池交属，荷稻之利，村民赖之。余每与比部乘款段往来其间，城中达官不知此地之妙。比部诗云："荷花怒发疑嗔岸，黄犊闲眠解看人。"亦足管领清境矣。

这是清代乾嘉年间华不注山下的美丽风光的写真，具有充分的历史认识价值与审美价值。比部者，诗人马履泰是也，此时任泺源书院山长。由这幅画面可以看到，彼时的华不注山下，是一派荷叶田田、稻黍飘香的鱼米之乡。

其三，"屡欲赋之"的挚爱之情。

阮元曾这样表达自己与华不注的情感，他说自己对于华不注：

屡欲赋之，愧体物不称。后见马秋药比部履泰诗云："天抛秀气成孤注，我纵心兵已万周。"竟为阁笔。

好一个"屡欲赋之"，这就是说，他多少次想写一写华不注，但是唯恐写不好，所以不肯轻易下笔。这正是人们对于深爱着的事物（甚至包括人）的一种深切情感。结果，他后来见到马履泰的优秀诗作，更是感到不能再写了。

其四，组织引领文化风潮的游山赋诗活动。

乾隆末年，身为山东学政，酷爱风雅的阮元在秋高气爽的季节里，曾经专门组织生员游览华鹊二山以"试士"，不仅收获众多华山好诗，而且足以引领当时的文化风潮。

其五，阮元的《过华不注山》诗。

当然，为了表达自己对于华不注积久的情愫，阮元最后还是写下了他的华不注诗，而且确是深思熟虑，下笔不凡。我们且看这首《过华不注山》：

> 两年山下记行踪，秀泽单椒磴百重。
>
> 南渡济流初起岳，北离岱麓独成峰。
>
> 三周人与车声远，九月秋如画色浓。
>
> 不是明湖开晓镜，鄂跗谁照碧芙蓉。

诗作描写了华不注"秀泽单椒"、九秋如画的迷人景致。不过，作为一位学界泰斗，阮元最为看重的还是华不注悠远历史与厚重文化（"三周人与车声远"），还有其独特造型的美感与之引发的人文价值取向（"北离岱麓独成峰"）。另外，深谙济南历史文化的阮元又揭开了华不注的另一少有人知的美景，即华不注的"明湖倒影"之美，"不是明湖开晓镜，鄂跗谁照碧芙蓉"。华不注的倩影映照在碧波荡漾的大明湖中，犹如一朵碧绿的芙蓉花在照着镜子一般美艳呢！

诗与画的相互映照，厚重历史与美丽现实的错综交织。

阮元由此也回答了读者，他何以在山东两年来多次登临并回味华不注的原因，所谓"两年山下记行踪"是也！

十三、康有为：移都会于华不注前

从清末到民初，对华不注倾注深情且诉诸文章的名流，要数康有为了。

康有为（1858—1927），原名祖诒，字广厦，号长素，又号更生。清光绪进士，中国近代维新派领袖，后为保皇会首领。著有《新学伪经考》《孔子改制考》《大同书》《康南海先生诗集》等。

1923年6月17日，康有为以年近70之龄，攀上华山之巅，其后把对华山的赞美和设想具体地写进了他的《新济南记》一文。在这篇文章中，康有为说："遥望此山如在水中，盖历下城绝胜处也……南京钟山紫金峰、北京翠微山、煤山，扬州的七星山，苏州的横山，然山水之美皆不若华不注也。"

因此他指出："诚宜移都会于华不注前。"也就是说，康有为认为华山山前是建立都会城市的理想位置，所以应该把省会济南迁移到这儿。

康有为的这一主张，当然主要源自华山一带优越的地理位置，同时也与他笃信"堪舆"之学即讲究风水有关。他把华山在平原地带的突起，视为泰山支脉北走至此而在平原地带加以集结的结果；言外之意，华山，是泰山向北延伸的集结点。华山既然与泰山连在一起，自然是块"风水宝地"，所以他才提出"诚宜移都会于华不注前"。

但他也知道"移都会"是不现实的，在华山之阳开建新城则是可行的，于是他指出："然今亦不必移也，但开一新济南，尤美善矣……"

那么，如何建设"新济南"呢？康有为提出："今驰道已至黄台山，黄台桥有农林学校在焉，诚宜从黄台桥通驰道于华山前，以华山为公园，稍缀亭台，循花木，先移各学校于山前。"

同时，康有为还建议在华山前新建园林式住宅区时，要仿照青岛汇泉湾畔别墅群的样子："宅必楼，瓦必红，宅式不得同"，"红瓦，绿树，青山"……他认为这样做，"不十年，新济南必雄冠中国都会"。

康有为的这一设想虽然未能实现，但他在80多年以前提出的这一建设思路，可谓独具匠心，与当今济南的华山新城规划不谋而合；而他在《新济南记》一文中所提出的"以华山为公园"的设想，也即将变为现实。

元好问与济南的两个极致

金元之际的文学大家元好问与华不注、与济南的渊源可谓深且远矣。

他的《济南行记》，以及咏歌济南的二十余篇诗词作品，堪称金末元初济南山水名胜的完美再现。其中绝大部分章节，甚至一字不漏地被收录在历代的《历城县志》《济南府志》《章丘县志》中。

许多时日里，笔者都在思考，元好问与华不注、与济南，其中最为主要的关系体现在哪里？或者说：如果用简单概括的话语来表达这种联系，应该如何言说？

所谓愚者千虑，笔者终于有所感悟：在与济南的关系上，元好问创造了两个极致，一是于华不注而言，他以超越群伦的创作，成为华不注水中山美景的极致咏歌者，二是于济南而言，他以极具个性色彩的主体抒情，成为外埠人挚爱济南的极致抒写者。

以下分述之。

水底看山山更佳——华不注水中山美景的极致咏歌者

金末元初，华不注迎来了一位和它息息相关的大人物。他就是中国文学史上的一流诗人、作家，古今罕有的审美大家——元好问。

元好问（1190—1257），字裕之，号遗山，太原秀容（今山西忻县）人。父亲元德明以诗知名，老师郝天挺又是著名的学者，他自少年时代便有极好的文化教养。金兴定五年（1221）中进士，后做过几任县令，最后官至行尚书省左司员外郎。金亡不仕。在金元之际被视为最有成就的诗人，也是中国文学史上的一流诗人。著有文集《遗山先生全集》，小说《续夷坚志》，编著《中州集》《唐代鼓吹》等。

宋元之际的华不注，"水中山"的美景已经大不如前。刘豫盘踞济南在1130—1137年间，其时在金国卵翼下的伪齐刘豫政权基于强化水运以对抗南宋

元好问画像

的需要，在济南北郊开凿小清河，于是济南诸泉尤其泺水不再经鹊山湖入大清河，而是直接导入小清河。这直接导致了济南北郊自然水土与美丽景致的毁灭性破坏。

元好问于1235年7月来到济南，此时蒙古太宗七年即距离刘豫开凿小清河不过百年光景，而华不注却已不再是"水中山"了，它只是"遥望似水中山"。然而，即便是"遥望似水中山"，元好问依然将其称之为"历下城绝胜处"。在他的那篇著名的《济南行记》中，他这样写华不注："大明湖由北水门出，与济水合，弥漫无际，遥望此山，如在水中，盖历下城绝胜处也！"一个仿佛的水中华山，便引来元好问如此的称道与赞美，如果是真的呢？

由此可知，水中山在元好问的心目中，不，应该是在审美的价值意义上，具有品调卓逸、超凡脱俗的美艳与崇高。

元好问此番来济，还有一个与华不注相关的动人故事，那是在大明湖通往章丘绣江的水路上，他看到了山在水中的倒影，据笔者的分析判断，那分

明是华不注在小清河里的倒影吧。于是元好问诗兴大发，写下了那句名播千古的名句：

> 水底看山山更佳，一堆苍烟收不起。

世间写水中山的诗句可谓多矣，但此句可排名第一。试想，那元好问将"水中山"比作"苍烟"，且是"一堆"，该是何等形象且引人遐想啊。高明的诗人都是这样做的，他们不是把话说死把话说完，而是留出空白，让你的想象去补充。他又说，我多想把这"苍烟"、这"水中山"带回家里，时时观看，日日欣赏，可惜那是办不到的。

多么非同寻常的想象力与创造力！我想他一定有了"水底看山"的无数积累，才有了如此精妙绝伦的诗句吧。

下面我们来看他的《华不注山》：

> 元气遗形老更顽，孤峰直上玉屏颜。
>
> 龙头突出海波沸，鳌足断来天宇闲。
>
> 齐国伯图残照里，谪仙诗兴冷云间。
>
> 乾坤一剑无人识，夜夜光芒北斗寒。

"元气"，指充塞于天地混沌初分时的原始大气，"元气遗形"，极言华不注之古老也（它的形体是天地初分时就留下的）。"顽"，坚硬固执，越老越是固执地坚守着，"老更顽"，诗人拟人化的表达多么亲切而幽默。

那么，这山究竟坚守着什么呢？诗人如此铺垫，这一点显然很重要，接着，诗人通过下一句道出古老的历史名山华不注的最大特点并给出答案：孤峰之上，一无所依，且为"玉屏颜"，屏颜即巉岩，指山峰陡峭峻拔，玉屏颜中一个漂亮的"玉"字，极言其美，更是大有来历的。原来，元好问尝在《济南行记》中说："凡北渚亭所见西北孤峰五：……曰华不注。太白诗云：'昔岁游历下，登华不注峰。兹山何峻秀，绿翠如芙蓉。'此真华峰写照诗也。大明湖由北水门出，与济水合，弥漫无际。遥望此山，如在水中。盖历下城绝胜处也。"因华山被大水及水雾包围笼罩，所以会映现出水光映照下如同美玉般的温润光泽。

此解尚有二证：其一，元好问《济南杂诗十首》其三"华山真是碧芙蓉，湖水湖光玉不如";其二,即元好问《泛舟大明湖,待杜子不至》中"水底看山山更佳,一堆苍烟收不起"句。而这趟水中游,正是元好问泛大明湖经小清河东入水栅(绣江)之路,沿途所见自然是(或包括)华山在水中之美丽景致风光也!由此亦可见元好问高超而独特的审美眼光:即对"水中山"的无限钟爱与欣赏。

"龙头",指华不注,因华山看上去周围都是水,故诗人将此山比作龙头;"鳌足",亦指华不注,据《淮南子·览冥训》,女娲断鳌足以立四极,诗人将华山比作擎天柱。龙头、鳌足,都是诗人以天地间的崇高廓大的大意象来表达华山的豪迈气象的绝妙比喻。

"齐国伯图",据《左传》,春秋时,齐晋两霸于鲁成公二年(前589)在鞌发生战争,结果齐被晋大败,晋军追齐军"三周华不注",齐国自此国势走向衰微。"谪仙",指李白,"诗兴",指李白诗兴大发所写的华不注诗。这两句是咏史,意思是,如今,齐国的霸图之梦和李白的诗歌豪兴,仿佛都凝结在残照冷云之间,一去不复返了。

由此,最后两句,诗人展开了人事与山陵的对照,他指出:比起人事业绩的不朽来,更为永世长存的恐怕还是华山,是大自然,他由此又对华山萌发出一个绝妙的比喻"乾坤一剑",而且这充塞天地之间的一剑,夜夜的光芒直照得北斗星都发寒。因此,诗人发出深深的叹惋:可惜天底下认识到华不注价值的人太少了。

有心长作济南人——外埠人挚爱济南的极致抒写者

> 看山看水自由身,
> 着处题诗发兴新。
> 日日扁舟藕花里,
> 有心长作济南人。

这首诗题为《济南杂诗十首》之十。诗中充满了诗人对济南山水的赞美和眷恋。

元好问对济南情有独钟，一生曾两次来济南。第一次来济南，是五岁时随叔父元格赴任去掖县（今山东莱州市）。第二次来济南的缘由，他在《济南行记》中做了说明："长大来，闻人谈此州风物之美、游观之富，每以不得一游为恨。"后来，终于在1235年七月，在时任济南漕事从事的好友李辅之的帮助下，他完成了这次济南之行。而《济南行记》就是他此次游济南的作品之一。

《济南行记》是一篇难得的山水游记佳作，这篇不足两千字的作品详细记述了金末元初的济南山水名胜，具有珍贵的历史文献价值和艺术价值。作品中所涉及的济南泉水名胜有：大明湖，大明湖的历下亭、环波亭、鹊山亭、北渚亭、岚漪亭、水香亭、水西亭、凝波亭、狎鸥亭、百花台、芙蓉台、百花桥、芙蓉桥、净化堂、名士轩，趵突泉（瀑流泉），泺水，济水，金线泉，灵泉庵，杜康泉，舜井，珍珠泉，玉环泉，金虎泉，黑虎泉，柳絮泉，皇华泉，无忧泉，洗钵泉，水晶簟，水栅、绣江、绣江亭等。元好问此游，三泛大明湖，六七次游趵突泉，三宿灵泉庵，足见他对大明湖、趵突泉、金线泉的喜爱与欣赏。

《济南行记》对于济南泉水的记述与描绘，有着重要的历史价值和文化意义。

元好问此次游历济南还写下大量吟咏济南的诗歌。清代王士禛说："元好问济南题咏，尤多而工。"元好问在《济南行记》中称，他此游"前后所得诗凡十五首"，实际上，元好问此游共写诗十九首。计有：《济南杂诗十首》《历下亭怀古分韵得南字》《舜泉效远祖道州府君体》《泛舟大明湖》《绣江泛舟有怀李郭二公》《华不注山》《题解飞卿山水卷》《药山道中二首》《济南庙中古桧同叔能赋》。他此游对大明湖印象尤深，日后又写了三首咏大明湖的词《鹧鸪天·莲》《临江仙·荷叶荷花何处好》《浣溪沙·绿绮红埃试拂弦》。这样，元好问有关济南的诗词共有22首。

作为一个外埠人，元好问满怀的对济南的热爱，体现在对济南的咏歌之中，"作济南人"这一说法也成为一个范式，发生了恒久的影响，并不断地被诗人们以各种方式征引咏歌。

宋至《题王秋史二十四泉草堂图》：

琴筑清音静里闻，草堂门对碧波纹。

一天风雪初晴后，二十四泉飞白云。

鹊华山外水粼粼，雪坞渔村曳杖频。

廿载寒流仍在耳，梦魂常作济南人。

颜懋侨《题朱仑仲枣香居二首》：

何妨归计缓，同作济南人。

可以想见其对后世的影响之大。

而济南人则更为此感到自豪。

如田雯《论诗绝句》：

吾乡边李有前民，趵突泉头墨迹新。

眼底渔洋蚕尾外，诗人空作济南人_{元遗山云：有心长作济南人。}

又如任宏远《明湖杂诗十首》：

消受明湖风雨月，此生幸作济南人_{元遗山云有心长作济南人。}

"有心长作济南人"，对于外埠人来说，世上任何语言都无如这句话语表达的对济南的挚爱再深、再长。

张养浩对于济南山水的审美发现

　　清代济南学者周永年曾在重刊《归田类稿》序中说：济南山水，"自郦道元《水经注》外，房豹、李、杜、苏、黄、曾、元诸公，仅见于诗篇。李文叔有《历下水记》，其书已不存"。而张养浩归卧云庄多年，"于环城之溪光山色，刻画清新，为诸家所未及。而各体之文，往往神施鬼设，自辟门庭"。

　　这评价堪称中肯剀切。

　　以赤子之情描摹故乡山水，无论数量之多还是质量之高，张养浩都堪称历代济南名士中的佼佼者。

　　而张养浩对于济南以及云庄的描摹与咏歌，又不独"刻画清新"，更重要的，他有着对于济南山水的独特的审美发现。

　　这是济南建设"山水济南""文化济南"的本钱，这是七百年来济南历史文化建设中一笔至为宝贵的资源与财富。

　　以下分述之。

一、 "山水窟" 与山水一体

　　古人称道最美的山水风景佳胜之地为"山水窟"。山水窟这名词不是张养浩的创造，然而却是他经常用来比拟济南的词语。

比如:"吾郡山水窟,其胜闻未尝。于何得全观,兹楼水之阳。"(《登会波楼》,《张养浩集》,吉林文史出版社2008版,以下只注诗题)

又如:"独超众好识者谁,云庄老人鬓髯松。逸情摇荡山水窟,新诗轩豁风云胸。"(《咏庭中杏花》)

张养浩是"山痴",其有诗云"五斗折腰惭作县,一生开口爱谈山"(《云庄遣兴自和十首》之十)。然而,他写济南、写云庄之诗作,却总是山水一体的。

比如:"翠绕轩窗山陆续,玉萦城郭水周遭。"(《登历下亭》)

张养浩画像

山水一体,这是就济南山水的总体风貌来说的。除此之外,还有:

好山动相见,流水近在前。(《遂闲堂初成》)

门庭足山色,田间水萦纡。(《记绰然亭前花木》)

上有华峰云,下有泺水源。(《新构草庵》)

出门云水俱,入室琴书全。(《春日云锦池即事二首》之二)

这就说明,在济南,要看山水一体的自然景观,实在不必远足,不用专门去看山看水,家门口即是清雅无限的山色水光。

二、 济南山水的 "南北兼有" 之美

张养浩指出:济南山水的审美特征,在于集中华南北山水之长,沉雄浑厚与浓鲜清婉兼而有之。

在《重修会波楼记》一文中,张养浩说:

吾乡山水之胜名天下。代之谈佳丽者,多以江左为称首,畴尝

游焉。南方之山，大概肖其风土，沉雄浑厚者少，襛鲜清婉、靓妆雅服之比，道路相望。惟吾乡则兼而有之。

这种论断出自张养浩之口，尤其具有权威的说服力，且不说学养与见识，单是阅历，张养浩一生走南闯北，见多识广，担任御史期间，便曾南到江、淮、闽、浙，北到和林、上都等地，自然对于各地都会有对比、参照与独特心得领会，其倡言济南山水的"南北兼有"之美，盖成竹在胸、毋庸置疑也。

接下来，张养浩还以济南山为例，来分析济南山水的"两兼"之美。如历山，不仅有"迤岚突翠"之秀美，还有"虎逐龙从"之壮观；而"华鹊两峰，屹然剑列，峭拔无所附丽，众山皆若相率拱秀而君之"。

三、 济南山水的 "五可" 之美

在《重修会波楼记》一文中，张养浩还发现并提出了济南山水的"五可"之美，他这样谈济南山水的特征：

至若四时之变，与夫阴霁早暮，水行陆走，随遇出奇。凡可以排嚣宣郁，使人蜕凡近，心高明，可喜可愕可诗可觞可图者，靡一不具。

"可喜可愕可诗可觞可图者"，这便是"五可"之美，以下结合张养浩作品分述之。

"可喜"，为济南山水之优雅可爱可人也，偏于优美之范畴。张养浩作品【中吕】普天乐中有精彩描述，可资参考与想象：

水接蓝，山横黛。水光山水，掩映书斋。图画中，嚣尘外。暮醉朝吟妨何碍，正黄花三迳齐开。家山在眼，田园称意，其乐无涯。

"可愕"，为壮美奇特之山水景致予人之强烈美感也。济南此类尤物甚多，如张养浩写趵突泉之雄壮怪伟给他的切身感受："绕栏惊视重徘徊，流水缘何自作堆？"（《趵突泉》）又如他对于龙洞幽深磐折、膝行蛇进，乃至游人心骇神乱，直至出洞之后，依然有"泣者、恚者、诟者、相讥笑者、顿足悔者、提肩喘者"等种种人们狼狈形状的传神描写，生动地再现了龙洞的奇特、怪伟甚至凶险。

"可诗"，谓最佳之诗城、诗地也。清泉、红荷、绿柳、云山，到处都是可以触发诗兴的诗题。张养浩有诗云："止水可观性，好山堪醉人"（《磐石》），"村居真可喜，触处是诗题"（《晨起三首》之三），"柴桑与吾土，元自不多争"（《观菊》）……不一而足。张养浩的咏济南诗，总有超越、快乐的主人公在其中，真正达到了天人合一的境界，展示了诗人的审美人生，趣味人生。

"可觞"，谓可煮酒行乐也。饮酒赋诗，是需要好的环境与心情的，而心情与环境是密不可分的。济南山水随遇出奇，可以排嚣宣郁之处甚多，大明湖自古便有"诗天酒地"之称，张养浩的《越调·寨儿令》"辞参议还家连次乡会十余日故赋此"，正是对乡邦"可觞"的生动描述：

> 离省堂，到家乡，正荷花烂开云锦香。游玩秋光，朋友相将，日日玩筵张。会波楼醉墨淋浪，历下亭金缕悠扬。大明湖摇画舫，华不注倒壶觞。这几场，忙煞那柘枝娘。

"可图"，济南山水，处处美如图画。张养浩有【双调】胡十八最为精到：

> 自隐居，谢尘俗。云共烟，也欢虞。万山青绕一茅庐，恰便似画图中间安着老夫。对着这无限的景致，怎下的为官去。

四、 "鹊华之间"， 济南山水宜居田园的审美发现

清初，曾任山东学政的钟性朴爱济南山水，在其病死之际曰："葬吾于鹊华之间，吾幸与华泉、于鳞冢土相望也。"（《历城县志》卷47列传13）而著名诗人田雯称自己描写济南景致的诗作，"大抵于鹊华峰间、七十二泉上得之"。据考证，田雯移家济南之际，住大明湖北，正鹊华之间也。由此观之，此时鹊华之间因能观看鹊华景观且环境舒适，而被人们视为风水宝地、风景胜地，最佳人居环境。

然而，"鹊华之间"这一地域概念的肇源与确定，却在元代，在张养浩

那里。

毋庸讳言，赵孟頫及《鹊华秋色》图，是最早引起人们关注这一区域的人物与作品，然而，真正明确提出"鹊华之间"这一地域概念，并且反复加以陈述的，是张养浩。

张养浩一生爱山，号为"山痴"。其诗云："五斗折腰惭作县，一生开口爱谈山。"（《云庄遣兴自和十首》之十），又"向来山在梦魂边，今日山居掌握间。我即是山山是我，君如不信问诸山"（《翠阴亭漫兴十首》之九）。所以，他对"鹊华之间"的发现与发明不为无因。

张养浩的云庄别墅位于鹊山湖西南岸，今标山至张公坟一带。张养浩喜欢将自己的别墅称为："鹊华之云庄"（见《处士庵记》），他向读者这样介绍云庄的方位："由城中来者，面鹊华两峰，而与东南诸山相背；由村而城者，面东南诸山，华鹊两峰若相踵。"张养浩将这种生活在鹊华之间的美丽感受称之为"大抵左右前后，或断或续，无适而不山伍"。（《翠阴亭记》）

不唯在文章之中，张养浩还有诗作专咏鹊华之间的妙处，如其《翠阴亭漫兴十首》之八：

> 两峰华鹊莫西东，老子幽居正在中。
>
> 可是天公相爱甚，预为陈设待衰翁。

华山与鹊山一东一西，而我的云庄恰在它们俩中间，这是上天对我的爱与恩德，特别为我陈设预留的呀！

其幸福自得之情，溢于言表。

华山鹊山一带，自南宋之前，有鹊山湖、华山湖，湖水浩渺，一片汪洋。南宋刘豫开凿小清河后，湖水大量流失，然此一带依然荷塘遍布，溪流纵横，禾黍飘香，景色淳美，同时也是一个宜居之处。元代，这里已有别墅村出现，张养浩有《游华鹊村别墅》一诗，称这里"萧鼓村村社，丹青步步山"。因此，张养浩对于鹊华之间的发现，是有一定现实基础的。

而"鹊华之间"不唯对于后世，在当时便有影响，如元人黄溍《张公祠堂碑铭》："瞻彼乐郊，齐山两间；山之幽幽，水清且涟。"便为一例。

五、 张养浩对于济南泉、 湖的审美发现

（一） 写趵突泉： 发掘独特价值， 展示 "天下第一"

在张养浩的时代，虽然还没有天下第一泉第二泉的所谓排名，但作为经多识广的大家，张养浩已经敏锐地察觉到趵突泉独特的甚至独一无二的审美价值所在。

张养浩以趵突泉命名的诗作有二，一为五古，一为七律。我们且看其五古《趵突泉》：

> 物平莫如水，陻阻乃有声。
>
> 云胡在坦夷，起立若纷争。
>
> 无乃沧溟穴，漏泄元气精。
>
> 不然定鬼物，搏激风涛惊。
>
> 奇观天下无，每过烦襟清。

咏趵突泉的古诗可谓多矣（据笔者所见，近两千首），然不少诗泛泛而谈，不得要领，难得张养浩一双法眼，他一下就抓取了趵突泉的本质特点与属性。他说，别的泉都是由上而下流淌的，而趵突泉却是由下往上喷的，而且不是一般的喷涌，是 "起立若纷争"，起立是什么？就是平得如同镜子一样的水像人一般站立起来了，而且还在 "纷争"，正是气势夺人，生动形象极了。在此诗人巧妙地用了一个反问句（ "云胡在坦夷"）：说明这不是在悬崖峭壁上，而是在济南城市的平地上发生的，因而是 "天下第一" 的 "奇观"。张养浩用一句 "奇观天下无"，精彩地说明了趵突泉作为 "天下第一" 的内涵与依据。

在张养浩的七律《趵突泉》里，出现了那句最为古今人们称道的佳句： "三尺不消平地雪，四时常吼半空雷。" 这内涵丰富、结构精巧、对仗工稳的诗句，从形与声两个方面展示趵突泉非同寻常的气势与美感，实堪称描绘趵突泉的神来之笔。实在说，趵突泉的奇特主要就在它的形态之异乎寻常，诗

人看得十分明白，"三尺不消平地雪"与"起立若纷争"，其着眼点全在形态，盖诗人高明之所见使然耳。

"三尺不消平地雪"，我们的赏析是自后而前，看它的精妙结构是如何步步递进步步深入的，首先是"雪"，这不算奇，将趵突泉比作雪的多了，接着的层次是"平地雪"，这就有些意思了，这如雪的狂涛不是来自山崖瀑布，而是平地涌出，此正趵突泉核心看点之所在也。接下来的层次，是"不消平地雪"，便进入无人可敌之佳境了，你想：雪是会化掉的，而这趵突泉却终年如一，不停地喷涌，从来不会像雪一般地融化呀，这构思，这想象，堪称妙绝。而且，事情并没有结束，诗人还要写出这"不消平地雪"的高度：三尺，好是惊人也，略微带一点儿夸张，不夸张不成诗人也！

这种独出心裁的慧眼发现，这样层次递进的结构方式，如果用两个字来表达，堪称：完美。"四时常吼半空雷"，亦是与上句对应的结构形式。

（二）大明湖独特价值的发现

1. "城中湖"价值的基本确认。

"城中湖"，这是大明湖的基本价值所在，这是它比西湖都有优势的一点。古人谈到这一点的不少。如清代诗人兼高官黄恩彤写有《明湖竹枝词》，其八曰："淡妆浓抹画不成，自然宜雨又宜晴，明湖敢道西湖似，只是西湖欠入城。"令人吃惊的是，早在七百年前，张养浩就意识到这一点，他在文章里说："大明湖则汇碧城郭间。涵光倒景，物无遁形。"（《重修会波楼记》）"城郭间"，据"城中湖"仅一步之地。至明代，济南府新城籍著名诗人王象春已经做出最具权威性与明晰性的论述："湖出城中，宇内所无"，"湖中城"豁然而出。

2. "神镜"说。

大明湖汇济南众泉之水，是泉水湖，水尤澄澈清冽。因其为城中湖，不唯沿湖之城堞、楼台、民居、花木……举凡城内外一切景致，俱在湖中，而且远山滴翠、近峰苍烟、蓝天白云，一皆倒映湖中，张养浩诗云："影倒冯夷宫，锦乱天孙裳。明湖一神镜，照万无留良。"（《登会波楼》）所谓"神镜"，即是"照万无留良",也就是说,大明湖如同一面神镜,将美丽的世间万物全部囊括收容进来,没有丝毫的遗漏与闪失。这其中有没有佛山倒影呢?尚待考。

3. "明湖泛舟"与水上风景线。

张养浩关于大明湖的诗作与词作,几乎全部以"大明湖泛舟"为题,笔者细思之,这其实不奇怪,济南八景之一便是"明湖泛舟";游湖,其最为怡人的娱乐非泛舟莫属。张养浩《中吕》"普天乐·大明湖泛舟"便很好地回答了这一问题:其一是"画船开,红尘外",凌空冲波,你便仿佛到了另一个世界,不受现实世界各种所谓规矩与规则的约束,进入到自由自在的境界之中,像是"人从天上,载得春来"一般,令人心旷神怡;二是"烟水间,乾坤大",湖上泛舟,凌万顷之茫然,翱翔蓝天水云之间,令人心胸开阔,快心适意,豪气干云,即有生活中之小不适意或挫折,乃能淡然待之,怡然处之也。

张养浩还发现,不独眼下"大明湖则汇碧城郭间。涵光倒景,物无遁形","自远而视,则华鹊又若据上游而都其胜者"。这就告诉我们,这实际上是济南城北的一条风景专线。元代,自大明湖至华不注是一条风雅无限的小清河黄金水道。元人王恽称这条水道"北际黄台,东连叠径,悉为稻畦莲荡,水村渔舍,间错烟际,直图画也"(《游华不注记》)。而张养浩则有【双调】庆宣和:"大小清河诸锦波,华鹊山坡,牧童齐唱采莲歌,倒大来快活,倒大来快活。"

最后要说的,张养浩对于济南山水的审美发现,不是偶然的,这与他的生命经历、人生旨趣密不可分。几十年如同浮沤的官场生涯,使得他参透了所谓功名利禄的本质,他对人生有着深邃的、穿透性的思考与认识,因是,他敢于拷问自己,他一再将自己还原成普通人,而较之那些官场的、虚假的、污秽不堪的、风涛险恶的现实存在,他更注重、珍惜日常的、普通的、甚至当下的生活的诗意与美,在这里,他找到了真正的自我,他发现了人们未曾发现的美与美的真谛。

张养浩云庄奇石新考

"丞相祠堂翠欲流，云庄十友散荒丘。"

元英宗至治元年（1321），52 岁的张养浩在进入朝廷最高决策层（官至礼部尚书、参议中书省事）后，急流勇退，以父老辞官，归隐济南，修建云庄别墅。云庄，不唯有泉池、佳木、亭堂之观，更有堪称绝世珍品的奇石点缀其中。由于年深日久，这些奇石或存、或毁、或不知所踪。今天，笔者撰写此文旨在探讨三个问题：作为国宝、作为济南文化符号的张养浩云庄奇石到底有哪些？其名称为何？如今其去向又如何？

张养浩奇石之 "家当"

张养浩云庄奇石，素有"十友"与"四灵石"之说。如清人王培荀谓："张白云先生养浩，园中有奇石十，呼为'十友'，最著者龙、凤、龟、麟。"（《乡园忆旧录》卷四）"龙、凤、龟、麟"，即四灵石，这种说法可信吗？

为搞清张养浩所藏名石之名称、数目，济南文史专家张昆河、魏敬群等，于相关文献传说爬梳考辨，悉心研治，做了许多基础性的研究。张昆河先生依据原著得张氏所藏太湖石为三，分别为挂月峰、抱云峰、玉云峰；这样再加上四灵石之龙、凤、龟、麟（张先生以"待凤石""凤翥石"为一石），得七之数；然后，再加今存于桓台王士禛纪念馆之苍云、振玉二石，与原在济南皇亭之璘云石，适足太湖石"十座"之数（见张昆河《张养浩的十座奇石》，《齐鲁文史》2000年第一期）。

然而，据笔者考证，张先生的结论仍存有如下舛错与疏漏：

其一：待凤石与凤翥石实为二石，而凤翥非云庄石（详见下"待凤石不是凤翥石"）。

其二：桓台二石，苍云石实为云庄之玉云峰，而振玉则恐非云庄故物（详见下"苍云石实为玉云峰"），璘云石亦然。

其三：据张养浩及其友人著作，张氏小型拳石有四，张先生依据张养浩友人虞集诗得一：凝云石。其他疏漏为：秀碧石、天屏石（实为二石，一曰林梢遗照，一曰木末余霞）。

至此，我们所得张养浩云庄奇石之名称、数目为：

太湖石七：挂月峰、抱云峰、玉云峰、龙石、凤石、龟石、麟石。

小型拳石三（或四）：凝云石、秀碧石、天屏石（林梢遗照、木末余霞）。

由此，我们亦可得出两点结论：

第一，"十友"说法可信而"十友"石并非全是太湖石。

张养浩奇石有"十友"的说法是真实可信的，尽管他本人无此说法，其著作中只有"石友"之说（张有《有石可友》诗）。然而，要注意的是，张养浩"十友"石并非全是太湖石，而是包含着其他小型名石。张先生探寻十座（太湖）奇石，实有先入为主之嫌。

第二，"四灵石"说法亦是可信且有依据的。

"四灵石"之说，屡屡见之于文献，验之以实存。如明人王象春："郡中有四灵石，玲珑清古，极天工之巧。一在府学，一在布政司，一在孟宅，一在刘家亭。盖传自胜国者。"（《齐音·四灵石》）"传自胜国"，其实已明示"四灵石"乃是前朝张养浩云庄之石。又，康熙《济南府志·摭佚志》："郡城有四灵石，在泮池上者曰蛟龙，在紫薇堂者曰凤翥，在开府署者曰龟石，在通乐园者曰麟石。"道光《历城县志·杂记》亦有是载。有名称，有不同历史时期所在的地点，四灵石的存在是无可置疑的。

待凤石不是凤翥石

将张养浩之"待凤石"与山东布政司之凤翥石混为一谈，是古今张养浩奇石研究的一大误区。

这一误解由来已久。

在王象春《齐音·四灵石》中，便出现了张养浩凤石在布政司的说法（"郡中有四灵石……一在布政司"），此后康熙《济南府志》亦同，只不过将"布政司"改为"紫薇堂"，皆为一处也。而王培荀更明确地指出："张白云先生养浩……凤石在藩署。"（《乡园忆旧录》卷四）

因之，后人便毫不迟疑地将山东布政使衙门内之凤翥石认定为张养浩之云庄故物凤石即待凤石。张昆河先生亦然，他在文中称："凤石可能即是张氏诗中的待凤石，又名凤翥石。"

这实在是一个不当有的误会，且延续数百年之久，尤为令人错愕。

我们且看张养浩对待凤石的描述。

张养浩有《待凤石并序》诗，其《序》云："余近得奇石一，田兵部师孟同台掾杜孝先过而观之，遂名曰：待凤。以其一峰横出，若待物来栖者，因而名之。余嘉其词雅而意深，故为之赋。"由此可知，所谓待凤石者，乃奇石有两峰或多峰，而其一未曾上扬，而是"横出"，形成一落脚之处。

再看昔日亲见布政司之凤翥石者对此石的描述。

迄今我之所见描述凤翥石最早的文字，是明初文渊阁大学士朱善（1315—1386）写于明洪武十八年（1385）的《题山东布政司堂前凤翥石》一文，此文于明成化十三年（1477）由山东布政使陈俨刻碑立石于布政司堂前（参见冯云鹓《济南金石志》），文中说："山东布政堂前有巨石屹立，鳞甲嶙峋，羽毛森竦，俯首内向，张翼前拱，相传以为凤翥石。"又，清乾隆年间山东布政使江兰有《藩署新浚凤翥池记》，其中称："公廨二门内，有石一品，翼然而立，以'凤翥'名。"翼然者，如鸟展开翅膀也。

由上述文献所见，凤翥与待凤，虽都有一个"凤"字，相去远甚！一是因一峰横出，而造成（适合）落凤的一处所在，故文人雅士惠其名曰"待凤石"；一是像凤，像极了，其形状之惟妙惟肖到了令人惊诧的地步，不仅翼然而立如飞鸟展翅，而且身上的羽毛鳞甲亦耀人眼目，故曰：凤翥。

待凤与凤翥，单说两个名字起得也到了韵味悠然、出神入化的地步，盖因张养浩奇石中有凤石之说，而二者均有一个"凤"字，便将其混而为一石，诚不加深思之误也。

显然，张养浩之待凤石根本就没有进过布政司大院。而凤翥石则另为一石，"文革"中被毁，其来历待考。当然，我们应以"待凤"为线索，再次寻找张养浩的凤石——待凤石。清道咸间王培荀曾言及"凤石砌旅店之壁"，后又与凤翥相混而加以否定，不知此事有据否？而咸同间任山东运河道的宗稷辰则称此旅店在后宰门，而此凤石又不似布政司之凤石，不知即为待凤石否？（见民国《续修历城县志·杂缀三》）

今王士禛纪念馆苍云石实为云庄玉云峰

云庄当年有太湖石"玉云峰"。

在《翠阴亭记》一文中，张养浩这样写道："余……临墅起亭曰'翠阴'；以余退闲，无官守言责，故又名'绰然'。前引流为池，中植石一株，曰'玉云峰'，环以荷芰，岸树倒影，池水益绿。当其雨之霁而日之夕也，云与山若相娱戏，往来出没锦翠间，愈变而愈奇。"

由这段文字可知，美丽的玉云峰在翠阴亭与云锦池之间，当雨后初晴或夕阳斜照时，奇石与天上流动的白云倒映在云锦池中，时有时无，且不停变幻出各种美姿，像是玉云峰与白云在做游戏，真的是美醉了。

然而，其后的数百年里，玉云峰不知所踪。

今桓台（旧名新城）王士禛纪念馆所藏太湖石，有苍云、振玉二石，其中名苍云者，据笔者所识，正张养浩云庄故物玉云峰是也。

此石原在明末兵部尚书、王士禛伯祖王象乾别墅东园之中，现移至王士禛纪念馆。据民国重修《新城县志》卷 22《金石志》："苍云石：在城东南王大司马上东园上。镌'苍云'二字。石为历城张文忠公云庄故物，其一题云：'何年仙府断云根，玉无痕，翠生春，磅礴空庭，太华入平分。百窍暗通元气漏，无一窍，不氤氲。想当丘壑闭天真，泣波臣，走山君，一笑移来，造物不吾嗔。目极烟霞心已了，谁复梦，上星辰。'元泰定元年暮春七日张养浩书。"

据传，此石或由王象乾或王士禛从济南运去。

究竟是谁并不重要，重要的是，它确为云庄故物玉云峰无疑。其理由如次——

其一：有张养浩亲笔题款。且泰定元年，正张养浩隐居云庄第三个年头，此时张氏作《翠阴亭记》，正提及自己植石一株曰：玉云峰。

其二：张养浩玉云峰上所书为《江城子》词，张养浩作词不多，但绝对有，其好友兼门生许有壬便有多首"次希孟韵""和希孟张中丞韵"的《沁园春》《忆秦娥》存世（《许有壬集》）。更重要的是，这首词酷似张养浩风格，其中"无一窍，不氤氲"，"目极烟霞心已了，谁复梦，上星辰"等，穷形尽相，淋漓尽致，那般的痛快与雄快，绝对的张养浩口吻。

其三：值得注意的是，张养浩这首《西江月》，可以说通篇与"苍云"无涉，而是集中笔力写"玉"写"云"，如"何年仙府断云根，玉无痕，翠生春"，描写无痕、温润、如同翠玉一般的美石，又如"百窍暗通元气漏，无一窍，不氤氲""目极烟霞心已了"等，则由石上百窍联想到玉云峰的氤氲之气。这首《西江月》的命意与命名，显然应该是"玉云"而非"苍云"。

其四：查张养浩藏石并无苍云记录。细观此石，通体翠白细腻洁净，亦与"苍"字毫不相干。笔者推测，所谓"苍云"者，乃后之收藏主人所另起之名，大约是为了与"振玉"相对应。而玉云与振玉则两相重复也。

至于太湖石"振玉"是否为云庄故物，尚不得而知。据民国重修《新城县志》，王象乾此石为"唐李白书'振玉'石"，而张养浩及友人均未言及此石，然道光《济南府志》有"云庄十石，二在新城"语。（《济南府志·古迹考一》）

另据康熙《新城县志·丛谈》：王象乾东园承茂堂后共有"三太湖巨石甚奇"，其中一石想已失落。

麟游石： 游来游去杳无踪

张养浩有麟游石，但它不在张养浩及其友人的作品与记载里，而是出现在三百多年之后清人的记载中。

何以称麟游石而不是麟石呢？且看下面分解。

据康熙《济南府志·摭佚志》载："郡城有四灵石……在通乐园者曰麟石。今三石岿然故处。独麟石仆于菜畦久于寒烟野草，寂寞七十二泉之间。旧志称：殷相国士儋曾以千金购之云。"此段文字，道光《济南府志》卷七十一《杂记》亦有载。

这就是说，当年麟游石在云庄；而到了明代中期，济南籍相国殷士儋修建其别墅通乐园时，不惜千金购买了云庄四灵石之一的麟游石。

这一记载是可信的。因为它有后来的事实为证。清初，济南诗人王苹购买了当年殷士儋的这处宅院，并将这处被济南人称之为"殷家亭子"的园林改名为二十四泉草堂，而此时麟游石尚在园中。何以见得？盖王苹与济南府淄川县著名诗人唐梦赉相友善，唐梦赉写有《题王秋史二十四泉草堂图》诗，其中写道：

> 白雪楼倾北渚荒，问山亭子烟苍茫。
>
> 何人二十四泉上，毵毵高柳读书堂。
>
> 泉上词人号秋史，攫然把卷为余起。
>
> ……
>
> 圃前活活清溪走，圃内石麟无恙否？

"圃内石麟"者，正早年张养浩、殷士儋，今归王苹之麟游石是也。而王苹去世的半个世纪之后，这麟游石又自二十四泉草堂流落到了趵突泉上。

笔者最近发现清乾隆五十六年（1791）任山东提督学院的翁方纲所作《题趵突泉上石》，这段记载与上文环环相扣，形成一个"证据链"的总体结构。文中称："此王秋史二十四泉草堂石，旧在殷文庄通乐园。相传是元赠行省平章张云庄四友石之一也。石高九尺六寸，在趵突泉之南，盖望水在西也。俗名龟石。然予考《二十四泉草堂图》卷内，王方若诗注云：麟游石也。此是方一峰所画第二图，盖康熙四十年辛巳所作，藏坳堂观察所。今毁于火矣。赖予此记传之。"

翁方纲是著名的金石考古学家，他的话不能不信。这段文字里隐藏着一段济南重要的历史掌故：清康熙间，济南王苹深爱他的二十四泉草堂，常恐传之不久，为永久留下草堂之优雅风姿，王苹遂邀请国内著名画家为草堂作图。之后，又专程赴京，邀著名诗人为草堂图题诗。这样的草堂图共有三幅，以年代顺序排列，其中的第二幅为大兴画家方伸（号一峰）所作。上有康熙四十二年状元、诗人王式丹（字方若）题诗，其诗有注，注明王苹二十四泉草堂之石为麟游石。由此我们得知，麟石之名实为麟游石。近百年后，此图为江苏布政使、济南方昂（号坳堂）所得，作为方昂的好友，翁方纲有幸见到这幅作品，并记住了王方若的这一注文。可惜的是，这幅作品不久即毁于火，因而，翁方纲便成为这幅作品以及麟游石记载的最后的见证人。

至于麟游石的来历，翁方纲指出，先是张养浩四友石之一，后为殷士儋所得，成为其通乐园中的宝物，后王秋史购置下殷家亭子，此石遂为王秋史所有。乾隆末年，翁方纲见到此石时，此石已被移至趵突泉之南。最为难得的是，作为一个行家里手，翁方纲记下了麟游石的尺寸：石高九尺六寸，另外他还记下了这块奇石当时曾被误传为龟石的事情。

麟游石自乾隆末年——那是它最后在趵突泉亮相——之后便杳无踪影。

从图到石，济南痛失珍宝。

但靠了翁方纲所记下的名称、形状特别是尺寸，后人仍然可以执着不倦地寻找它。

翁氏所记至今，又二百余年矣，令人思之有不胜沧桑之感。

另，查王式丹（方若）《楼邨诗集》，有《题家秋史二十四泉草堂图》诗，而诗中未见此注文，此亦足见翁方纲记忆之可贵。

今趵突泉上龟石应为张养浩之龙石

趵突泉上现被介绍为龟石者，不少文史专家如张昆河、魏敬群先生认为其实是张养浩之龙石。魏敬群先生从石的形状到其象征意义，论证尤为得当，他指出："这块太湖石的形状，怎么也无法和龟的形象联系起来，却越看越像云中蟠龙。""再从象征意义说，它是上世纪70年代从府学文庙移来，古时的学校是秀才们读书学习、准备通过科举考试一步登天的地方，学子的梦想就是成为人中之龙，有朝一日飞黄腾达……所以，文庙不会将一块龟石置于院内，而只会选择龙石。"

笔者赞同魏敬群先生的观点，并依据新的发现，做一些新的论证与补充。

其一：按之济南文献，府学文庙之太湖石，均记载为龙石，从无龟石之说。

府学文庙之太湖石，是明代万历初年济南知府平康裕所立（康熙《济南府志》卷二十五《平康裕传》："北直隶河间人，万历间知济南府，有风裁……立太湖石于府庠泮池上"），至20世纪70年代移入趵突泉公园，其立于府学文庙长达450余年。其明确作为龙石的记载见于明万历四十四年（1616）王象春所作《齐音·四灵石》："郡中有四灵石，玲珑清古，极天工之巧。一在府学。"其后，清康熙《济南府志·摭佚志》又明确指出："郡城有四灵石，在泮池上者曰蛟龙。"清道光《济南府志·杂记》亦有是载。而道咸间济南文史家王培荀在其《乡园忆旧录》中亦称："张白云先生养浩……其龙石在府文庙泮池前。"（《乡园忆旧录》卷四）

趵突泉龙石

176

不知为何一个明明白白的龙石，一到趵突泉公园就摇身一变成了龟石。

其二：今趵突泉之所谓龟石，与府学文庙龙石，高度大体相符。

王培荀在《乡园忆旧录》中称："龙石在府文庙泮池前，高几二丈，瘦削夭矫，势欲拿云。"

几，接近，但不到二丈；再说，那是清代的尺寸，比现代要小，这就更不足二丈了；况且，王培荀系肉眼所见，文人描述往往多少会有所夸张，今趵突泉太湖石高度近四米，较之清代的"一丈"高了许多，所以说，这二者的高度是大体相符的。

其三：形象亦相符合。

关于趵突泉太湖石的形象（形状），王培荀称："瘦削夭矫，势欲拿云"；魏敬群先生称："越看越像云中蟠龙"，其所见略同。今笔者又发现一可靠文献，张养浩《云庄休居自适小乐府》有【中吕】《十二月兼尧民歌·秋池散虑》，其中有云："太湖石神剜鬼劂，掩映着这松衫。恰便似蛟龙飞绕玉巉岩，骇的些野鹿山猿半痴憨。"这不仅可证张养浩确有龙石，而且有龙石造型的"写真"：恰便似蛟龙飞绕玉巉岩。蛟龙盘绕，此确为趵突泉龙石之最生动最形象之写照。

张养浩深知这等龙石之难得，故称为"神剜鬼劂"的太湖石，如今将之毫无依据地说成龟石，该是咱们济南多大的损失。

至于龟石，历代济南府、县志亦多有记载，据康熙《历城县志》，盖自清初，此石已进入山东巡抚部院今珍珠泉大院。不幸的是，该石数百年后毁于抗日战争炮火之中。

殷士儋散曲：咏歌济南山水古迹的灿烂奇葩

大名鼎鼎的明代济南相国殷士儋，居住在风景如画的泉水园林通乐园里。历史上，描绘这座园林的诗文作品甚多，然而遗憾的是，我们却找不到殷士儋哪怕是一首诗、一篇文章写济南山水，特别是自己钟爱的园林。

如今，这一令人困窘的局面终于被打破了，笔者在殷士儋的散曲集《明农轩乐府》里，意外地发现了殷士儋全面描绘济南山水古迹的散曲。

自古以来，描绘济南泉水的诗文作品可谓多矣，然而散曲作品却极其罕见，且此散曲为殷士儋的精心之作，笔者以为，实堪称咏歌济南山水古迹的一束灿烂奇葩。

殷士儋，字正甫，号文通，山东济南府历城县（今济南）人。嘉靖二十六年（1547）进士，选庶吉士，授检讨。隆庆元年（1567）擢侍读学士，掌翰林院事。明年春，拜礼部尚书，掌詹事府事。后进少保，改武英殿大学士。内阁大臣高拱（新郑人，后为内阁首辅）、张四维被御史弹劾，怀疑殷士儋指使，遂相攻讦，乃

殷士儋画像

至金殿相殴，后高拱指使御史劾士儋，士儋遂辞官归乡。十一年后卒，谥文庄。有《金舆山房稿》《明农轩乐府》等著作传世。

殷士儋自罢归后，回到家乡济南，筑庐泺水之滨。他重修元代万竹园，卜居其中，取名"通乐园"，又名"川上精舍"，自此不问政事，不谈声利，以吟咏词曲为乐，并留下《明农轩乐府》一卷。

为此书作《序》的唐府宗正宙槙说：

> 公既罢相归济上，绝口不谈声利，而于诗文亦谢不复为，日与其友人许殿卿辈策款段、命扁舟，延眺鹊华之峰，寄傲明湖之渚。酒酣兴逸，则肆口而占乐府数阙，间自为曼声，引而歌之，相乐也。积久成帙。二三同好者梓之济上。

他又品评殷士儋的散曲作品道：

> 音节铿锵，若自金石出，而情与景会，语语天成，超诣辞场三昧之境，即胜国所传诸大家之制，不是过也。乃若鸿冥蝉蜕，胸次超然……自非有道，讵易臻兹……岂独词调之工已耶？
> 其写真词，更入三昧。

原来，殷士儋致仕回乡后，不再写诗作文，而专意散曲（"于诗文亦谢不复为"），所以我们只在他的《金舆山房稿》里寻找是不行的。而在《明农轩乐府》里，我们果然找到了殷士儋致仕后的生活轨迹。

殷士儋《明农轩乐府》的散曲，全部创作于致仕归家之后，是我们了解殷士儋后期生活经历的重要文献，它极为珍贵地记录下殷士儋致仕之后回归济南的生活场景，保留下他在通乐园里的宴集酬唱之欢、归隐田园之乐。

殷士儋对于济南的咏歌，主要出现在其套曲《咏怀古迹》中，这套曲的12 支曲子，概括起来有如下特点。

一、 "山环水映"， 相伴相生的山水审美特征

套曲之二【逍遥乐】：

> 水环山映似螺黛。千堆玻璃，万顷岚霭。层层列参差锦绣围屏。

七十二泉源远近称，数不尽美号佳名。有密脂金线，柳絮芙蓉，漱

玉濯缨。

济南的山不是单纯的山，水也不是单纯的水，而是如殷士儋所言"水环山映"，山水一体。济南是一座天生丽姿的山水城市，城区内百泉奔涌，城市环周遍是青山，甚至有"十里青山半入城"之概。在济南泉水的描述中，有一个使用频率极高的词语：镜。在济南满眼皆是如同明镜的泉池清溪，倒映在水中的山，青翠润泽，水汽缥缈，如同仙境。而此曲中的"千堆玻璃，万顷岚霭"，更堪称对济南泉水与青山相伴、山水相生的传神描绘，这是济南泉水独树一帜的水城镜像之曼妙折光。

让人赞叹的还有七十二泉的"美名佳号"，我们来听这些美丽的词汇："密脂金线"，"柳絮芙蓉"，"漱玉濯缨"。清代，在济南任职的文人郝植恭作《济南七十二泉记》，讲述了济南泉水的命名，有取象于天者，有以地名者，有以人名者，有以动物名者，有以植物名者。七十二泉，每一个泉名都形象生动，都借助了大自然中最美的事物来命名。作者在这里，仅列出这几个泉名，就把泉水风雅的称名之美都连带写了出来，且朗朗上口，余韵不尽。

套曲之五【醋葫芦】：

玉虚祠玄武台。会波楼残照影。望东南华表塔峻嶒。文笔连云

当绝顶。山色与湖光照应。碧莲丛里数峰青。

此曲进一步呼应了【逍遥乐】中水环山绕的描述。大明湖汇济南众泉之水，是泉水湖，水尤澄澈清洌。一切景致，俱在湖中，远山滴翠、近峰苍烟、蓝天白云，一皆倒影湖中，张养浩诗云："影倒冯夷宫，锦乱天孙裳。明湖一神镜，照万无留良。"结句，一个"碧莲丛里数峰青"，更将大明湖"佛山倒影""山色与湖光照应"之美诗意地彰显出来，难能可贵的是，他创造出了"佛山倒影"的另一种表达方式。

二、 趵突 "高喷玉壶冰"： 济南名泉独特美感的审美把握

写济南泉水，是需要知识与功力的。问题在于，作者对于名泉的本质把握是否精准，能否挠到那些高明读者的痒处？

且看套曲之三【金菊香】：

> 趵突泉波心高喷玉壶冰，大佛岩石乳悬垂甘露零，珍珠泉万颗
> 匀圆漾水晶。正对着朱邸雕楹，清湛湛碧澄澄。

这一曲写到了具体的泉，你感觉如何？比如趵突泉、甘露泉、珍珠泉，它们或"高喷玉壶冰"（趵突），或"石乳悬垂甘露零"（甘露泉），或"万颗匀圆漾水晶"，真个是各具情态，仪态万方。看到其中有什么奥秘吗？原来，殷氏不是一般地写泉，而是抓住泉的姿态的独特性甚至唯一性落笔的，所以它给读者的印象如此之深刻。趵突泉拔地三窟、势若鼎沸，正"高喷玉壶冰"也；珍珠泉姿容曼妙、华贵典雅，千颗万颗，匀圆晶亮，如珍珠汩汩涌出，"万颗匀圆漾水晶"，正其绝妙写照也；而甘露泉，作者则抓取其"悬垂"的形状，特别是古老之"零"，零者，滴落也，由此，甘露泉之情状姿致一览无余。而这些都是独一无二的、其他泉没有的特征。这显示了作者对于济南泉水的挚爱、熟知与真知。

三、 古迹众多、 万家弦诵的城市文化特征

套曲之一【商调集贤宾】：

> 古齐都自来多胜景，襟泰岱跨沧溟。蓬莱岛东通福地，紫微垣
> 北拱神京。济水派大清河夏后亲凿，历山原美田畴虞帝躬耕。好风
> 俗万家弦诵声。眼面前图画天成，明湖光潋滟，鹊华声峥嵘。

作为开端，第一首曲子是从整体上描绘概括济南的山水古迹之美的。古齐都（济南）自来多胜景，济南自古就是一块山水胜地。在地理位置上，它南依泰岱，东连大海，是北拱首都的坚强屏障。济南历史悠久，古迹众多，

舜耕历山，大禹治水，山山水水留下了古圣人的足迹；民风淳厚，弦诵声声，自然景致与人文风俗并美。而大明湖的潋滟波光与鹊华二山的美丽气象，犹如眼前展开了一幅浑然天成的图画。

整首曲对济南山水形胜的描绘准确而生动，写出了济南丰厚的历史文化底蕴，特别是崇尚文化的美风良俗，字里行间流露出对家乡的赞赏和热爱。

套曲之四【梧叶儿】：

> 同文阁，闻韶馆，凝香斋，芍药厅，五柳港，百花汀。希夷字在迎祥观，杜陵诗在北渚亭。穿云窦，聚星瀛，到处是仙都圣境。

闻韶馆，在大明湖上。凝香斋，芍药厅，百花汀，均为宋代济南太守曾巩所建之亭馆建筑。元好问有言："大概承平时，济南楼观天下莫与为比。"后经兵燹丧乱，济南古迹楼观之美仍然没有消失殆尽，"虽高甍画栋，无复其旧，而天巧具在，不待外饰而后奇也"。同文阁，今不详其处，五柳港，疑为张养浩之云庄。而迎祥观里有"希夷先生"陈抟老祖的题字，北渚亭则有大诗人杜甫题诗，济南的古迹形胜，真如同"穿云窦，聚星瀛"一般，将这座城市变成了"仙都圣境"呀！

四、 地因人胜， 千古风流的名士之城

济南的泉水，济南的风土，不仅哺育了一代一代的风流名士，而且名士们也为这块土地挣足了面子。殷士儋将此称之为"地因人胜"。

套曲之六【醋葫芦】：

> 雪香林待凤石，华阳宫丹龟鼎，玉函灵鸟久飞腾。叔牙山，子骞祠，禹舜井。真个是地因人胜，残碑故老记分明。

从大舜、大禹到闵子骞、鲍叔牙、张养浩……历朝历代数不尽的济南名士，真的犹如"玉函灵鸟久飞腾"，而且殷士儋还总结出济南名士的一大特点，堪为人生楷模，令后世效法的"千古仪刑（型）"。

套曲之七【醋葫芦】：

> 绅然亭葭菼苍，遂闲堂风露冷。云庄千古仰仪刑。往日繁华谁

料领，空想像膏残馥剩。但见些寒烟衰柳锁枯藤。

绰然亭，遂闲堂，均为张养浩云庄风物。在济南名士中，张养浩大约是殷士儋最为心仪的人物。他们俩都坐到相国的高位，而张养浩的政绩与文事更为突出。尤其在他弃官归隐云庄之后，七聘不起，而闻听关中大旱，却立即登车就道，到官四个月就因操劳过度而去世。苏天爵谓其为"一代伟人"，尹旻称之为"齐鲁一人，今古罕俪"。殷士儋谓其"千古仰仪刑"，诚哉斯言。

灵山秀水，名士之乡，是一个绝妙的搭配。清人王培荀称济南为"以诗人置之诗地，可谓人地相宜"。正是在这样一个环境里，殷士儋感受到人间最大的欢乐，他"扁舟载酒月中行""闲伴渔樵话，来寻鸥鹭盟，喜胜概可人情"，尽情徜徉在故乡山水之中，而其散曲亦得"江山之助"。好友许邦才云："其每阕出即被之管弦，而流转于喉吻，虽狭邪童伎辈相竞习之不苦其难，岂非得其自然之机，而用韵如出诸肺腑者乎？以冠乎词林，而传之不朽也，必由是矣。"又谓："状奇绝之景色，写幽真之物情，有元人未之逮者。"

王象春对于济南山水的审美发现

引子：　寥天一鹤翔高眼

寥天一鹤翔高眼，

霜洗云山待我来。

今古铺成兴慨地，

几人清梦月中回。

这是明末诗人王象春所著《齐音》中的第一首诗《初至济》。

诗中，王象春以寥天一鹤自喻，说自己翔飞在天，从高处周览济南的湖山胜迹、古今人物与风俗习尚，兴慨古今，写下不朽之作《齐音》。

就《齐音》对于济南山川的审美把握，就《齐音》所达到的历史文化与艺术的高度看，这个比喻很准确、很贴切。

王象春（1578—1632），字季木，别号鹊湖居士，明代济南府新城县（今桓台）人。清初大诗人王士禛从祖，出身世代官宦之家。明万历三十八年（1610）进士第二（即榜眼）。中进士后尚未授职，充顺天乡试同考官，无辜受牵连入科场案被降职任用。后赴京任上林苑典簿，迁南京大理寺评事，升寺正，工部营缮司员外郎，调兵部车驾司员外郎，升吏部考功司郎中。虽鄙视冠带而克尽厥职。

王象春耿直傲兀，刚肠疾恶，跌宕使气，他抗论士大夫邪正，党论异同，无所顾忌。左副都御史杨涟上疏奏劾权阉魏忠贤二十四大罪，请明正典刑。当杨涟劾魏忠贤的疏稿传到南京，王象春激动异常。他认为这是天地间第一大文章，赞赏不绝。他细加密圈，写了评语和跋，由其弟子何永泓雕版传布，以彰魏阉之罪。

以此，王象春被指目为东林党人。天启中，为阉党所劾谪出，后归田。于崇祯四年（1631）遭孔有德叛军洗劫，兄侄惨死。崇祯五年（1632）十二月，王象春怀一腔孤愤，满腹心酸，含恨长逝。

王象春才高八斗，其诗豪放奔逸，磅礴大气。他最为人称道的诗是《书项王庙壁》：

　　三章既沛秦川雨，入关又纵阿房炬，汉王真龙项王虎。

　　玉玦三提王不语，鼎上杯羹弃翁姥，项王真龙汉王鼠。

　　垓下美人泣楚歌，定陶美人泣楚舞，真龙亦鼠虎亦鼠。

该诗论说刘邦、项羽之优劣，通过他们的事迹对比着写，这既公道又全面。首三句言兵入咸阳，褒刘贬项；中三句言鸿门宴与广武之战，褒项贬刘；后三句言虞姬、戚氏事，项与刘并贬之。实为不偏不倚，别开生面。

朱彝尊《静志居诗话》曰："《题项王庙》一篇……比于谢参军《鸿门》作，更觉遒炼……此非邪师外道之传也。"（钱谦益尝贬王诗为"如西域波罗门教邪师外道"。）

王士禛《渔洋诗话》评曰："古今判刘、项，无此雄快。"

王象春《齐音》作于他因科场案被降职任用之后。

遭此打击，王象春对仕途心灰意冷，遂回到故乡新城，不想适遭遇明末万历乙卯、丙辰间山东大旱，所以不得不易产出走，先后到过沂、沛，又北返兖州，于万历四十四年（1616）来到济南。

王象春先是住在大明湖南岸、鹊华桥以西孟醇的滨湖园亭里，继又购得明代大诗人李攀龙的湖上白雪楼居住下来，其间还修了一座问山亭。他在济南居住了一年的时间，暇时与友人如刘亮采等共游湖泉，谈诗论文；他还探访城乡耆老，探问济南的名胜古迹轶闻旧事，并据此写出《齐音》一书。

185

《齐音》，又名《济南百咏》。它名曰"百咏"，实际收录七绝一百零七首。每首诗后，系以笺注。

关于此书的价值，已故著名学者严薇青先生所言最为精到。他说：过去历史上记述和吟咏济南或历下名胜、古迹、风土、人物的专著不为少见，"其中既能描述济垣景物，又有文献可征，特别是直抒作者胸臆，渗透作者孤愤，并能从中看出作者的识见和素养的，自当以明人王象春《齐音》为巨擘"。（参见《齐音·序》，济南出版社1993年版）

作为济南人，王象春的"识见和素养"，最为集中地体现在他对济南山水的审美发现上。

王象春深爱济南，他称济南："此邦信美，又吾土也。"（见《齐音引》）而且，他对于诗歌创作尤其山水诗有着深厚的造诣。好友张延登称其："素豪于诗，雅好山水。"这都为他创作《齐音》备足了条件。应该说，《齐音》取得的成就是多方面的，比如《齐音》的历史认识价值，张延登称其可以作为济南的地方史志来读，他说："况历旧无专志，今《百咏》所载千秋得失之林备矣。"

然而，在笔者看来，《齐音》的最高价值，仍然在于他对于济南山水以及人文价值的独特发掘与发现，他有诸多的论述高屋建瓴，甚至振聋发聩，这对济南这座城市的重要性不言而喻。

一、 "水自内而外出者， 天下唯济城己耳"： 济南泉 "内出泉" 独特价值的发现与阐述

"水自内而外出者，天下唯济城己耳"，这段出自《齐音·灰包泉》的话语，堪称深中肯綮、一言中的，它深刻阐明了济南泉水的一个最为重要的特征。

这就是，济南是全国唯一一座从城里向城外涌流泉水的城市。

我国城市的泉，多在郊外或山林地带。如杭州的虎跑泉在西湖西南隅的大慈山下，距市区约有五公里；无锡的惠山泉在江苏无锡市的惠山山麓；北京的玉泉在西山东麓，亦距市区较远。（市区偶有泉池，亦不过一两处而已）。

此种情况，属于泉在山上或野外，与城市毫无干涉，相对于城市来说，我们可称其为"城外泉"或"山野泉"。

另一种情况是，将泉水由远离城市的山野引入城市，打造水城，如云南丽江便是。此种情况，我们可以称之为"外引泉"。

其他如诸多依据运河水造就的江南水乡如乌镇等，因不是泉水，不在本文论述范围之内。

唯有济南的泉主要涌现于市区。在济南旧城区仅 2.6 平方公里的区域内，竟集中出露了上百处泉水。这实在是一桩海内奇观。古人对此早有认识和论述。除了上述王象春在《齐音》中的论述，又如明人晏璧："今济南环城不一舍许，而七十二泉献秀呈奇。"（参见《济南七十二泉诗序》）如此等等，不一而足。此种"水自内而外出"的泉水涌流情况，我们可以将其命名为"内出泉"或"城内泉"。

济南城内，泉水到处都有；泉水就在自己家里，而且是"家家泉水，户户垂杨"。

泉在城内，便是济南雅称"泉城"的根本原因，又因为此种景象天下罕见，故又称"天下泉城"也。

"内出泉"或曰"城内泉"，又造就济南自然、文化的两大特征。

其一：至纯至净、温润中和的自然景观。

其二：城内的"家泉"造就了济南人与泉水相依为命、相生共存的永恒图景与文化景观。

清人张坞诗："一城士女在一水，他郡无此风光饶"，殆此之谓也。

枕水听泉，方水而居，家家泉水，户户垂杨，甚至，泉涌泉落，水高水低，都时刻牵动着济南老百姓的心。一年又一年，一代又一代，这泉水早已成了老百姓的家族成员，那剪不断、理还乱的缕缕情丝，只有济南人看得懂其中的内涵与深意。

济南泉水，其最为深厚的根源，在乎民间。

二、"湖出城中，宇内所无"：
大明湖 "城中湖" 独特价值的发现及其他

《齐音》中有《大明湖》诗：

> 万派千流竞一门，冈峦围合紫云屯。
>
> 莲花水底危城出，略似镂金翡翠盆。

大明湖为济南众泉所汇的泉水湖，由北水门出，入小清河，故诗人称"万派千流竞一门"。大明湖南北有群山环绕，一派"冈峦围合"的烟雨胜境，这是大明湖的周边环境；而"镂金翡翠盆"，则是王象春创造的一个大明湖的比喻，它将莲花与济南城堞映在明湖中的倒影惟妙惟肖地展示出来。好是生动，好是形象。

王象春的高妙不止在于此，且在他为此诗作的笺注里：

> 湖出城中，宇内所无。

这八个字，堪称字字金石，掷地有声，它将大明湖最为独具的风貌价值昭示于世。

为什么一个"城中湖"，就如此高不可攀呢？这是因为天下稀少。比如，连天下闻名的西湖也没有这得天独厚的环境、条件。清代诗人兼高官黄恩彤写有《明湖竹枝词》，其八曰：

> 淡妆浓抹画不成，自然宜雨又宜晴。
>
> 明湖敢道西湖似，只是西湖欠入城。

除了"城内湖"外，王象春还总结出大明湖的其他几个审美特征。

其一，"湖山相映，两收其妙"。

王象春在《大明湖》笺注中还说："（大明）湖既出居民之北，而华峰又落齐城之东北，故凡宅门之北向者，得两收其妙。"

这就是说：当年，凡是临湖又宅门向北的人家，都可以既雅赏大明湖千顷碧波，又观览美丽的鹊华烟雨。王象春称为"两收其妙"。

其二，明湖莲："北风直送满城香"。

明湖莲，自古便为大明湖之胜境。金元之际，元好问在《济南行记》中称："大明湖，其大占府城三之一。秋荷方盛，红绿如绣，令人渺然有吴儿洲渚之想。"

王象春有诗《明湖莲》：

五月荷花半压塘，北风直送满城香。

当垆瓶酒兼虾菜，南客游来不忆乡。

诗写得真好，令人仿佛嗅

湖上（李瑞勇摄影）

到大明湖荷芰藕茨的清香，以及莲花盛放的灿烂样貌，还有济南酷似江南的水乡风情：当垆瓶酒兼虾菜。

在这首诗的笺注里，王象春还说：

北地风景似江南者，自齐城之外并无二地。故吴侬客此甚多，风气自南而北……

明湖莲，早已成为济南标志性自然与文化景观。20 世纪 30 年代，老舍称：

大明湖的蒲菜，茭白，白花藕，还真许是它驰名天下的重要原因呢……在夏天，青菜挑子上带着一束束的大白莲花骨朵出卖，在北方大概只有济南能这么"阔气"。

其三，"但凭济水望秋空"——大明湖上观景绝妙处北极阁。

《齐音·刘公严画》笺注称：

秋雨初霁，竞秀争流，与刘司徒公严登北极台瞻眺。余不禁叫绝，几欲乘风八极。

刘亮采（生卒年不详），字公严，明代济南人，著名诗人刘天民之孙。明万历二十年（1592）壬辰科进士，曾任河南鹿邑、兰阳知县，颇有政声。召为户部主事，病归济南，筑室灵岩寺，葛巾道服至老。

且看《刘公严画》：

> 烟霞供养此瘫翁，怪道生绡有化工。
>
> 不法临淄兼北苑，但凭济水望秋空。

王象春说：是济南的山水，养育了刘亮采这位出色的画家，有了登上北极阁观景的大自然"真谱"，他不必师法古代任何著名的画家画派，只要有北极阁观景、有"济水秋空"的滋养便足够了。

这是对刘亮采画艺画风的赞美，又何尝不是对大明湖、北极阁景致的赞美！

三、"味沁肝脾声沁耳"的春秋名泉：
王象春论趵突泉

趵突泉为古泺水发源地，泉自地下溶洞的裂缝中涌出，拔地三窟，势若鼎沸，蔚为壮观，无与伦比，素有"天下第一泉"之美称。

王象春于趵突泉感情极深。他写有《趵突泉》《丙辰秋，家济上。房蔚居归自京师，道出济，邀话趵突泉赋赠》《醉题趵突泉》等专咏趵突泉的诗作。

在王象春生活的明代万历年间，趵突泉作为"天下第一泉"已是世所公认的现实。王象春在《白雪楼》诗的笺注中尝说：

> 李于鳞白雪楼旧有二处，今皆凋落不堪。士人不忍，因于第一
泉间，别起杰阁。

文中的第一泉，趵突泉是也。

王象春的趵突泉诗，常常充满着奇丽的想象与大胆的猜测。如他的《醉题趵突泉》：

> 昔闻西人玛窦久相诧，对脚之国天在下。
>
> 尾闾一穴倒万川，老水回还作甘蔗。

明万历十年（1582），意大利天主教耶稣会传教士利玛窦来到中国传教，同时向中国社会传播了西方的几何学、地理学知识以及人文主义观点。利玛

窦制造的世界地图《坤舆万国全图》是中国历史上第一个世界地图，先后被十二次刻印。

王象春作为当时的文化名士（他比利玛窦小 26 岁），肯定是见过这幅世界地图，并受到自然科学知识影响的；然而，这些与中国的传统文化实在差距太大，因此他又不免有所猜疑，所以他说：如果依据利玛窦的说法，地球是圆的，那与我们中国"对脚"的那一边，不就成了大地在上面蓝天在下面了？这话语，充满着人类最初走出蒙昧的天真、好奇、不解与激动，以及绮丽浪漫的想象力，这些，都是只有倒回到那段特定的历史中才会产生的思想意识吧！

然而，对于趵突泉是"海眼"的传统说法，王象春却毫无保留地接受了。尾闾，古代传说中海水所归之处，语出《庄子·秋水》。王象春认为：趵突泉如此大的气势与滔滔不绝的水量，只能是"尾闾"而来的海水，不过经过回环往复成了"老水"便变得可口甘甜了。

真正显示王象春对于趵突泉的深刻认识的，是他在《齐音》中所写的《趵突泉》：

> 嗟余六月移家远，总为斯泉一系情。
>
> 味沁肝脾声沁耳，看山双眼也添明。

在王象春的心目中，趵突泉作为"天下第一泉"可不是浪得虚名。

首先是，趵突泉的资格老。王象春在《趵突泉》笺注中说："鲁桓公十有八年，公及齐侯会于泺，则此名泉在春秋已显。"

趵突泉拥有最早见于中国古代经典文献的"两个最"，上述，王象春谈到了中国最早的史书《春秋》记载了趵突泉。另外，中国最早的文字甲骨文也记载了趵突泉。甲骨文中的"泺"，就是趵突泉，泺水。

趵突泉这样厚实的充沛的底气，世间罕见。

再次，是趵突泉的水味与水声，王象春用"味沁肝脾声沁耳"来表达之。关于趵突泉的水味，清代济南名士王钟霖有地道表述："天下名泉，扬子第一，惠山第二，长白麟见亭先生谓趵突可与二泉伯仲。齐郡唐际武先生云：'吾行几遍天下，所谓第一、第二泉者，皆不及吾济诸泉，惜陆羽未品之耳。'

夫泉之著名在甘与清，趵突甘而淳、清而洌，且重而有力……"

而谈及水声，尤其趵突泉倒海翻江之涛声气象，尤令古今诗人咏赞叫绝。如："数里撼秋树，别泉无此声"（鹿学皋《月夜听趵突泉》）；"一自临流心赏后，涛声常在梦魂间"（曹淑《游趵突泉后归途有咏》）；"归来引被作午睡，枕寝恍杂烟涛声"（施补华《同刘子彝玉兰醉后游济南城西废园，遂至趵突泉遇雨》）；等等。

四、"漂屋"及其他：
济南水乡风情的动人展示

明代，济南的水乡风情究竟如何？幸有王象春为我们留下了真实记录。

王象春有《北溪》诗：

　　一曲溪流一板桥，浣衣石面汲泉瓢。

　　家家屋后停针女，树底横舟手自摇。

在本诗的笺注中，王象春说：

　　北地妇女见舟不知名，呼为漂屋。惟济城之中横溪，溪上架桥，
桥下维舟，家家屋后，具有乐地，虽稚子妇女，有操舟之能，殊诧
见哉。

以下，我们以此《北溪》为主，并结合王象春的其他作品，对明代济南的水乡特色试分析之。

其一：明代济南，是一座典型的水城，泉流密布，港汊交错，横塘侧涧，不知其许。（《灰包泉》笺注："城内大明湖凡数十顷，横塘侧涧，不知几许。"）

其二：住家户之特征：屋后有溪，溪上有桥，桥下是拴船维舟之处。完全是一派江南水乡景致。

其三：因为是水乡，济南人便有着如同江南人一般的技能：划船操舟，而且老少妇女皆能。妇女一停下手中的针线活，便上船摇橹以谋生。

其四：济南人给船起的名字，谓之："漂屋"，好是形象、好是传神。以

船为屋，亦足见船在生活中之崇高地位，须臾不可离也。王象春《齐音》有《端阳》诗，称济南妇女到城东北十余里标山下的田文庙烧香求子，亦是"妇女泛舟谒庙，祈祠者众矣"。这一是说明当时城内有水道可直达标山，二是妇女泛舟操舟乃家常便饭。

其五：王象春《齐音》有《百花池》诗，称百花洲一带：

> 南山递翠，近渚飞香。

> 方广不过数亩，而居民庐舍团旋，视之北湖更有韵致。

水乡之美，在其有人间烟火气，百花洲若无"居民庐舍团旋"则不成其韵致与美感，正如同北溪的溪流、板桥、房舍、浣衣妇、汲泉翁一般，缺一不可。此为诗人文化意识之大觉醒，更是其文化之见识与视野之典型表现。

五、 奇树幽云兼怪石：
王象春拈出龙洞山 "三绝"

《齐音》有《龙洞》诗：

> 东南龙洞有龙凭，别洞深藏五月冰。

> 奇树幽云兼怪石，年年清享是山僧。

其笺注云：

> 趵突、千佛近城诸景为人游赏属厌，求其少而远而胜者，无如龙洞。名贤题咏亦多。夫龙洞去城三十里，经年游客几何？即游亦不过一信宿而返。自以为揽有泉石之妙，其间朝暮万状、阴晴各态者，不以无人而少异。山自闲，人自忙。

此诗及注，堪称龙洞山之绝唱。

龙洞不同于趵突泉、千佛山等近城或城边景致，龙洞距离济南城三十里，因而游人甚少，所以龙洞属于游客少、路途远、风景独胜的名胜之地。除了龙洞的文化古迹、名贤题咏外，王象春将其自然景致概括为"奇树幽云兼怪石"的三绝，堪称慧眼独具。

清代乾隆年间，江南阳湖诗人、学者孙星衍（字渊如，号季逑）有《龙洞探奇诗》，他在"序"中说：

> 去历城四十里，有龙洞，石壁奇绝，或如累巇，或类削成。方
> 秋，霜林红翠若锦屏，径宵深，泉流作琴筑声。又十里余为佛峪，
> 多六朝刻象，古洞有隋唐人墨迹题字。予凡三至其处，所见关洛江
> 浙名山无过之者。

他同样谈到龙洞佛峪的怪石、霜林、刻象等，而作为一位经多见广的江
南学者，他由衷地发出"所见关洛江浙名山无过之者"的话语，足见他为龙
洞之美深深折服。

济南人平时谈到龙洞，一般都包括佛峪在内。因为两地毗连，一山一谷，
都是层峦叠嶂，谷涧深邃，峭壁撑云，危峰堕水，林木葱郁，古树凌云。昔
人云："龙洞以奇胜，佛峪以幽胜"，恰如其分。

而龙洞之锦屏岩（"锦屏春晓"为济南八景之一）、佛峪之红叶更是灿若
云锦，令人惊艳叹奇。然而，这些景致，又处在云影山光相互映照的不断变
幻之中。诚如王象春所写，其动人处还在"幽云"等各色情态："其间朝暮万
状、阴晴各态者，不以无人而少异"，如此一处清幽静寂、美不胜收的人间仙
境，可惜的是"经年游客几何？即游亦不过一信宿而返"，因而，诗人发出浩
叹："山自闲，人自忙！"

六、 一代风流问水滨：
王象春论华不注、 鹊山

山，离不开水的滋养。济南的华不注与鹊山，最是明证。

王象春对此有深刻认识。我们且看他的《华不注》：

> 单椒桀立虎牙悬，锁尽狂奔七十泉。
>
> 怪得仙人赤松子，犹将鹿借李青莲。

"单椒桀立虎牙悬，锁尽狂奔七十泉"，当年，小清河开凿之前，济南众
泉之水由大明湖北水门出，直驱华不注。华不注、鹊山为水中山，全靠济南
泉水滋养。在本诗的笺注中，王象春特意标出郦道元写华不注的"青崖翠发，

望同点黛"的绿秀之美。

除此之外，王象春还引用李白的华不注诗。因为在他眼里，唯有李白诗堪与华不注相配，二者是妙搭。由此可知华不注在诗人心目中之崇高地位。他说："太白与华山异美，正可相当，此外他举，则稍屈吾华矣。"

值得注意的是，王象春写鹊山是与鹊湖并举的，《鹊山》与《鹊湖》紧相连接，放在一起。诗人写鹊山"万岫千岩济水蟠，如屏孤逗出河干"，鹊山蟠据济水、苍平远迤之状如在目前。显然，诗人几乎是倾注了全部的情感来写《鹊湖》的：

> 江都为主少陵宾，一代风流问水滨。
>
> 鱼鸟陆沉魂怨恫，几时重启外湖埋？

笺注云：

> 李北海守济，少陵客此，同游鹊湖，憩于历下亭，俱有题咏，惜李诗已亡矣。余谓自天地有此湖此亭，而此日是湖亭一生际遇。今鹊湖莽然田壤，无复烟波，则逆贼刘豫填之也。……若刘豫填湖，便贼头贼脑杀尽韵致，余每一到鹊湖辄起鞭骨之恨！

真的是痛快淋漓、豪气满胸。

江都，唐代李邕是也，李邕，江都人。少陵，杜甫。李邕任北海太守时来济，曾与李白、杜甫游宴赋诗。王象春称李邕守济及历下亭在鹊湖，俱有微误，然李白、杜甫游鹊山湖，却是不争的事实。特别是李杜在鹊山湖的那些经典诗句，早已成为济南这座城市的永恒记忆。

比如：李白的"湖阔数十里，湖光摇碧山"（《陪从祖济南太守泛鹊山湖三首》），杜甫的"鼍吼风奔浪，鱼跳日映山"（《暂如临邑，至鹊山湖亭奉怀李员外，率尔成兴》），等等，将华鹊二山作为水中山的昔日美景，生动逼真地展现出来。好山好水，名流名诗，真的是"一代风流问水滨"呀！王象春之笺注，仅将历下亭改作鹊山湖亭便可。而王象春称李杜泛游鹊山湖乃是鹊山湖"一生际遇"，更是彰显了他的文化视野。

亦因此，王象春对于"刘豫填湖"，充满了"鞭骨之恨"，这首先是对李杜泛湖的文化遗址的毁坏；还有，是对鹊华二山的"水中山"美景的毁坏。

刘豫为强化水运抗击南宋，在济南北郊开凿小清河，于是，济南诸泉之水尤其泺水不再经鹊山湖入大清河，而是直接导入小清河，这直接造成济南北郊自然水土与美丽景致的毁灭性破坏。王象春称："今鹊湖莽然田壤，无复烟波，则逆贼刘豫填之也。"又称刘豫："贼头贼脑杀尽韵致"，此足见他对于济南这一自然文化景观不幸湮灭的愤怒与悲哀！

"鱼鸟陆沉魂怨恫"，诗人说，鹊山湖的消失，连陆沉的鱼鸟都冤魂难平。因之，今日华不注凿湖引水，其意义未可小觑。这也正实现了当年王象春"重启外湖埂"的梦想，为"鹊华秋色"胜境的再现提供了宝贵的历史机遇。

七、 济南景致的 "宜晴宜雨之妙"

宋代苏轼曾盛赞西湖景致"晴方好"与"雨亦奇"的"宜晴宜雨之妙"，济南亦然。

王象春《晴望》：

> 初闻水面燕呢喃，云尽西风龙入潭。
>
> 睡起推窗延爽气，天边添出几峰峦。
>
> 笺注云：马耳、鹿角、青童、玉符、白云诸峰，嵌只补缺，邈在天末，惟晴后矗矗尽出，点青抹碧，不移时便隐去矣，非闲人不得揽结此妙。

诗写得极美，信口道来而饶有情趣。马耳、鹿角、青童、玉符、白云，均为济南南部之山峦，只在晴天之时"矗矗尽出，点青抹碧"，且时间不长便消失（"不移时便隐去矣"），而诗人显然是一位心怀旷达，可以"揽结此妙"的"闲人"。"睡起推窗延爽气，天边添出几峰峦"，含无限诗情画意与恬淡情怀在不言之中。

如果是雨天，济南又如何呢？

我们来看王象春的《雨望》：

> 齐城宜向雨中看，万室炊烟晚意寒。
>
> 须是米颠亲泼墨，仙人皴法便枯干。

笺注云：晴日北门登眺，趣胜于他处。至雨朝则不及西南二楼，可以北望烟渚，南眺隐岫，乍有乍无，氤氲为状。夏日偶尔冒雨一临，始悟坐檐底听霖铃也。

济南山青，氤氲为状；济南水碧，雾气蒸腾，烟雨之美，朦胧之境，无与伦比的美丽与惊艳，王象春将其比作"米颠泼墨"，而当代山水诗人孔孚则将之比作吕品之水彩画，这该不是偶然的相遇吧？

孔孚诗云：

半城春水

绿了一个济南

吕品在烟云中

打着伞

结语： 于钦昔日评山水， 直道济南天下无

王象春对济南山水的超越性审美把握，我们还可以举出许多例证。

比如千佛山，他称其为"一方人文必钟一方灵秀"之所在的"齐之镇山"，实在恰如其分。他说此山"近俯埤堄，芙蓉环合；日照烟生，风收岚积，乃泰岱之嫡长孙（支脉），齐鲁之青未了"，又是对其走势、地位、美景及借景之山的特色的生动描绘。

济南三月，是济南士女踏青的季节，王象春总结了济南三月的"四美"，在《踏青》一诗的笺注里，他说："三月士女竞出城南下院踏青，山南花放最盛，攀跻过山折取，撷盈怀袖。犹是太平景象，凶岁岂可复睹？余谓一年景色无如三月，朱明则烂漫近败，早春又羞涩畏寒，重阳有霜露之悲，赏雪有寒士之恻。惟三月四美俱矣，岂可轻掷此日！"

自然，《齐音》中关于济南历史、人文的论述同样精彩而超越，本文限于选题的性质，不能一一顾及。由此可见，王象春关于济南山水的超诣高妙之见解，除了其见识、学养之外，不能不与他因对于济南的故园情结而产生的

寻根式文化认同密切相关。

"于钦昔日评山水，直道济南天下无"，这是《齐音·于钦》中的诗句，于钦有"济南山水天下无"的诗句，为王象春所激赏。他们都是慧眼独具的济南山水的知音。

王象春曾作《寄咏》一首，畅谈《齐音》之风格个性。全诗为：

休唱柳枝与竹枝，

柔音不是北方词。

长声硬字攀松柏，

歌向霜天济水湄。

《齐音》是一个有性格的人写的一部有性格的书。尽管书中存在着个别以传闻入诗，以致失考之处，但它仍不失一部有内涵、有分量的书，一部不朽的传世之作。它对于济南人的价值更是非同一般！窃以为：王象春高瞻远瞩的山水文化视野与审美境界，断不是一般学人所能具备的。

历山秋眺：命名的深意与诗意

　　尽管济南人仍习惯地将它称为千佛山，而它最具光彩和自豪感的名字却是历山，或者，舜耕山。

　　所以，当济南的新八景评选将它的名字定为"历山秋眺"时，我就想：新八景中一个最具深意和最具诗意的名字终于出现了。

　　尽管全国有四处历山，但它却是最当之无愧的大舜耕种过的那座历山。这是有充分的历史文献依据的。比如说，将近一千年前，时任齐州知州的曾巩经过反复考证，便曾在他的名作《齐州二堂记》中断言："舜耕历山，以余考之，在齐者是也。"

　　翻开史书和府志、县志，可以看到，千佛山，南北朝时称舜耕山（《魏书》）；隋称舜山，亦称历山（《隋书》）；唐称舜山（《酉阳杂俎》）；宋元称历山（《太平寰宇记》《齐乘》）；明清历山、千佛山混用，而在官场或正式场合仍用历山。如清代出任山东学政的施闰章之《济南九日登历山诗》，阮元之《历山铭》，毕沅之《历山诗》等。

　　而山下的这座城，春秋战国为齐之历下邑，秦代为历下县，汉代为济南郡之历城县……一个"历"字，是直接可以"通"到大舜那里去的，所以，到了明清，人们就经常将这座城称为"舜城"或"舜子郡"了。由此可见，"历山"二字，体现了济南多么深厚的历史文化渊源。

而且，这是一座真正属于老百姓的山。小时候，我们经常爬历山，这里没有大门不收门票，很多条上山的路，随便爬。济南古代的乡贤们，如范讽、边贡、李攀龙等，也将历山亲切地称之为"南山"，言外之意，这就是自己的家山呀！

据宋人吴曾《能改斋漫录》引《兼倦游杂录》记载：北宋年间曾担任御史中丞、三司使等高位并颇富政绩的济南人范讽遭弹劾诬陷，自给事中谪官回到济南。在城西金线泉有张氏园亭，水木环合，乃历下之胜景。园亭主人张聪特邀范讽宴饮于此，范讽激动之余，题韵诗于壁："园林再到身犹健，官职全抛梦乍醒。惟有南山与君眼，相逢不改旧时青。"

范讽的这首诗，既有历尽坎坷后看透官场看破红尘的清醒与睿智，更有对故乡对故人情谊的深情咏唱。其时的金钱泉，不唯泉水淙淙，良友佳会，而且佛山（南山）耸翠，风光可人。或许在范讽看来，他犹如一个多年在外遭受磨难和欺负的游子，如今，只有故乡的山水和亲情可以抚慰那颗饱受损害的心灵。这首诗对历下诗人的影响很大，自此，"南山青""旧时青"常见于济南诗人的诗作之中。多少年来，那一抹养人养眼的翠绿，那一片怡情怡性的螺青，与济南人的乡土之恋、故园之情水乳交融，常相依伴。

山不算大，但古朴，优雅，你顺着西边的山路往上走，首先看到的，是唐槐亭，虽建于 20 世纪 70 年代，但它很是斯文。此处原为曾公祠（曾巩对济南的贡献真是千古一人，纪念他最为得当），后为胡国公祠，如今改为唐槐亭，真是越改越缩小了意义。接着，齐烟九点、仰观俯察、云径禅关、峰回路转等坊，那是绝妙好词对应着恰如其分的绝妙好景的。兴国禅寺不大，但有韵味，给济南人的感觉如同趵突泉的东门，虽则旧，虽则小，但那雅致超逸的味道，却是任何的高门崇楼所不能取代的。

兴国寺的楹联有特点，上联：暮鼓晨钟惊醒世间名利客，下联：经声佛号唤回苦海梦迷人，有着一种不以名利为念、追求精神境界的超越情怀。我相信许多的济南人都受过它的启发与熏陶。这里还是观景的佳处，尤其夏日，清凉无比。古人有"七月欲尽热似炙，来此忽然风生脚"的妙句。这里景致也美，即便在山下或远处望它。刘鹗在《老残游记》有段描写：

到了铁公祠前，朝南一望，只见对面千佛山上，梵宇僧楼，与那苍松翠柏，高下相间，红的火红，白的雪白，青的靛青、绿的碧绿，更有那一株半株的丹枫夹在里面，仿佛宋人赵千里的一幅大画，做了一架数十里长的屏风。

如果你以为刘鹗在这里只是写的千佛山或兴国寺，那就错了。他是借此引出那个神秘莫测的盖世奇观："佛山倒影"。他接下来写道：

（老残）正在叹赏不绝，忽听一声渔唱。低头看去，谁知那明湖业已澄净的同镜子一般。那千佛山的倒影映在湖里，显得明明白白。那楼台树木格外光彩，觉得比上头的一个千佛山还要好看，还要清楚……

济南南面的千佛山和北面的大明湖相距五六公里，然而海拔不到三百米的千佛山的影子却能倒映在大明湖中，形成"佛山倒影"的奇观。自古以来，这一现象引起了人们的极大兴趣，许多游人不远千里前来观赏。

而千佛山的妙处还不仅在此。

真正写出千佛山的独特魅力的，是艾芜。

他在《游千佛山》一文中，这样说：到了千佛山，一开始感觉很平常，不怎么秀丽，不怎么壮伟。但当你爬上山去，然后掉回头来，陡然望见"盆一样的大明湖，躺在万家烟火的济南城里。如带的黄河，绕在苍茫无际的天野时"，你的心便会激动起来，激动得无以复加……

从美学的角度说，这叫借景：景致不是千佛山本身固有的，但只有在千佛山上能够更好地看它、欣赏它，任何别的地方都不行，这就无疑成为千佛山的独有资源了：不是我的，全部让我占有了；不是我的，全部让我利用了。这正是最高的智慧境界。

还有，秋天是济南最美的季节，登山远眺，天高云淡，层林尽染，秋湖一镜，烟树万家，黄河帆影，齐烟九点……一切都历历在目，令人目醉神迷。

"历山秋眺"表达了这座山的最大特点、最大优势之所在。这也许是新八景评选中唯一一个超越了传统名称的吧。

如今，即便是在山腰，诸多的高楼大厦也遮住了眺望明湖、黄河的视线。

关键是要选择并重建一个历山秋眺的新的最佳的观测点或曰观景处。

今之一览亭是不行的，它过于简陋，且海拔位置低。它甚至不及古代的对华亭，那亭对着华山，名好，位置佳，建得质量也好些。

清道光二十六年（1846），毛鸿宾作《修千佛山记》。据此文，当时人们在前院北厅三间屋后，"拓数弓地，叠石为台"，修了可供远眺的长廊，扩大了一览亭的规模，使之"屹立悬崖上"，这样，那味道就出来了。于是，"花天霜晨，游人士女，相与下上于晓岚晚照间"。

如今我们便可以参照这种构思，选择一个更高更美的位置，用现在的造园技术，重造一个更宏大更美观的一览亭，让黄河、明湖、齐烟九点等尽收眼底，一览无余。

让人们的眼中满是翠绿，让济南永远守望着青山绿水。

700 年历史名楼：超然楼新考

2020 年，笔者曾作《李泂与天心水面亭》一文，对李泂其人及其所建之天心水面亭、超然楼，详加考证。两年多来，笔者又有一些新的发现，以此，本文不再重复对于"祖籍滕州的济南人"李泂的一些详细考证，而将笔墨主要集中在超然楼的新发现上。

一、 超然楼， 2023 年是它 700 岁的 "生日"

历史上的超然楼，据笔者考证，有 700 年的皇皇历史。

李泂（1274—1332），字溉之，祖籍滕州，其先世早已在济南安家落户。好友张养浩尝"问其里，则济南"。于是，张养浩欣然以与李泂"同乡闾，喜甚"。由此可知，李泂乃是"祖籍滕州的济南人"也。

李泂生而颖悟，文思俊逸，作文精妙，为当时的一代文豪姚燧所赏识，力荐于朝，授翰林国史院编修官。元泰定（1324—1328）初，除翰林待制。天历（1328—1330）年间，迁翰林直学士，继而特授奎章阁承制学士，参加《经世大典》的修纂。书成后，引疾告归回到济南，复除翰林直学士，遣使召之，竟以疾不能起。

关于李泂的超然楼与天心水面亭的建筑时间，学界多有误解。他们大多指认为虞集撰写《天心水面亭记》的元天历三年（1330）（见张昆河《齐音·天心水面亭》注），此时距离李泂辞世只有两年的时间。其实，天心水面亭及超然楼的建造要大大早于此时。

李泂好友宋褧（1294—1346）《送李溉之得请还济南》的诗可以为证，诗中有句：

> 竭来重翱翔，五十霜鬓秋。
>
> ……
>
> 东望华不注，烟霞齐鲁郊。
>
> 言归理松楸，啸傲依堂坳。

这说明，李泂还济南为50岁，此时已双鬓斑白。李泂生于元世祖至元十一年（1274），50岁时，正为元英宗至治三年（1323）。此时超然楼、萧闲堂等亭馆已经建造完成，故称"啸傲依堂坳"。也就是说，天心水面亭与超然楼的建造在元至治三年（或之前）。

1323年到2023年，刚好700年整。这还有张养浩的诗可以为证。

张养浩是在元至治元年（1321）六月辞中书参议还济南养亲的，也就是说，他比李泂早两年回到了济南老家，此后8年，张养浩一直居住济南云庄，并与李泂多有交集，张养浩曾多次去李泂家做客，并写有《题李溉之池亭并头白莲》等诗作，诗中有"久别天心水面亭"句，这说明，张养浩曾在一个相当久的时期内多次去过天心水面亭，此足见得李泂居住此亭园时间较久，绝非只是居住了两年的时间。

二、 元末明初， 天心水面亭与超然楼自然圮毁

元末明初，亦即天心水面亭与超然楼在建成的将近半个世纪之后，有一次自然倾圮的过程。大约在元代，由于元朝皇帝的重视，超然楼尤其是天心水面亭声名大振，因而一直保存较好。

元末明初，天心水面亭与超然楼圮毁的见证者，为时任山东最高长官的诗人汪广洋。

汪广洋（1329—1380），字朝宗。高邮（今属江苏）人。曾任山东行省参政，其后三任丞相，终为朱元璋赐死。

汪广洋的诗作为《过故翰林李溉之天心水面亭遗址》：

供奉归来已浪游，大明湖上贮清秋。

十千美酒倾山雨，半百闲身对海鸥。

水面风生杨柳岸，天心月过藕花洲。

自从烂醉吹箫去，谁解临亭泛夕流。

（见《全元诗》第五十六册）

此诗又一次坐实李洞归济造楼与亭之时段（"半百闲身"）。至汪广洋生活的元末明初（明洪武元年），天心水面亭虽已倾圮，而"遗址"尚存，惜乎诗中未标明遗址所在地点。

由此可知，汪广洋此诗创作之年，即为天心水面亭（超然楼大约与亭同时）圮毁之时。

据《明史·汪广洋传》："洪武元年，山东平，以广洋廉明持重，命理行省，抚纳新附，民甚安之。"本年，汪广洋创作了大量描绘济南人文风物的诗作，如《趵突泉》《历下秋夕》《秋日济南闻莺》《在省晚凉》《历下亭临眺》等，而《过故翰林李溉之天心水面亭遗址》乃其中之一，汪广洋另有《题王明府历下秋兴图》一诗，王明府者，正为洪武元年历城知县王文显是也。由此可证，天心水面亭（超然楼）第一次圮毁时间，在洪武元年或洪武元年之前。与汪广洋差不多同时，又有诗人杨基作有独特的六言诗《天心水面亭》（二首），却未提及圮毁之事，诗云：

海天万里遥碧，秋水一池鉴空。

莫问鸢飞鱼跃，看他明月清风。

其二：

动中消息春到，静里功夫夜深。

三十六宫春意，不道水面天心。

（明刻本《重刻杨孟载眉庵集》卷十）

三、 明代， 超然楼修复完好， 依然美不胜收

明代，超然楼又进行了大规模的维修与重建。这有崇祯年间济南诗人杨衍嗣的《超然楼》诗可以为证。

杨衍嗣，据乾隆《历城县志·选举表二》："承恩子，崇祯时岁贡，年份无考。"

杨衍嗣名声不是太大，而其父杨承恩却非常了得。据济南府县志：杨承恩，字君崇。博学长厚。万历间岁贡。官平阳通判。三视邑篆，不染纤尘。致政归，家徒四壁立，藜藿不充，人皆嗟叹。

许是与家教传承有关，杨衍嗣的这首《超然楼》诗，写来便十分不凡，称得上境界高远，美轮美奂。我们看诗：

> 近水亭台草木欣，朱楼百尺会波濆。
>
> 窗含东海蓬瀛雨，槛俯南山岱岳云。
>
> 柳色荷香尊外度，菱歌渔唱座中闻。
>
> 七桥烟月谁收却？散入明湖已十分。

诗的首句"近水亭台草木欣，朱楼百尺会波濆"，写的是超然楼的环境与真实状貌，由于靠近湖边，超然楼侧，连草木都是一派欣欣然的气象，而"朱楼百尺会波濆"，则更是令人回味无穷：想想看，在水碧天蓝、绿柳风荷的大明湖上，突然看到一幢亮丽的百尺红楼，那该是何等令人惊艳且养眼的奇观哟！

"窗含东海蓬瀛雨，槛俯南山岱岳云"，写超然楼的远观之环境，以"东海""岱岳"取象，气势阔大而壮美，但又不令人觉得夸张，因为诗人写的是可以游走移动的自然气象（"云""雨"），所谓"夸而不诬""饰而有节"，殆此之谓也。

"柳色荷香尊外度，菱歌渔唱座中闻"，写人们在超然楼中饮酒、观景的美好享受，这是全诗的精华所在。尊，酒器也。绿柳的色泽，莲荷与美酒的清香，所谓色香味俱全。此外，还有视觉与听觉呀，烟山云树霭苍茫，渔唱

菱歌互短长，此正湖楼独有之美景特征。

结句，"七桥烟月谁收却？散入明湖已十分"。七桥，宋代济南贤太守曾巩在大明湖兴建七座美轮美奂的桥梁，后世，它也成为大明湖之美的总体象征。在这里，诗人巧妙地反问道：清夜里，那"散入明湖已十分"的"七桥烟月"景致，最终被谁收取了呀？这已是不用解答的问题了。

由此，我们可以想到元代大诗人萨都刺的《寄奎章学士济南李溉之》：

山东李白似刘伶，投老归来酒未醒。

天下三分秋月色，二分多在水心亭。

（见《全元诗》第三十册）

大明湖美，大明湖的秋夜更美；诗人说：天下总共三分的秋月之色，有二分多都在天心水面亭上。这是何等的美艳与诗意啊！由此可知，即便到了明末崇祯年间，超然楼与天心水面亭，依然美得令人陶醉！

四、 铁铉犒军天心水面亭考

据载，明初，山东参政铁铉为抵御朱棣率领的锐不可当的燕军，曾在天心水面亭犒赏军士，以激发忠义，保卫济南与建文朝廷。

对此，济南府县志多有记载。

乾隆《历城县志古迹考二》引《大清一统志》云："天心水面亭，明建文时铁铉尝犒军于此。"宣统《山东通志》卷三十四《疆域·古迹一》："天心水面亭，在大明湖上。……亭后有超然台（注：楼之误），明建文时铁铉尝犒军于此。"

铁铉天心水面亭犒军，是事实，还是传说？

最近，笔者从当年与铁铉一起坚守济南城的参军高巍著作《高不危文集》四卷附录一卷（民国十三年晋新书社铅印本）中，找到了答案。

高巍，据《明史·高巍传》，字不危。辽州人。尚气节，能文章。朱棣率燕兵起事，一无所能的膏粱子弟李景隆被任命为平叛大将军，高巍为其参赞军务。此时，高巍上书，请以使节身份使燕，披肝沥胆，说服燕王。其后，

207

李景隆兵败，高巍南归，至临邑，遇山东参政铁铉，二人心忧国事，相持痛哭，同奔济南，誓死拒守，屡败燕兵。及京城破，高巍自尽而死。

此书的一篇序言称："维时（与铁铉）协心同力，出奇制胜，以身殉国者，辽阳司马高公不危也。"文集中不仅收有高巍与铁铉唱和的诗作，还有高巍的一篇雄文——《犒宴天心水面亭赋》。

由此可证，铁铉天心水面亭犒军不是戏说，而是一部令人唏嘘的悲壮史实。

铁铉赠高巍诗云：

漫将无武笑随何，错节盘根利器摩。

尝读治安思贾谊，等闲尚志慕邹柯。

为臣尽职勤王事，处友知音扣铗歌。

留得凌烟题姓字，功成归里漫蹉跎。

（民国十三年晋新书社铅印本《高不危文集》四卷附录一卷）

高巍《犒宴天心水面亭赋》悲壮慷慨，开端，他书写朝廷急欲用人的紧迫形势："皇上嗣位，下诏求贤，或举于边陲之军伍，或举于下僚之卑官。遗民侧陋，草泽鱼盐，思武弁于巨鹿之下，梦良弼于板筑之岩。"

赋中，高巍还回顾了自己受到建文帝器重的过往历史："值燕人之不轨，命将帅以靖边，凭坐井之管见，特献策于君筵，蒙圣恩之宠渥，参戎政于军前。"此时，在犒宴、誓师过程中，不意天气大变，一时天昏地暗，不知是何征兆。于是，高巍在赋的结尾，以百折不挠之勇力，激励士气："众资群策，屈力保全，焚烧楼橹，擒获尤奸，是日也，天地昼晦，剑戟光寒，湖水尽赤，原野变丹，彼既智穷而力竭，我固守不动如山。乘夜遁去，弃甲北还，闻风声指鹤唳，实破胆而摧肝，得胜告四方屏藩之国，具捷奏九重仁慈之天。"

据考证，此时天心水面亭已圮毁而成"遗址"，铁铉的犒军，当是在亭子的遗址之旁进行的。

五、 崇祯 "己卯之变"， 超然楼惨遭毒手

笔者认为，关于超然楼的一个最关键、最动人的记载，存在于有"纂辑之良史"之称的清乾隆《历城县志》中。

乾隆《历城县志·古迹考二》超然楼条："在水面亭后。元学士李泂建。己卯毁。《旧志》。"

《旧志》，指的是明崇祯《历城县志》，据其卷四"建置宫室"："超然楼，水面亭后，楼头一望，十里湖光，尽在目中。己卯，火。"又，卷十一"古迹宅苑"："超然楼，水面亭后，元学士李泂建。己卯，毁于虏。今谋修复。"

那是明代成书的县志，所以纂修者敢于实事求是地说。而在清代，据笔者详考，乾隆《历城县志》之前山东与济南各地方志书，如清康熙《山东通志·宫室》、康熙《济南府志·古迹》，皆只有"天心水面亭"的词条记载，而无只言片语涉及"超然楼"。唯有雍正《山东通志·古迹》"天心水面亭"条，则将楼、亭二者合二为一，称："天心水面亭，在府城北明湖上，元学士李泂建。天历三年诏虞集为记，亭后有超然楼。"亦无"己卯毁"的字眼。由此可知，超然楼之"己卯毁"，乃是乾隆《历城县志》独家的"设计"（此后道光《济南府志》跟进），所以称见于"《旧志》"，乃不得已之举。须知，在清之暴政之下，真实也是不准说的，而乾隆年间残酷的文字狱尤为酷烈。

"己卯"，济南人心中永远的伤痛！

明崇祯十二年己卯（1639），清兵南下陷济南，前后破畿辅州县四十三，山东州县十八，掳掠人口四十六万余人。济南军民与清军血战六十日，谱写了一曲保家卫国、英勇不屈的壮歌。

据史书记载，济南城破后，残暴的清兵举起屠刀，"焚杀官兵绅弁数十万人，踞城十有四日乃去，家余焦壁，室有深坑，湖井充塞，衢巷枕藉，盖千百年来未有之惨也！"

大明湖成了鲜红的血水之湖。

趵突泉呢？当时的诗人、山东右布政使凌义渠在其趵突泉诗里这样写道：

堪嗟己卯春，泉灵忽中闵。

岂止地肺渴，得无天帝醉！

(凌义渠《趵突泉涸久复涌顿还旧观》，见清四库本《凌忠介集·诗》)

是的，富有灵性的趵突泉也已经哭干了眼泪，停止了喷涌，诗人说：眼睁睁地看着如此人间悲剧发生而不顾，这一定是天帝醉了呀！

有清一代数百年，超然楼与天心水面亭再也未能得到重建。人们有时将鹊华桥北的水面亭当作天心水面亭加以凭吊咏歌，但此亭非彼亭，而此楼则久矣不存，他们心里其实都是明白的。如济南名士任宏远《超然楼》：

超然楼记在明湖，学士风流今有无。

还是窗前红菡萏，依然槛外绿菰蒲。

空闲鱼鸟归诗卷，不见龙蛇舞醉图。

此日重寻成瓦砾，岧峣北望一峰孤。

(民国《续修历城县志·古迹考二》)

明知是一片瓦砾，却还要不停地去寻找、去吟歌、去凭吊，这是因为，这楼、这亭，实在是美艳无比，许多年里，它们已不单单是一方景致，它们已经走进了人们的内心深处……

所以，当着这楼得以重建，当着这楼很快成为今人的"网红"之地，你千万不要认为这是偶然的。人们更盼着那个当年连元朝皇帝也被征服的、连名称都堪称天下无双的风雅名亭得以高标准地重建。因为，这是接续济南这座历史文化名城的文脉，是济南的文明之光！

钓矶：大明湖上的历史之谜

——大明湖上钓矶考

说起明清时大明湖上的"钓矶"，可能许多读者都不了解，那不就是一块供垂钓的石头吗？不是的，那是古代济南人的风骨与节操的集中展现。人们甚至说，其中风度气节，与后汉的高士严子陵也有一比。

这样说，可能许多人依然不会信服。下面，我们就给读者诸君说说这个"明湖主人"的故事。

一、 发现： 明湖散人， 高风不让子陵

明代末年，济南有一高士，看惯宦海风波，遂结庐大明湖上，以卧隐垂纶为乐，并自号：明湖主人。

这段故事，我们最早是从嘉庆年间济南名士范坰的《如好色斋稿戊·风沦集》中发现的。

事出《风沦集》其七十三：

明湖为主钓矶闲，宦海惊波半载还。

似比严陵高一著，不留名字在人间。

其后有笺注云：

> 明湖东北涘白衣庵壁上嵌一石，刻"钓矶"二字。前署"崇祯
> 丁丑夏五月"，后系一诗曰："一竿独抱水云隈，半载为官解绶来。
> 岂是明时甘卧隐，高风不让子陵台。明湖主人自题。"不著姓氏，故
> 老亦无知者，弥足动人慨慕矣！

范垌（1768—?）字伯野。清代济南诗人。他在为谢焜《送陈中丞入都诗
集》所作的"跋"中称自己"随宦山东，亲没无所归，占籍历下，为齐民已
三十余年矣"。范垌爱家乡山川，尤爱家乡清泉，他与济南名士周乐、谢焜、
何邻泉、李偁结鸥盟诗社于明湖之上，于济南七十二泉品题殆遍，自名：品
泉生。著有《如好色斋稿》十卷（诗六卷、文四卷），其中含咏歌济南山川
名胜的《风沦集》诗一百首。

范垌《风沦集》有翟凝嘉庆十七年（1812）壬申四月所作序，据此，其
中作品当完成于此日期之前（付梓于嘉庆二十三年戊寅）。由此可知，其"钓
矶"诗当写于嘉庆十七年（1812）前。

严陵，即汉代高士严光。《后汉书·逸民列传·严光传》载：严光一名
遵，字子陵。少有高名。与刘秀一同游学。后来，刘秀当了皇帝，严光却改
变姓名，披着羊裘（羊皮做的衣服）隐居在钓泽中。刘秀思念严光的贤能，
经过详细查访得知后，遣使聘请，封为谏议大夫。严光不屈，复隐居垂钓于
富春江畔。后人名其钓处为"严陵滩""严陵钓台"等。而"羊裘钓"，则成
为著名的隐居不慕荣禄之典，为后世文士千秋效法。

由范垌此诗，我们可以得出如下几点结论：

（一）钓矶位置

在"明湖东北涘白衣庵壁上嵌一石，刻'钓矶'二字"，白衣庵，据乾
隆《历城县志·古迹考五》，为明代建筑，"在水月（禅）寺西"。

（二）钓矶主人（刻石者）事迹

钓矶刻于明"崇祯丁丑"，即崇祯十年（1637），距离明朝灭亡不足十

年。其主人显然为经历翻天覆地大事变的明末清初人士。而此人与众不同的是，他只是当了半年的官员便看透"惊波"官场与碌碌人生，毅然辞去官职，解绶还乡，渔隐于大明湖上，一竿独钓，做起名副其实的"明湖主人"。此人究竟是谁，则始终是一个谜，一个硕大的问号。

（三） 范坰认为， 明湖主人， 其格调在严子陵之上

何以如此说？当年严光抛弃名利荣华，毕竟只是改变姓名，隐身不见（"乃变名姓，隐身不见"）而已，显然不及钓矶主人"不留名字在人间"更为彻底。所以诗人称其："似比严陵高一著"是也。

这"明湖主人"亦颇有意味，费人思量。

苏东坡有言："惟江上之清风，与山间之明月，耳得之而为声，目遇之而成色，是造物者之无尽藏也。"后世，文人墨客多将"作湖山一日主人"视作人生快事，然真正舍弃名利、付诸实施者，却又罕见矣！而以"明湖主人"为名决然舍弃真名姓者，显然系已将名声及等等一切视如草芥之士，唯独不能去怀者，唯有斯湖而已。

又，中国传统语境中的"钓"与"垂钓"，亦早已溢出原本的内涵，成为一种超越的、洒脱的人生状态与理想的象征，所谓"意钓非钓"，所谓"是非不到钓鱼处"，正其意也。

二、 佳话： 三十年后， 后鸥社诗人寻 "钓矶"

殊知三十年后，这"钓矶"与"明湖主人"又成了济南文士话题的一个焦点。

原来，后鸥社的八名济南诗人，一定是感受到"钓矶"对于济南文化之价值，于是发起了一个颇有声势的"寻钓矶旧迹"之活动。

此事的缘起，记载在济南名士马国翰致王德容的书信中。此信写在道光二十九年（1849）左右。

马国翰在信中称：

审美济南

　　壬寅、癸卯间，秋桥先生与周君二南、谢君问山、何君岱麓、朱君退旃、李君秋屏、彭君蕉山，及余八人，续鸥社于明湖。春秋佳日，互为主宾。吟咏倡和，欢洽永日。

　　这就是说，道光二十二年至二十三年（壬寅癸卯）间，王德容（字秋桥）与周乐（字二南）、谢焜（字问山）、何邻泉（字岱麓）、朱诵泗（字退旃）、李纬（字秋屏）、彭蕉山、马国翰等八人结成了后鸥社。

　　鸥社成立于此之前的三十年，发起人为范坰，成员包括周乐、徐子威、谢焜、何邻泉、李倜、郑云龙，共七人。

　　在信里，马国翰回忆起后鸥社成立之后的社集活动：

　　忆水月寺东，矶寻钓址；旷如亭外，洞访黔娄。历历目前，弥增感喟。

　　由此我们得知，大明湖上"寻钓矶旧迹"与千佛山上"访黔娄洞"，为后鸥社重要的社集活动。后鸥社成员，几乎全部有诗作咏唱此盛事。由此，也给我们留下彼时"钓矶"的现状与众多线索。

　　由马国翰"忆水月寺东，矶寻钓址"可知，三十年后的钓矶已经不在原处（"白衣庵壁上"），而是移到了与白衣庵邻近的水月禅寺以东。

　　水月禅寺历史更为古老，它建于唐五代后晋年间。据乾隆《历城县志·古迹考五》：水月禅寺"北门内东，祀观音，晋天福建"。

　　清顺治七年（1650），17岁的王士禛曾在此读书（王士禛《渔洋山人自撰年谱》："顺治七年庚寅……读书水月禅寺，寺在大明湖东北。"），56年后，王士禛在大明湖作《泛湖欲访水月禅寺不果》诗二首：

　　水鸟说七佛偈，霜钟转百法华。
　　五十六年如梦，阿谁解筭河沙？

　　一笑世经千偈，久署亭名四休。
　　又别湖中鱼鸟，七桥几度回头。

　　诗中充满着欲访不果的怅惘以及依依惜别的不舍。

　　后鸥社的诗人们，一定是被"明湖主人"的高风亮节所深深感染。

214

是啊，"名利最为浮世重，古今能有几人抛？"君不见，于今那些个来到名胜之地的红男绿女，尚且不忘刻下"××到此一游"，以图扬名天下，而将近四百年前的明湖主人却能"不留名字在人间"，因此，他们一个个望湖兴叹，表达高山仰止的钦羡之情。

我们且看这些情动于中而感于言的精彩诗作。

王德容《寻钓矶旧迹》：

> 揽尽明湖胜，乃作明湖主。
>
> 主人知为谁，一竿老风雨。
>
> 子陵有钓台，无乃堪继武。
>
> 未肯署姓名，恐人知出处。
>
> 水月寺门前，苍葭澹远浦。

（清刻本《秋桥诗续选》卷一）

王德容（生卒年不详），字体涵，号秋桥。清代济南府历城县（今济南市）人。诸生。因考场失利，遂结庐大明湖鹊华桥东，教授生徒，不事进取，游其门者，多知名士。王德容性耽山水，工吟咏，晚年受知于山东学使刘绎（字瞻岩）。诗以真朴为宗。著有《秋桥诗选》。

王德容说，钓矶主人显然是一位饱览大明湖美丽风光，因而无愧地成为"明湖主人"的诗人，我们虽然不能知道他到底为谁，但应是一竿风月、一蓑烟雨，从而看惯世间沧桑之变的智者，是古之钓台之上严子陵风骨的继承者。他不肯在钓矶上署上自己的姓名，正是唯恐人们知道他的事迹与出处。他犹如水月寺门前、大明湖上的"苍葭澹远浦"一般，平实、自然而深远无际。

一腔仰慕之情，呼之欲出。

由诗中可知，钓矶此时已在"水月寺门前"，联系上面马国翰书信中"忆水月寺东，矶寻钓址"句，知在水月禅寺门前偏东处。

再看周乐《钓矶》：

> 解绶缘何事？烟波理钓丝。
>
> 纵同客星隐，并少故人知。
>
> 蘋藻群鱼满，沧桑片石移。

215

遗踪无处问，葭岸立多时。

清刻本《二南诗钞续》

周乐（1777—1853），字二南。晚号漫翁。其先世江宁人，自其祖游幕山东，遂家历城。林汲先生周永年之族侄，恩贡生。性豪爽，喜宾客。初与同里诗人结诗社。后居关中十年，又漫游燕、赵，归济后主讲济南景贤书院。著有《二南文集》《二南诗钞》《二南诗续钞》等。

首句，周乐说，明湖主人为何挂冠归来呢？为的是在烟波浩渺的大明湖上过一种不受俗世扰攘的澹泊、超然的岁月。客星，指严光。（《后汉书·逸民列传·严光传》："光以足加帝腹上，明日，太史奏客星犯御座甚急。"）全句说，明湖主人同严子陵一样隐居其身，同样没有人知道他们的下落。

最后两联，诗人又回到"蘋藻群鱼满"的大明湖上，一个"沧桑片石移"，说的显然是钓矶的不断转移流落，大概也包括由白衣庵到水月禅寺的过程吧。最后，周乐发出慨叹：可惜如此清高的明湖主人的遗踪、事迹，人谁不知，无处可问，"葭岸立多时"，显示了诗人无比困惑与怅惘的心绪。

何邻泉《寻钓矶旧迹》诗，前有小注："明湖东北隅，有片石题'钓矶'二字，七绝一首，后书'崇祯丁丑年明湖主人'。"

诗云：

风雨披蓑垂钓丝，姓名未许世人知。

富春江上羊裘叟，相较应低一着棋。

蓼穗芦花伴隐身，当年自赏出风尘。

若非片石留题字，谁信明湖有主人。

（清刻本《无我相斋诗选》）

何邻泉（1778—?），字岱麓，号苹野。清济南府历城县（今济南市）人。因家居趵突泉附近，故名邻泉。少通经史，工唐隶，与曲阜桂馥齐名。家境贫穷，性情耿介。其诗作"清超秀逸，往往有远韵"（周乐《二南外集·何岱麓诗序》）。著有《无我相斋诗》。

216

第一首诗，"富春江上羊裘叟"，严子陵是也，他与明湖主人相比，依然是"相较应低一着棋"，因为明湖主人不留姓字，无迹可寻，而严子陵则改变姓名，隐身不见，毕竟有姓名之累。

第二首诗，大明湖的蓼穗芦花隐藏着明湖主人的身影，因而他颇以迥出尘寰之外而自我欣赏。如果不是钓矶片石留下他的题字，谁也不会相信天下还有"明湖主人"其人呀！

最后，看马国翰《寻钓矶旧迹》：

一竿白水寄洲芦，旧址苔矶尚有无？

艳说羊裘富春渚，谁知渔隐大明湖。

竭来水月邻萧寺，何处烟波问钓徒？

结侣欲寻濠上乐，忘机鸥鹭素心娱。

清刻本《玉函山房诗钞》

马国翰（1794—1857），字词溪，号竹吾。道光年间进士，历任陕西敷城、石泉、云阳知县，有政绩。道光十八年（1838）告假回乡，二十四年（1844）升任陕西陇州知州，咸丰三年（1853）引退家居，四年之后，即咸丰七年（1857）在济南老家去世，终年 64 岁。马国翰著有《玉函山房文集》《玉函山房诗集》等。另有文献学巨著《玉函山房辑佚书》。

看着眼前的钓矶，马国翰的困惑便是，世人都赞赏严子陵的钓台风韵，却无人知晓"渔隐大明湖"上的明湖主人的品位与高格（"艳说羊裘富春渚，谁知渔隐大明湖"），还有，这明湖主人究竟为谁？他又是居住在大明湖的何处呢？（"竭来水月邻萧寺，何处烟波问钓徒？"）这些，显然都是难以回答的历史之谜。最后，诗人以"濠上乐""忘机鸥鹭"等传统术语，以古老的庄子理念做了全诗的归结。

是的，老庄哲学，这正是给明湖主人与中华文士留下最为深刻的精神陶冶的思想渊源所在。

三、传统·联想：布衣短褐有高士，寻常巷陌存风雅

由钓矶故事，由明湖主人的非凡格调，我们要联想到济南的一个文化特点，或曰：文化传统。谓之：布衣短褐有高士，寻常巷陌存风雅。

济南有着浓厚的文化氛围，且湖山秀丽，是适合文人居住的丰厚土壤。此邦诸多文人为保持其自由身心，多自觉与现实政治保持一定距离。加之济南自魏晋至隋唐以来，释老之风大盛。济南山水瑰奇，岩居川观，仙释甚多，而市隐队伍尤其广大。其中，有厌倦官场、老于烟霞者；有绝意仕宦、闭门授徒者；有遭逢变乱、矢志家居者……

这些人视富贵荣华为过眼空花，而陶情泉石，以诗赋林泉自乐，因不为政治所囿，眼界反而较宽，洵有超然独立之姿致，登山望海之目光。以是，在济南，民间常有高人在，有"卧虎藏龙"焉！你切莫小瞧寻常巷陌那些布衣短褐之人，他们说不定便是有着大学问、见过大世面的才情纵逸之士，他们不显山不露水，一旦风发泉涌，腹笥倾泻不尽……

诚如当年济南太守赵孟頫诗句所称："青山历历空怀古，流水泠泠尽著名。道逢黄发惊相问，只恐斯人是伏生。"（《初到济南》）

清代道咸年间，济南府诗人、学者王培荀在其《乡园忆旧录》中，记有"济南名士杨爽"。此人，正史及地方史志皆无其名，实所谓寂寂无名之士也，而其水平识见绝非一般文士所能比拟，何以见得？王培荀在对杨爽不足百字的记载中，录有杨爽的一首《春愁》诗：

> 世无知尔方为贵，地有容吾不算贫。
>
> 书带新生窗外草，瓶花自护雨中春。
>
> 长将晓露论前事，只作风灯看此身。
>
> 好客孟公思往昔，爱山灵运竟何人？

仅此一诗，便可充分展示杨爽不同凡响、超然出尘之才情。王培荀为之叹曰："读之，想见胸无一事，笔有千卷，今高士传中人也。"

四、 意犹未尽: 明湖主人的猜测性寻找

写罢此文, 总感觉有意犹未尽之处: 这明湖主人究为何人?

在距今 180 年的清代, 那八位熟知济南文化的鸥社诗人, 尚且找不到此人为谁; 今天, 年深日久, 怕是更加难以寻觅了。

然而, 或许是依恃着互联网时代文献的优势, 笔者总有一种寻觅的冲动在。

首先想到的, 便是居住湖畔的明代几位官宦世家, 如尹亭之尹氏 (尹旻) 后人, 小淇园之赵氏 (赵世卿) 后人, 特别是后者。

其理由有二。

(一) 钓矶与赵氏小淇园位置相近, 乃至重合

被称作"江北独胜"的赵世卿小淇园之准确位置, 据侯琪、侯林先生考证, 在"今北极阁以东, 汇波门以西, 临湖之处是也" (参见侯琪、侯林《江北独胜小淇园》)。其依据为明末薛冈《大明湖游记》一文。在文章的开端, 作者写道:

> 丙寅秋, 余游济南, 而余友沈凝之左迁此地, 后九日十日邀余为湖上游。……北城右, 红楼突起, 浮筝万绿之末, 为玄帝庙, 水东有港, 密树夹流, 幽阴却日, 深如无际。余细语凝之: 桃花源当与此得。而竟得小淇园。园为赵司徒公子别业。

（崇祯刻本《天爵堂文集十九卷》卷六, 下同）

丙寅秋, 即天启六年 (1626) 秋天, 薛冈来游济南, 这是因为他的好友沈凝之降职来到了济南任职。九月十日, 沈凝之邀请薛冈来游大明湖。二人乘舟至北城 (门) 西, 见到一红楼为玄帝庙, 玄帝庙者, 北极阁也, 而北极阁向东有港 ("水东有港"), 此处"密树夹流, 幽阴却日, 深如无际", 这个如同桃花源的去处, 即为小淇园也。

而钓矶所在位置, 先为白衣庵, 后为紧邻白衣庵之水月禅寺, 俱在大明

湖东北,北门附近;而小淇园所在之处("北极阁以东,汇波门以西")正其地也。

更为凑巧的是,两地在清初,出现了重合状态。

清初,济南府名士唐梦赉有《济南上元竹枝词》,其中有句:"赵令园林供佛陀",即赵氏小淇园已经变身为禅寺(白衣庵、水月禅寺)。如果钓矶为赵家遗物,其流落禅寺自不待言。

(二)赵氏后人有事迹相近者

赵世卿之曾孙赵橛,据乾隆《历城县志·列传十·隐逸》"赵橛传":

字振祥,世卿孙也(笔者注:应为曾孙)。明诸生。弟棕,年甫十一,崇祯末,大兵入城,失去,入旗籍,顺治间授山东巡抚。乃密遣人访橛,橛弗认。迫之急,弃宅移居东村。棕不得已,潜赴祖世卿墓泣奠,而寝其事。或问橛,橛曰:"认之,是贪为贵者兄也。且封疆大吏未有任父母邦者,若使题请回避,非其便也。"遂终身不入城市以卒。

赵橛与明湖主人,颇有相近之处。

五、尾声·结论:留一处"未知"为上上

笔者后一转念,想那赵橛之身世,与夫明湖主人,亦多有未尽符合之处,如明湖主人之半载为官,解职还乡之事,未闻赵橛有之。

如此,赵橛之为明湖主人,证据依然不足,实不足以作最后之认定,亦不过笔者一厢情愿的猜想而已。

其实,对于钓矶,对于明湖主人,保留着神秘与未知,更是"曲终人不见"的佳趣无穷也!

说不尽的芙蓉街

芙蓉街作为济南的"金街",在300年的发展历史中,其业态之丰富、功能之完善,实在超乎今人之想象。据笔者多年对芙蓉街历史的发掘与考证,芙蓉街最少曾经拥有下列六种业态与功能,这是一笔极其宝贵的历史文化资源,对我们今日发展完善芙蓉街业态功能,有着重要的启示作用。

花灯一条街

昔日的芙蓉街是一条充满文化气息的街道,数百年里,它都是济南的"花灯一条街"。

花灯,又名灯彩;元宵赏灯,是中国也是济南的古老风俗之一。不过,各地的情况也会有所差异,在济南:"孟春月……元夜,通衢张灯,放花炬,男女群游,谓之'走百病';过桥,放河灯。"(乾隆《历城县志·地域考三·风俗》)

在芙蓉街成街不久的清雍正初年,时任山东青州府同知的萧山诗人张文瑞(1685—?)写下两首芙蓉街诗,这是我们迄今见到的芙蓉街成街之后最早的文献。他的《济南元夕》诗:

　　流览齐州九点烟,品题七十二名泉。

　　芙蓉街上灯千碗,水面亭西笛一椽。

芙蓉街（李瑞勇摄影）

"灯千碗"，这是一个大数字，虽然这是作诗，我们不能以此数字为准，但说明芙蓉街当时灯彩之繁多、观灯场面之热烈，作为济南观灯胜处的事实，是毫无疑问的。

这样的岁月、这样的场面，延续了很久很久。

郑鸿（1830—?），字伯臣。山东曲阜人，诸生，著有《怀雅堂诗存》。郑鸿生活的年代，已经比上面的张文瑞晚了将近200年，他却依然看到了芙蓉街观看花灯的盛况，而且，比当年有过之而无不及。下面是郑鸿诗作《历下竹枝·芙蓉街》：

> 红粉青娥结队来，看灯人坐两边排。
> 芙蓉街接芙蓉巷，人面芙蓉万朵开。

此诗对于芙蓉街观灯写得相当详细。从观灯的人群、观灯的秩序、地点与方位，以及观灯的情绪，都有生动描绘。红粉青娥，显然赏灯以女性为多，"看灯人坐两边排"，足以见出观灯之盛况，一是芙蓉街的两边全是人群，而且是"坐"看，说明观看时间会很长，且晚了就没有坐的地方了。第三句"芙蓉街接芙蓉巷"，更不得了，一条街不够，显然是挤满了观众，只好又转移到毗邻的另一条街——芙蓉巷里去了。第四句"人面芙蓉万朵开"，写人们观灯的热烈情绪，人人笑逐颜开，昂奋无比，脸色好像鲜艳盛开的芙蓉花。这"人面芙蓉"却又紧扣着"芙蓉"的街名，真的是奇思妙想。

游戏扮玩一条街

芙蓉街作为济南"金街"的历史地位，不承认不行。继"花灯一条街"后，它又成为济南的"游戏扮玩一条街"。这有清嘉庆年间山东按察使王汝璧的诗可以为证。

王汝璧（1746—1806），字镇之，四川铜梁人，清乾隆三十一年（1766）进士。嘉庆四年（1799）擢山东按察使。后迁江苏布政使，官至安徽巡抚、刑部侍郎。

在其《铜梁山人诗集》中，有《芙蓉街踏雪分韵得"踏"字》：

裂竹砰訇风飂飒，太平鼓打声铿鞳。

雪泥一尺深复深，蜡屐红裙相迆逻。

六街风色何萧森，满地冰棱似渠荅。

闭门箫管寒凌兢，冻合芙蓉水磈磕。

颇闻花市唐花开，鼠姑婀娜夭桃匌。

清扬窈窕薰兰芳，蔓草覶矍藏艾纳。

褰裳结脚来访之，三百青钱问不答。

天花弥逦堆琼瑶，子所居奇笑应嗒。

化工无心德泰大，取之不尽随撷跶。

夜寒灯火闹分朋，何人连臂歌且踏。

土牛彳亍来何迟，一片春声动间阖。

王汝璧于嘉庆四年（1799）三月擢山东按察使，一年后离任。此诗当写于第二年冬十二月。

首句说的太平鼓，也称腊鼓、羊皮鼓，北方民间娱乐习俗，旧历腊月用于祈福、祈太平的歌舞表演。全句说，爆竹轰响，锣鼓铿锵，虽则是严冬朔风凌厉，但欢快热烈的太平鼓表演却在芙蓉街隆重登场了。接下来则是观众的情况：在深深的积雪中，数不尽的士子游女踏雪而来，摩肩接踵，兴致勃勃，各种声响交织一起，场面宏大壮观，好一个人气爆棚的花花世界啊！

下面，诗人宕开一笔，从天寒讲到济南花市的唐花（即堂花。北方天寒，腊月所卖鲜花供新年所用者，出于暖室，称为唐花）正开，虽婀娜窈窕但价格昂贵，断不如这犹如"天花"的大雪堆就的"琼瑶"世界呀！然后诗人的叙述又回到芙蓉街上：这时诗人也忍不住和友人们手挽着手，且歌且舞起来。最后，一场大戏的华彩段落终于出场了："土牛彳亍来何迟，一片春声动闾阖"，土牛，用泥土制的牛，古人在农历十二月出土牛以除阴气。后来，立春时造土牛以劝农耕，象征春耕开始。"彳亍"二字，巧妙地把土牛摇摇摆摆的笨拙可爱姿态刻画出来，充满着诙谐意味，土牛登场，使得芙蓉街的火爆达于极点。虽则时在寒冬腊月，但是，春天的气息，春天的声响，已经弥漫在济南的千家万户之中。

太平鼓、观众分组踏歌之舞、土牛表演……芙蓉街成了游戏扮玩、民俗表演等各类文化和节庆活动的举办场地。

闻香一条街

城市，是有自己的气味的。

比方说，五月槐花香，这种香味深入济南所有市民的内心深处，它便构成一种济南人关于这座城市气味的独特的生命记忆。

济南的芙蓉街，不仅带有济南的五月槐花香的城市气味，还有来自大明湖和自身固有的芙蓉之香的气味。另外，芙蓉街还有另外一种香，曾经令世人赞叹不已。我们来看乾隆年间著名学者、诗人沈可培的诗《芙蓉池》：

芙蓉池畔尽芙蓉，南接通街万绿浓。

顾向芙蓉街上住，香脂浓染斗花容。

（原注：芙蓉街为城中最稠密处，香胭脂出济宁。）

沈可培（1737—1799），字养原，号蒙泉，晚号向斋。浙江嘉兴人。乾隆三十七年（1772）进士，乾隆五十一年（1786），应山东巡抚明兴之邀，沈可培主济南泺源书院讲席。有《莲子湖舫歌一百首》，《芙蓉池》正出于此。

这首诗写得极美。芙蓉泉上，芙蓉飘香，红花照眼，街南所连接之院西大街上，绿树荫翳，悦人眼目；然而，这些都比不得芙蓉街上更有吸引力，何也？原来是香气浓染的济南女郎。显然，那时芙蓉街上多有经营妇女化妆品的商号，其中有最为抢手的著名的济宁香胭脂，最为济南女儿喜爱，所以芙蓉街上，满街都是涂抹香胭脂的漂亮女郎，尽展花容之美姿，令人频频回首，恨不得搬到这条街上来居住呵。诗人此处下一个"顾向"，含不尽情思而不失之轻佻，故时任山东学政的赵鹿泉（赵佑）先生称颂此诗曰："淡而有姿，质而不俚，允称绝调"。

读罢此诗，你是不是感觉有阵阵扑鼻的香气袭来？

这香街的描写可不是就只一首古诗！

嘉道年间，济南有孙自香先生，大名孙兆溎，江苏昆山人氏，随父宦山左，久居济南，著有《济南竹枝词》《片玉山房词话》等。《济南竹枝词》中有咏芙蓉街之诗：

> 街市喧阗达四冲，车行如水马如龙。
>
> 芙蓉西去条条巷，香肆风吹凤脑浓。

（原注：芙蓉街一带铺面最为整齐热闹。）

怎么样，街市喧阗，四通八达，车水马龙，一派繁华热闹景象。但这还不是主要的，在芙蓉街及其西去的支巷里，有专营凤脑等香料及制成品的商店（香肆），那香味经风一吹，沁人心脾，实可谓香街紫陌，芙蓉风生。

济南名产一条街

人们到一个陌生的城市出差或旅行，临别之时总想买点儿当地的名特产带回家。

如今，已经很少有人知道，民国初年，外埠人到济南来要购买济南的名特产，芙蓉街是首选地之一。

据叶春墀民国三年（1914）所著《济南之南》一书第八章《杂录》，其中"济南名产"一栏，共开列名产20项，其中，芙蓉街所产竟有六项之多。包括：南货行东升阳的点心；大同鞋铺、大成永的鞋；同祥义的鞋帽；松鹤斋的纸张文具；天成铜器店的铜器；最后，还有小彭照相馆的照相，应该说，这家照相馆的技术相当出色，因为那时不说全市，单是芙蓉街上，便有振华公司、耀华、容芳等多家照相馆存在。而济南的铜器铺，也有狮子口、义盛合等多家，天成铜器店是在激烈的市场竞争中独占鳌头的。另外，济南当时的鞋帽店不下30家之多，仅芙蓉街便有万增、隆庆祥、文兴斋、宏升斋、东盛泰、庆和永等9家之多，而前三名同祥义、大成永、大同全在芙蓉街。至于销售文具纸张的南纸铺，当时更是铺天盖地，松鹤斋的质量与信誉，显然是超人一等的。

总之，能够经营地方名产绝对不是一件容易的事情，它是在激烈的商业竞争中产生的，是要得到商家和顾客的双重认可的。

如今的芙蓉街，依然车水马龙，但除了各式小吃之外，其他经营颇不多见，从长远着眼，从未来着眼，业态的单一与狭窄是一个亟待克服的"瓶颈"。我们完全可以从芙蓉街的成功历史中得到借鉴，以促进今日产业的发展。

文化一条街

历史上，芙蓉街是一条充满文化内涵和文化气息的街道，是济南最为当之无愧的文化街。

其一：名士荟萃，诗酒风流

芙蓉街是一条名流荟萃的风雅之街。自古至今，在此生活过的名人雅士不可胜数，且留下众多的风流华章。

据不完全统计，此街生成前，在此街区域特别在芙蓉泉一带生活过或留下描绘此一带诗文作品的诗人、名宦和名流便有：明代的晏璧、张经、许邦才、李攀龙、韩应元、沈渗、王象春；清初的孙光祀、施闰章、赵作舟、杜首昌、王士禛、田雯、顾永年、王戬、姚峻、朱缃、傅仲辰等。

　　而康熙后期此街建立后，来此街定居及留下灿烂华章的诗人、作家有：张文瑞、吴镇、王初桐、王汝璧、刘大绅、董芸、范垌、孔昭虔、刘考、赵起挺、李儞、孙兆溎、张善恒、廖炳奎、王焴、符兆纶、何绍基、陈永修、高明、王大堉、王鸿、郑鸿、王以敏等；而近现代则有鞠思敏、王祝晨、俞剑华、王砥如、岳祥书等教育大家与艺坛名流。

　　在这里，几乎每一处泉池、每一座住宅、每一处商号……都流传着名人名士的旧踪逸闻和风雅旧事。

其二：　学宫所在，　文气郁然

　　历史上，芙蓉街又是省垣文化机构所在地，街南是著名的泺源书院；街中，有龙神庙、关帝庙等历尽风雨沧桑的传统文化古建筑；街北首，则是济南的千年学宫，所谓"礼乐三千，于斯茂焉"，济南府学初建于北宋熙宁十年（1077），于今已近千年。济南府学"规制如鲁泮宫"，享有"齐鲁文衡""海岱文枢"之美誉，为济南府乃至山东省"育人才、美风俗"的圣地。而与芙蓉街北首相距不远的还有贡院，那是每三年就要举办一次全省乡试的场所，一旦得中，便永生摆脱"布衣"身份，进入社会的另一阶层。如此一来，芙蓉街便成为文人学子出入的街区，那郁然的文气自不必说。

其三：　文化经营，　方兴未艾

　　历史上，芙蓉街的文化经营与文化商品，始终是该街商业经营的重头戏。

　　承继着芙蓉街一以贯之的文化传统，民国初年，众多的文化商家在此安家落户。比如图书发行业，山东自古为文化之邦，济南作为首府，乃是全省政治、经济、文化之中心，而文教事业之发展，有赖于图书书籍之传播。晚清以来，芙蓉街便是济南乃至山东的图书发行与印刷中心。书坊如维新书局（中间路东）、武学官书局（南首路西），1913 年，这里诞生了济南亦是山东最大最有名气的图书发行机构——济南教育图书社。至于图书印刷局，则有华明石印馆、中德石印馆（芙蓉巷）、启明印刷所、同志印刷所等，直如雨后春笋。经营文化商品的南纸铺，如荆茂堂、文郁斋、文艺斋、鹤林堂、松鹤斋；古玩铺，如古欢斋、蕴宝斋；笔铺如岫云阁……更是不一而足。

其四：艺术家的 "会客厅" 与 "俱乐部"

芙蓉街以其旺盛的人气和优雅的环境，吸引了众多的艺术家来此经营、来此创业，其中，既有济南本土的艺坛翘楚，又有来自外省的名人名士。这条街成为名副其实的风雅温馨的艺术家之家。比如济南籍著名美术家、美术理论家俞剑华，1922 年在芙蓉街创办翰墨缘美术商店，并组织翰墨缘画社，编辑发行《翰墨缘》半月刊，吸引众多画家来此。20 世纪 30 年代初，著名书画家岳祥书自河南老家来到济南，在芙蓉街上开设了祥书画像馆。据济南已故著名画家弭菊田先生回忆：1929—1936 年，在山东教育厅任职的书法家王砥如，与齐白石弟子李苦禅、李可染等结社济南，在芙蓉街创办明湖西洋画社，自任社长，并开办《明湖画报》。他经常与李苦禅、弭菊田等聚会于画社，研讨艺术，交流技艺，促膝谈心，堪称济南历史上的一桩艺术盛事。

时尚一条街

笔者见过 20 世纪 30 年代位于芙蓉街的同生弧光美术摄影公司所做的广告。那时，在别家都是照相馆的时代，这"同生"却办起了以审美相标榜的美术摄影公司，其广告词为："本公司为发扬美术，使拍影士媛得本来美丽真面目起见，集资创办济南市极大摄影公司，洵称摄影界之巨擘。"接下来，是一一介绍其美术摄影八大特点：（1）有伟大富丽之摄影场。（2）有美妙艺术化的各种布景。（3）有十万烛充足电光。（4）有由平沪重金聘请之精巧技师日夜照相。（5）有费千金购来之珍贵摄影镜头。（6）有欧美最新式弧光灯。（7）有色样新奇、艺术化珍美各种相纸。最后是"价格低廉"。（参见《济南大观》附录五·广告）如此炫人耳目的广告，如此物美价廉之西洋镜，顾客焉有不蜂拥而至之理！

芙蓉街是一条得风气之先的时尚之街。

早在清末光绪年间，芙蓉街便以经营鞋帽著称，其同祥义、大成永两个鞋帽铺，分居济南鞋帽销售业的冠亚军。到了 20 世纪 30 年代，街上的济南永顺和帽店同样不甘流俗，不断有新的花样出来，它在广告中标榜道："本号自造各种时帽，坚美耐久，价值公道"，这就向顾客明示：他们卖的可不是一般的大路货，而是自己设计制造的、具有独特个性的时帽。时者，时兴、时髦、时尚之谓也！小小一个广告，包含了多么丰富的内容，它把商家不甘人后的创新精神完全表露无遗。

近代以来，芙蓉街的服装业达到前所未有的繁荣程度。据光绪八年（1882）《历下志游》所载，当时的衣庄除在西门大街的百顺外，其余全部在芙蓉街，简直"垄断"了济南的服装业。20 世纪 30 年代，芙蓉街上的裕泰成、义天成两家商号，更是以"制服新衣"领先济南服装潮流。

餐饮业同样兴旺得令人眼热，济南是全国四大菜系之一——鲁菜的发源地。早在清道光年间，芙蓉街支巷王府池子即有专营济南风味的名店凤集楼开张营业。同治年间，在济南最窄的街巷——仅有 80 厘米宽的芙蓉街支巷翔凤巷里，竟然海藏着一家大名为"吉祥园"的酒馆，这家酒馆经常顾客爆满，座无虚席，因为此处不唯菜品出色，且"有板桥流水之胜，有金鱼花石点缀其间"（参见邹钟《四大观楼诗钞》"立秋日公饯洛生赴兖郡阻雨联句"），可谓优雅无比。这说明，此时酒店之竞争，已延及酒店之环境，深谙顾客心理的老板们率先变革而占有先机。又据《历下志游》：光绪间，济南府的豪华饭庄——"酒楼可假座宴客"者，在芙蓉街与金菊巷的便有：福庆楼、海山居、北渚楼等多家，其"座客之满，不亚都门，闻有招伎侑酒者，则兼有沪上之风"。值得注意的是，这些酒楼大多具有独特的营销特点，作者特别点出在芙蓉街北、府学之前的最雅园，此处原为一富贵人家别墅，因其坐地最佳，而且有园亭可资散步，食客爆满，必得先期订座。于是，常有风雅之士携三五友人，在此作竟日之聚。20 世纪 30 年代，济南最享盛名的两家饭庄均在芙蓉街上：燕喜堂饭庄在芙蓉街的支巷金菊巷，东鲁饭庄在芙蓉街一侧的王府池子西岸。燕喜堂掌勺的鲁菜大师梁继祥先生技艺超群，他的名菜"拼八宝""奶汤鱼翅""干烂鱼片""五星苹果鸡""油爆双脆"等，至今为济南人津津乐道。另外，还有魁元楼等各具特色的名店，均以创新、时尚相标榜。

从"东方三大"说到"一山一水一圣人"

在古代,所谓"一山一水一圣人"是一个坊间传闻或曰民间说法,至今尚找不到确切的文献依据。确有文献记载的,是与"一山一水一圣人"相仿佛的"东方三大"的称谓与命名。它产生于明代万历年间,出自明代著名诗人谢肇淛的《东方三大赋》,在晚明及整个清代都广有影响。

一、"东方三大"的产生:谢肇淛的《东方三大赋》

谢肇淛(1567—1624),字在杭,号武林。福建福州府长乐人。家富藏书,喜博览,游宦南北,广交游,平生著述甚丰,尤以诗著。有明一代闽诗,初兴于林鸿、高棅等"十才子",中叶著名者有郑善夫等,晚明则谢肇淛、曹学佺及徐熥兄弟,称"风雅复振"。谢肇淛著有《五杂俎》《滇略》《游燕集》《小草斋集》《方广岩志》等。

谢肇淛官东昌时刊有《居东集六卷》(诗文并收,邢侗序),而其《东方三大赋》,则为其治河张秋时所作,后收入《小草斋集》。而谢肇淛以都水司郎中治河张秋,则在万历三十八年至四十五年间,《东方三大赋》即作于此时。

《东方三大赋》有一长《序》,将谢肇淛作赋之目的,以及"东方三大"

之所指尽皆道出。以下为《序》之全文：

> 幼尝读孟轲氏之言，曰："登泰山而小天下。故观于海者难为
> 水，游圣人之门者难为言。"呜呼，尽之矣。壮而筮仕齐鲁，登日观
> 之峰，寻七十二君故事。东历琅琊、之罘，望渤澥蜃气，泱泱然大
> 也！归而道阙里，观先圣庙堂、车服、礼器，为低回不能去者久之。
> 自诧巨丽之观已殚，蓬游之觏云奇，因欲为之赋，久而未果。越十
> 余载，复以水部郎治河张秋，缅怀旧游，恍如信宿。虽文责可逭，
> 而心诺难负。乃命之子墨氏，聊以张大国之雄风，舒素心之一得
> 云尔。

由此序可知，谢肇淛作此赋，乃在于在山东为官，游泰山、望渤海、观阙里，深为齐鲁"泱泱大国"之风所感动，于是创作此赋，为的是"张大国之雄风，舒素心之一得"也。

然而在创作过程中，作者又将"渤海"变为"大海"，使得"东方三大"又超出山东之范围。《东方三大赋》全篇设置为都水使者（即作者）与震旦丈人、垂白海翁的对话，作者先写都水使者向宾客请教"巨丽之观"，震旦丈人曰：殚九则之丘陵，五岳为最；推群岳之共宗，无如泰岱；极言泰山"宇内为独盛者"。而垂白海翁则称道大海汇百川之广，聚物类之奇，"其下视岱宗，固不啻卷石之峥嵘，培塿之渺小"，然后都水使者对二者之言展开评论："泰山之雄峙，诚不若东海之混茫矣"，最后得出结论：孔子"通天地人，挟泰山以超北海，亘宇宙而无伦者"，于是二客目骇耳回，称自己"知有山海而已，不知阙里之广大，无出其右"。

由此可知，所谓"东方三大"，最为确切的表述为：一、泰山；二、大海或东海（取其"泛指东方的大海"之义）；三、阙里或孔子。

如果再给"三大"排个顺序，按谢肇淛之意，则为孔子第一，东海第二，泰山第三。

此后，"东方三大"影响甚大。尤在万历四十二年（1614）甲寅，徽州画家汪志高刊《东方三大图》，描绘东海、泰山及阙里景物，书中收谢肇淛《东方三大赋》，使"东方三大"广为流传。据黄裳先生称：《东方三大图》

全书180页,可以算作一部皇皇巨制。此画册,正其在济南所见。

"东方三大"在流传过程中,小有出入。

清代薛福成《庸盦笔记·逸闻·东方三大》:"东方三大者,谓泰山也,东海也,孔林也",以"孔林"代替,未确,盖"孔林"为"阙里"之一部分,以之指代"孔子",亦不及"阙里"恰切。

又有龚自珍《题吴南芗东方三大图,图为登州蓬莱阁,为泰州山,为曲阜圣陵》,则"东海"为"蓬莱阁"替代,"东方三大"成"山东三大"矣。

二、 "东方三大" 名声鹊起: 乾隆以 "东方三大" 为赋题召试士子

乾隆四十一年(1776)丙申春,乾隆东巡,驻跸泰安,召试献赋士子于泰安行在,以"东方三大"为赋题。诸生多不知出处,唯秦瀛因前获故书,故知为泰山、东海、阙里。乾隆召见大学士于文襄(于敏中),文襄以小岘(秦瀛)卷对,遂入选,特授中书。

事后,秦瀛曾作诗一首专述其事。诗题《丙申春,迎銮山左,召试于泰安行在,特授内阁中书,感恩述事,敬赋一律》:"万乘雷声动至尊,岱宗春晓射朝暾。西掖天高傍紫垣。衣钵两朝夸射策,制科再世渥承恩。远劳望眼重闽切,传喜何时到里门?"

"东方三大"有皇帝提倡并作试题,足见其影响深远。此后清代画家吴文征亦绘有同名之图。

三、 "东方三大" 向 "山东三大" 的转化

其实,所谓"东方三大",其根源当在"山东三大"。即孟子所说:"孔子……登泰山而小天下。故观于海者难为水,游于圣人之门者难为言。"(《孟子·尽心上》)其中,泰山、大海、孔子三者皆有,皆山东物也。

上面谈到龚自珍《题吴南芗东方三大图,图为登州蓬莱阁,为泰州山,

为曲阜圣陵》，即已将"东方三大"定义在"山东三大"，清代尚有不少例证，如嘉道间名士袁洁之文。

袁洁，号玉堂居士、蠡庄主人。江苏桃源（今泗阳境内）人。嘉庆六年（辛酉）拔贡，历官山东乐安、平原、东阿、金乡知县等。以事谪戍新疆，后归居济南大明湖干之蠡庄。著有《习静轩偶记》《蠡庄诗话》《出戍诗话》等。

袁洁生性好游。他说："山东孔林、泰山、蓬莱阁，谓之'三大'，余需次十余载，曾两至曲阜，谒圣庙，瞻圣林。八度泰安，计前后登岱者五十余次。观海胶西，梓有《赴胶纪事诗》。而登州竟未一到，海市蜃楼，不知若何景象，真憾事也！"（《蠡庄诗话》卷四）

他还说："湖河江海，各有形势，不可不见……余因公至胶州，乘小舟出大洋，登鸟船一望，万里烟波，心目俱豁。《观海》诗'一从观海归来后，腕底奔涛分外多'。"（卷八）

四、 关于 "一山一水一圣人"： "一水" 莫若济南泉

以"一山一水一圣人"指称山东风物，与江南"多山多水多秀才"相对应，其联或谓出纪昀或谓出岳镇南，然均查不到文献出处。不过，它显然来自上述"东方三大"或"山东三大"则是无疑的。

"一山""一圣"，指称泰山、孔子无疑，问题出在"一水"上，有论者认为"一山一水一圣人"既为后出，那"一水"先为东海，后为黄河，或趵突泉则有可能，然此说亦无文献依据。况且，黄河作为山东大河在清咸丰五年（1855）之后，其时，黄河在河南铜瓦厢决口，夺大清河河道，成为流经山东多县并由山东入海的河流，而此前只是经过山东曹、单二县而已，而纪昀、岳镇南的年代均早于咸丰五年，断无将"一水"称为黄河之可能。而趵突泉之说，亦未见证据。

然而，20世纪80年代，山东旅游局将"一山一水一圣人"作为推介山东旅游的口号时的诠释，却给我们留下深深的启示。

　　当时，山东省旅游局鉴于山东东西部旅游平衡的需要，在推介山东东部沿海旅游时，将"一山一水一圣人"中的"水"解释为大海，而在推介山东中西部旅游时，则将"水"解释为济南泉水（趵突泉、大明湖等），这一灵活举措很见成效。

　　然而，笔者认为，在今天，如果真要给"一山一水一圣人"做一个全新的诠解的话，当以泰山、济南泉水、曲阜阙里为最佳，其理由如次：

　　（一）大海，临海的省区众多，如江苏、浙江、福建、广东等，它缺乏山东的个性，即唯一性。

　　（二）黄河，流经的省区众多，也缺乏山东个性。

　　（三）独有济南泉水。济南号称天下泉城，其泉眼之多、其城内泉、其泉水文化之古老（中国最早的文字甲骨文、中国最早的诗《诗经》之"大东"、中国最早的史书《春秋》全部记载了济南的泉水），均为其唯一性特征，如此，泰山、孔子、济南泉，全部构成了全国的"唯一"，其"东方三大"与"一山一水一圣人"均当之无愧也。

清子、泺酒：济南古代的两大名酒

一、 雅聚话题是名酒

前年，一次好友雅聚。席间，一位酿酒公司老板发问：历史上的济南名酒，除了我们知道的秋露白、瓮头春，还有其他否？一时哑然。

稍后，笔者回答：济南乃天下泉城，有上佳泉水，有杜康泉、趵突泉闻名遐迩，名酒肯定会有的，而且很多，只是我们缺少发现而已！

不知不觉，两年过去，笔者在诸多济南文献中，果真有了新的发现。仅在清代，济南便发现有两款知名的品牌名酒，一曰：清子；一曰：泺酒。

以下分述之。

二、 清子酒："清子还堪胜葡萄"

清代乾隆年间，官居山东按察使的沈廷芳写有《济南元夕词》六首，其五便是咏歌济南清子酒的，诗如下：

青州从事价争高，清子_{济南酒名}还堪胜葡萄。

沽取十千判尽醉，春盘侑酒得银刀。

（清乾隆二十二年则经堂刻本《隐拙斋集》卷十五）

沈廷芳（1702—1772），字畹叔，号椒园。浙江仁和（今杭州市）人。乾隆元年（1736）举博学鸿词科，授翰林院庶吉士，散馆授编修。沈廷芳后官山东道监察御史，迁河南按察使，以母老乞归。乾隆二十三年（1758）至二十七年（1762）正月任山东按察使，后以老致仕。

沈廷芳以经学自任，古文宗方苞，诗效查慎行，风流儒雅，藏书丰富。王培荀在《乡园忆旧录》中称他"风雅好事，潇洒似魏晋间人"。沈廷芳著有《隐拙斋集》《鉴古录》《理学渊源》《古文指绥》等。

据《隐拙斋集》，沈廷芳此诗写于乾隆己巳即乾隆十四年（1749）元宵节，距今二百七十余年。此时的沈廷芳仍为御史身份，然而，他在山东已然度过了八年时光，对于济南至为熟悉。我们来分析这首颇有济南风味、济南气派的诗作。

　　青州从事价争高，清子还堪胜葡萄。

青州从事，乃是名酒、美酒的代称。典出南朝宋刘义庆《世说新语·术解》：

　　桓公有主簿，善别酒，有酒辄令先尝。好者谓"青州从事"，恶者谓"平原督邮"。青州有齐郡，平原有鬲县："从事"言到脐，"督邮"言在鬲上住。

为方便读者理解，我们将此段古文译成白话：（东晋大司马）桓温下属有一位主簿，擅长品酒，桓温有酒就叫他先品尝。（这位主簿）把好酒称作"青州从事"，劣质酒称作"平原督邮"。这是因为青州有齐郡，而平原郡内有鬲县。"从事"是比喻好酒的酒力能达到肚脐部位，"督邮"是说劣质酒的酒力到胸隔膜部位就停住了。

葡萄，即葡萄酒。唐代诗人王翰《凉州词》："葡萄美酒夜光杯，欲饮琵琶马上催"，是无人不知无人不晓的名句，可见在唐代，由西域传来的葡萄酒味道之美、价值之高，便已是相当有名。宋代，大诗人苏轼亦有"引南海之玻黎，酌凉州之葡萄"的名言（见《老饕赋》）。

然而，这葡萄美酒到了济南，与济南的清子酒相比，似乎就另当别论了，"清子还堪胜葡萄"，就是说，济南的清子酒在味道、价格上，是超越了大名鼎鼎的葡萄酒的。

清子，一个多么美好又接济南地气的名字，是啊，这清子是济南清清泉水的孩子，它是用济南的清泉水酿造的美酒呀！

这诗句的意思是：各种名酒在济南元宵节期间争夺市场，看看谁的价值、价格更高，而济南的特色清子酒，在价格与品味上是胜过葡萄美酒的。

接下来，"沽取十千判尽醉，春盘侑酒得银刀"，则是写济南人元宵节消费清子酒的情景盛况。

"沽取十千"，用十千钱买清子美酒。"十千"，极言多也，语出宋代诗人曾协《酹江月·咏芍药》："十千沽酒，算应花畔消得。"判，判却，豁出、拼上；人们不惜花费购买清子，大口喝酒，大碗吃肉，喝他个昏天黑地、一醉方休，此生动展现了济南人的豪爽好客、真诚实在。要问何以如此痛快淋漓，除了清子酒的醇厚味美，还有菜品佳肴的功劳呀。"春盘"，古代风俗，立春日或元宵节以新摘取的韭黄以及果品、饼饵等做成的簇盘为食，或馈赠亲友，称春盘。济南旧时此风大盛。在笔者的记忆中，少时春节是没有韭菜的，而韭黄，才是春节期间的"当家名旦"。

"侑酒"，劝酒；"银刀"，刀鱼。你看，又是春盘，又是开春第一鲜的银刀鱼，这些，正为豪饮清子酒的人们助兴呀！

由此诗我们看到，在将近三百年前的清代乾隆年间，济南清子酒的品质、地位，特别是在济南民众中受到喜爱和追捧的程度，必得仰而视之！诗作的描写生动而真切，清子，当之无愧的济南名酒！而沈廷芳，则俨然一位懂济南、爱济南的济南通！

三、 泺酒："泺上人家市泺酒"

清初康熙年间，济南还有一种声名大振的名酒：泺酒。

名字听起来好是亲切，应该是用趵突泉水（泺水）酿制的吧。

依笔者所见之文献，泺酒最早出现在康熙中叶游幕山左的江南诗人魏坤的诗作里。

魏坤（1646—1706）字禹平，号水村。浙江嘉善人。自康熙三十年（1691）至三十四年（1695）间，他先后为山东学政朱雯、山东盐运使李兴祖之幕僚，所写济南山川景物、人文古迹之作众多。著有《倚晴阁诗钞》等。

魏坤富于学养文采，诗文俱佳而科场不利。他"十龄草《今文》，弱冠攻古文诗词"，"有浙西才士之目"，为养家糊口，不得已"托迹宾幕，东游历下"，直到54岁方考中举人，此后却两赴礼部不第，不期竟死于道路。（见朱彝尊撰《墓志铭》，《国朝耆献类征》卷四百三十）。

魏坤写有《赠别朱复斋学使》（三首），我们且看其三：

> 重斟泺酒把深卮，正值湖亭春满时。
> 旧雨情多贪话别，新秋绪乱强裁诗。
> 云霄直上君行近，海岳勾留我去迟。
> 预约他年同结宅，栋花风里听缲丝。

（康熙三十四年刻本《倚晴阁诗钞》下册七言律）

朱复斋，即山东学政朱雯，朱雯字霄三，号复斋。浙江石门人，与魏坤为老乡。康熙三十年（1691）初以副使任山东学政。

魏坤此诗写于康熙三十三年（1694）初春时节，此时，正是朱雯三年学政期满卸任，将要离开济南之际。"正值湖亭春满时"，点明了饮宴的地点与时间，湖亭，大明湖上的亭子；春满时，春意弥漫的时节。送别的酒不是别的，是泺酒，而且用深深的酒杯一次次地重新斟酒。试想：这是隆重送别学政大人的宴会，人们自然要选用久负盛名的高档名酒，而恰恰是泺酒当选，则泺酒在当时的地位、影响，自不待言。魏坤此时没有离开济南，他还要继续做盐运使李兴祖的幕僚。所以，他以富于江南意味的诗句作结："预约他年同结宅，栋花风里听缲丝"，让我俩约好吧，等到我回到浙江老家的时候，我们共同结宅做邻居，一同来倾听栋花风里煮茧抽丝的声音呀。

深情之至！巧妙之至！

魏坤在济南结交了很多的朋友，如朱缃，且有诗酒酬唱。他还写有《历下杂咏》，我们且看其中两首。

之九：

糟床旧傍舜祠边，风象青帘掉酒船。

二十三铢轻且冽，中泠输与杜康泉。

之十六：

房豹园林胜辟疆，当年曲沼竞流觞。

重携小榼三升酒，荠菜花开对夕阳。

（清康熙三十四年刻本《倚晴阁诗钞》下册七言绝句）

看来，魏坤对于酒是深有兴趣和研究的，他特意写到济南著名的杜康泉，写到泉边的"糟床"、酒家的"青帘"（还有"酒船"，难道那时的杜康泉畔可以行船吗？），特别是泉水的清冽超越中泠泉的水质。他还写到"房豹园林"的旧址，他说自己"重携小榼三升酒"，在这里观景、饮酒、赋诗，好不快乐！

泺酒在济南历经数百年而不衰，而且发展势头越来越好，有道光年间寓居济南的诗人王偁的诗作可以为证。

王偁（1786—？），字孟阳，号晓堂。直隶大名人。多年寄居历下，住钟楼寺街，在大明湖畔鹊华桥畔设馆授徒，称鹊华馆。他著有《莲舫诗钞》《历下偶谈》《历下偶谈续编》《济南杂咏一百首》（一名《鹊华馆济南杂咏一百首》）等。亦是一位典型的"济南通"。

《济南杂咏一百首》之八十五首为《雒（泺）口行》：

泺兮泺兮清且沚，柳塘东接巨合水。

于钦当年奉母行，索镇舍舟而陆矣。

几何小清不扬波，沙半壅淤生芦莎。

大清河仍如故流，打桨丛聚鱼盐歌。

泺上人家市泺酒，海醢争泊榷沽口。

采风谁复问鹊华，送客我欲折杨柳。

安得转运刘士安，利养万民颂安澜。

重浚小清溉阡陌，免使当春忧旱干。

古人立法求益民，游豫兴歌溥至仁。

一丘一壑自过之，疏导至今禹称神。

（清道光刻本《鹊华馆济南杂咏一百首》）

据《瓶花阁序》，王偁《济南杂咏一百首》成于道光十年庚寅（1830），其时，黄河尚未改道即夺大清河河道，所以，此时的泺口还是大清河上的渡口。然而，它已经十分繁华了，比起"沙半壅淤"的小清河来，这"大清河仍如故流，打桨丛聚鱼盐歌"，一派繁荣热火气象，而尤其引人注目的，则是"泺上人家市泺酒，海艖争泊榷沽口"，这就是说，泺水由趵突泉出发一直流到十五里远的大清河上的泺口渡口，完全是泺酒的一统天下，泺水两岸全部是买泺酒的人家。而运来海盐的船只，则争相停泊在"榷沽口"，其中大有深意：原来，榷沽是（清）政府所实行的酒专卖制度，榷沽口，正是酒专卖的管理机构所在之处，这些海船运来海盐后，接着要通过"榷沽口"办理手续，买到深受沿海民众喜爱的泺酒，然后才返回的。

这正是道光年间的泺酒风采呀！可惜景象不再。

时代期望着济南名酒重振雄风！

清代济南的元宵节

一、 上元竹枝： 清初济南元宵节风情的全方位展示

元宵节，古人称上元节。此节自古便是国人一个非常隆重的节日。

在济南，在清代，人们是如何度过这一节日的呢？它有哪些不同寻常的习俗呢？今节日临近，本文拟就文献所及，与读者诸君分享之。

据乾隆《历城县志·地域考三》：

元夜，通衢张灯，放花炬；男女群游，谓之：走百病。过桥，放河灯。是月也，女辍针工，童子入塾，农于耜。

康熙年间，济南府著名诗人唐梦赉写有《济南上元竹枝词》，且有十四首之多。

可贵的是，诗作不仅是写元夜，而是自白天至夜晚，自官员至百姓，自市井到名胜，自扮玩到灯彩，并男女老少，一一写来，实堪称清初康熙间济南元宵节热闹、纷纭状况的一次全方位描述与展示。

唐梦赉（1627—1698），字济武，号岚亭、豹岩。清济南府淄川县人。清顺治六年（1649）进士，改庶吉士，三年后擢翰林院检讨。上疏言事，被责以言辞"切直"，罢官后怡然归籍，专意著述。著有《志壑堂集》，编纂康熙《济南府志》《淄川县志》。工诗文，王士禛称其："诗近东坡，文类蒙庄"，

平生所著数十万言，皆穷极理奥，斐然成家。

以下是唐梦赉《济南上元竹枝词》（十四首）：

七十名泉卖酒旗，鹊湖风漾绿差池。

西郊得得游人盛，趵突泉看御制碑。

千佛灵岩一路青，五峰道士夜弹经。

楮钱香马闲钲鼓，拜到天孙普照亭_{泰山敕建亭额}。

军符尽遣罢樗蒲，父老闲街尽醉扶。

鱼钥丽谯三箭后，闲巡小队执金吾_{张中丞南溟严禁，一是博徒绝迹}。

息烽解甲太平秋，十一年余此更游。

祠庙时时催社鼓，笙歌总让寿亭侯。

獠牙面具舞郎当，解使终南进士忙。

一派笙箫何处下，缠头高髻大蕃王。

翠裙掩袖笑声低，㑌子当街簇彩旗。

头颤头摇肩背上，姜婆姜老鬂如丝。

踏歌闷待月华升，分队斜阳暂跳绳。

一阵香街惊玉勒，乍从江北舞龙灯。

转马鳌山太熟生，纱笼面面写崔莺。

何人幻出良工手，几树葡萄湖石明。

荡桨渔舟去复回，松阴殿角小衔杯。

明湖何处挑青好，北极高台谒庙来。

风俗香闺不出门，郭郎鲍老任嚣喧。

盘花冶服谁家子，酒肆垂帘打十番。

又造歌筵见小伶，画屏珠海照繁星。

温公司马春联好，直作横渠座右铭谓怍庭司马。

不减山阳旧酒徒，少年裙屐拥当炉。

呼卢捉麈浑闲事，自忆吟春高达夫忆念东先生。

白雪高楼接吕祠，问山亭子昨题诗。

少陵子固堂堂去，卖饼难寻旧侍儿。

赵令园林供佛陀，芙蓉北渚闭门多。

关心剩有东流水，每得扬鞭载酒过谓张泗水园亭。

清刻本《志壑堂后集》卷之五

据唐梦赉《志壑堂集》，本诗作于丙寅，即康熙二十五年（1686）正月，距今三百余年。

第一首第一句为："七十名泉卖酒旗"，展示了济南元宵节典型气象。大大小小的泉边酒肆，几乎全部飘荡着招徕顾客的酒旗、酒幌，济南人用清泉水酿就的美酒，成了节日的主打，用今天的时髦话语，这是"泉水经济"的繁荣。这一景象与康熙在趵突泉上题写的"激湍"二字刻就的所谓"御制碑"，成为元宵节最为亮眼的事物。

第二首："千佛灵岩一路青"，是早春济南青葱景致。然而，此诗的着眼点是写济南人春节至元宵节的"谒神"活动。据乾隆《历城县志·地域考三》："孟春月……遍谒诸神祠，宴亲友。"这一谒神的队伍，自济南的千佛山、灵岩寺、五峰山，直至泰山，可谓壮观之至。

第三首："军符尽遣罢樗蒲"，写节日期间严禁赌博，平时亦然。这是山东巡抚张鹏（号南溟）下的"死命令"，甚至夜晚都有巡逻严查者。值得注意的是，这丝毫不影响人们的宴请娱乐诸项活动，且看，"父老闲街尽醉扶"，这一个个醉醺醺的状态，便可知济南父老此时全在节日"过把瘾"的气氛里。

第四首："息烽解甲太平秋"，时代进入康熙中期，老百姓已过了几十年没有战火烽烟的太平日子，而唐梦赉，也大约有十余年没在省城过元宵节了。上面谈到济南人有浩浩荡荡的"谒神"活动，其中最具声势的神祇是谁呢？是关羽、关圣帝君，汉寿亭侯是他的封号。济南人最崇拜的品质是：仗义。济南的关帝庙非常之多，这是因为，关羽身上的浩然正气折服、感染了崇文好义的济南人。"富贵不能淫，贫贱不能移，威武不能屈"，关羽正是这些至大至刚精神的全面体现者。

第五首："獠牙面具舞郎当"，则描绘了济南人节日期间挂钟馗像、跳钟馗舞以祈福驱邪的情景。"终南进士"，钟馗之雅称，钟馗为唐初雍州终南故城人，相貌奇异，在道教被封为"镇宅赐福圣君"。

第六首："翠裙掩袖笑声低"，则是表现元宵节民间扮玩的热闹场面。侲子，指作驱鬼之用的童子，他在当街簇面面彩旗，威风无比；然而，老百姓最为熟悉、欣赏的还是"姜老背姜婆"，这些表现普通百姓夫妻恩爱的"头颤头摇肩背上"的滑稽表演最接地气呀，难怪平时笑不露齿的翠裙少女也忍不住低声地掩袖而笑了！

第七首："踏歌闷待月华升"，说的是人们正在焦躁地等待夜来好能赏灯的时刻，此时此际，却有想不到"奇景"出现了——那是夕阳斜照的下午，人们正分队做着"跳绳"的游戏，突然充满年味的"香街"上，传来了足以惊动马车的动静，原来是舞龙灯的大队伍浩浩荡荡地开过来了。

第八首："转马鳌山太熟生"，终于轮到赏灯时刻了。鳌山，元宵节用彩灯堆叠成的山，像传说中的巨鳌。显然，这是大型的花灯灯组。至于单个的各种彩灯，人们最喜欢的还是西厢记的故事，以崔莺莺、张生的爱情故事为内容题材而制作的灯彩最多，这也显示着济南人的浪漫与多情，特别是对于美好的爱情生活的向往与追求吧。元宵节，是能工巧匠大显身手的时刻。得到唐梦赉盛赞的，是大明湖湖畔挂在绿树之上，巧妙地与绿树融为一体的类乎晶莹葡萄的美丽造型，我们已经无法描述这些彩灯的形状，只能通过唐氏的诗句来想象："何人幻出良工手，几树葡萄湖石明。"

第九首："荡桨渔舟去复回"，却是宕开一笔，写大明湖的元宵节景致。在大明湖的松荫殿角之处，便有衔杯饮酒、节日行乐的人们，特别是，他们在北极庙"谒神"前后，会享受"挑青"的美食。清明吃螺蛳，用针挑出螺蛳肉，叫作"挑青"。因为清明前的螺蛳，肉质肥嫩，口感最佳。这是济南作为水乡的天赐特产美食。

第十首："风俗香闺不出门"，说的是济南节日期间酒肆茶园的文化娱乐活动。

"郭郎""鲍老"是傀儡戏里对傀儡的两个称谓，此代指词曲等说唱艺术之类。此时济南的风俗虽是"香闺不出门"，而那些个年轻的文人墨客及"盘花冶服"的公子哥儿，却是趁着节日，非要饮酒唱曲、疯玩一把不可的。

第十一、第十二首则是写诗人好友，两位高官兼诗人孙光祀、高珩的节日生活。

兵部侍郎孙光祀（号䓵庭）致政后，家在司马府（今泉城路百货大楼对过），又在济南城北有砚溪村别墅，他会不时举办由歌者（小伶）唱曲劝酒的歌筵，其晚辈诗人王宜绳有《满庭芳·过孙䓵庭年伯别墅留题》，称其"投闲洗沐，红袖舞霓裳""喜尊前，斑衣绚缦，玉树碧琳琅"（见清刻本《梅亭小草》），所述皆是其歌筵情景。不过，孙光祀还有专长不为今人所知，由此诗看到，他如同宋代的"温公"司马光一般，都是写春联的高手，他题写的春联，可以与"横渠先生"有的一比，横渠，北宋思想大家张载是也。

而吏部侍郎高珩高念东先生，则是另一种人物形象，"不减山阳旧酒徒，少年裙屐拥当垆"，可见其不拘小节甚至我行我素的卓绝风采，而"少年裙屐"又见其青春不老，特别是对于美的追求与热衷，这在高官中实为"另类"。而这另类是需要真本领真才学的，特别是对于审美人生的独特感悟。王培荀《乡园忆旧录》中称其"才大如海""脱弃名利"，并特意摘取他在高官位上回答友人"何事最乐？"的一段话是：

乞归可得，即日出彰义门，南面受风，缁尘渐远，望见家山，斯最乐矣!

如此的情怀，与当今那些赖在官位上不肯下台的官员相比，何啻霄壤!

二、 济南踏灯词： 雍正末年济南元宵节风情雅意

距离唐梦赉《济南上元竹枝词》将近半个世纪后的雍正十三年（1735）乙卯，又有诗人、济南府章丘知县杨士凝创作了《济南踏灯词十首柬书巢》，使我们得以窥见彼时济南元宵观灯之盛况。

杨士凝（1691—1740），字妙合，一字立诚，又字笠乘，号芙航。江苏武进人。康熙五十六年（1717）举人，曾官山东单县、章丘等县知县。能诗。著有《芙航诗撷》。

诗中的书巢，即时任历城知县王国正（1686—?），书巢其字也。江南江都（今扬州）人。

王国正精明强干，杨士凝称他在历城知县任上："余力举百废，胜迹咸兴修。开阁宏故址，决泉通滞流"，赞赏他："济南亭泉诸胜，书巢一一修茸整齐。"（见杨士凝《亦楼二首赠王书巢并引》）

我们来看杨士凝的《济南踏灯词十首柬书巢》：

万家灯火照红联，金鼓声喧大有年。

再听王郎新乐府，另收春色入歌筵。甲寅春，历城席上，观演书巢所谱新词曰：五谷登；今年正月十二日立春，闻另制新曲矣。

庆春还喜雪初晴，雪月双明不夜城。

只为六街添火树，争光反让短长檠。

灯榜齐书贺太平，可知天意即民情。

笙歌怕听伊凉调，只爱康衢击壤声。

云母层层入画图，星芒攒涌大明湖。

架空百道红霞里，照见冰心在玉壶。

七年客里过元宵，强起看灯总寂寥。
谁说他乡风土异，也如江左走三桥。

酒市茶棚迭送迎，遍尝七十二泉清。
霸陵不用游人避，新故将军许夜行。

闲来竿木也逢场，月落归迟夜未央。
红蜡烧心人面冷，笑他灯下乞恩光。

龙马星驰百戏过，采莲接唱采茶歌。
春光不许金鸡晓，无尽灯中有睡魔。

涂面群儿兴欲狂，灯花垂蕊哄人忙。
侬家映雪窥邻火，不愿分他屋壁光。

琉璃簇锦绛纱笼，无数楼台艳影中。
何处华堂憎烛短，一丸凉月历山东。

清刻本《芙航诗撷》

踏灯，亦作蹋灯，是指元宵节上灯市看灯。

第一首，"万家灯火照红联，金鼓声喧大有年"，是对济南元宵节日气氛的描写，"万家灯火"谓节日灯彩，"金鼓声喧"为节日扮玩等娱乐活动。而作为历城知县的王国正（王郎），则年年都有迎春新词问世，以供观演。此亦山东首邑之风致也。

第二首堪称构思新颖。诗人先写元宵节雪后初晴，加之正月十五之夜月色皎洁明亮，因而济南成为"雪月双明"的"不夜城"。然而，这雪月的明亮却很快为花灯的明亮光泽所替代，"只为六街添火树，争光反让短长檠"，檠，灯架也，此指元宵花灯，诗人说，济南的大街全为火树银花所笼罩，一切的光彩都让它们争去了呀！

第三首"灯榜齐书贺太平",灯榜,指写在灯市匾额的大字,是灯市最为突出的内容。伊凉,曲调名,指《伊州》《凉州》二曲,悲凉慷慨。诗人说:过太平日子,是天意,更是民情。老百姓最大的心愿就是能过上相对富足的太平日子,在节日的气氛中尤其能使人感受到这一民众的普遍愿望。

第四首是写元宵节大明湖的壮观景象。在火树银花的照耀之下,天上,是如同紫云母鳞片的层层云朵,如诗如画,而繁星映照在波涛涌动的大明湖中,更是绮丽无比。结尾"架空百道红霞里,照见冰心在玉壶",又显然有着对在济南"举百废""修胜迹"的历城知县王国正的描述与赞扬。

第五首"七年客里过元宵",显然,杨士凝因仕宦在身,已经有七年未曾回故乡常州了,其思乡之切可以想见。好在,济南的风土与江南颇有相似之处,如元宵节也时兴"过桥"之习俗("元夜,通衢张灯,放花炬;男女群游,谓之:走百病。过桥,放河灯。"见乾隆《历城县志·地域考三》),与常州同。由此,杨士凝受到莫大安慰,吟出"谁说他乡风土异,也如江左走三桥"的亮丽诗句。

第六首"酒市茶棚迭送迎,遍尝七十二泉清",是全篇的华美段落,由此,我们可以看到济南彼时"泉水经济"之发达,"酒市茶棚"全部靠着"七十二泉清"来支撑,显然,其时的酿酒大多依赖泉水,茶茗更是如此,这清泉水带来了济南"酒市茶棚"及餐饮业的繁荣,自是不在话下。好处是,在济南时兴"走百病"的元夜,过去一向禁止普通人游玩的场所(以"霸陵"喻指)也对人们开放了("新故将军许夜行"),这是传统与民俗的强大力量。

第七首"闲来竿木也逢场",写月落之后,人们的娱乐活动依旧进行。竿木,古代艺人借以在其上表演各种技艺动作的长竿,这些表演在月落之后,依然可以依靠灯彩、红烛的光辉继续进行。

第八首、第九首写节日扮玩活动。"龙马星驰百戏过",百戏,喻指节日诸项大众文化娱乐活动,"采莲接唱采茶歌",这是济南作为水乡特征的节目,显然这些节目与江南乡土相近,因而诗人记住了这许多节目。

"涂面群儿兴欲狂",最是见出扮玩的热闹与火爆,以致人们忘却了时间,忘却了睡眠，"春光不许金鸡晓，无尽灯中有睡魔"，春天到了，是无尽的春光，不允许金鸡报晓，而睡觉的魔鬼，都被关进无尽的灯彩之中了。好是鲜活的比喻与想象。

第十首，"琉璃簇锦绛纱笼，无数楼台艳影中"，这该是对于元夜济南城整体美景的生动写照。而"何处华堂憎烛短，一丸凉月历山东"，更是余韵悠悠，引人遐想不断也！

《济上鸿泥图》: 晚清济南的 "十二景"

一、 《济上鸿泥图》 的来龙去脉

《济上鸿泥图》蕴含着一段济南旧时生动感人的历史故事。

《济上鸿泥图》全称《济上鸿泥图题册》。1906 年, 为山东教育与军事做出巨大贡献的道员张士珩, 奉调上海机器局, 他对生活了五年的济南恋恋不舍, 于是, 寓居济南的著名画师松年 (字小梦) 慨然为其作《济上鸿泥图》十二幅, 将张士珩在济时, 所喜爱、游览、消遣的济南山水古迹名胜及其风雅之居十二处, 全部形之笔端。之后, 张士珩又遍请诗坛名流为十二图题诗, 并于宣统二年, 亲将诗作编辑成书, 由上海淞云精舍铅印出版。

此书扉页, 有张士珩《〈济上鸿泥图题册〉录存序》, 写来情意款款:

> 居士 (笔者注: 张士珩号冶山居士) 游济将归, 画师松小梦年为作《济上鸿泥图》十二, 居士每图为小序。归江南后, 同人题咏甚夥, 录而存之, 披图诵诗如在济上也。当居济时, 得三石, 小梦亦为之图, 题曰: "济上三云", 间有题咏亦附录于后, 而诗之涉及济南游踪逸事者, 并附录焉。山谷诗: "济南潇洒似江南", 友人宋平子 (笔者注: 宋恕) 印章 "济南山水最难忘", 之图之录, 皆示不忘济南之意, 正昔人谓: "六一未尝终日不思颍也" ……冶山居士

记于沪上淞云精舍。

一腔挚爱济南之深情，好是感人！

而《济上鸿泥图》对于济南这座城市，有着极高的历史文化价值与审美价值。

"鸿泥"，典出苏轼致弟苏辙（子由）诗："人生到处知何似，应似飞鸿踏雪泥。泥上偶然留指爪，鸿飞那复计东西？"（《和子由渑池怀旧》）"鸿泥"指鸿鸟在雪泥上留下的爪印，人们以此比喻往事的痕迹。张士珩以此表达永远值得怀念的自己在济南的过往足迹也。

松年（1837—1906），字小梦。光绪年间，先后官博山、单县、长清知县。工花鸟、山水，洒脱率意，多有创新。罢官后安家济南。著有《追欢得禄图》（松年画并题）、《小梦印存不分卷》等。

二、 张士珩其人其事

在详细解说《济上鸿泥图题册》之前，我们需要首先了解张士珩其人及其事业。

作为晚清的风云人物，张士珩的生平资料较为丰富，今据马其昶《四品卿衔张君墓志铭》、李继昰《先府君行述》、徐世昌《弢楼遗集序》（均见《弢楼遗集》）及程先甲《清授光禄大夫四品卿衔张公墓表》（《民国人物碑传集》，凤凰出版社 2011 年版）等，整理如下。

张士珩（1857—1917），字楚宝，号弢楼，晚号因觉，又号潜亭，又自号冶山居士。其先世自江西迁安徽合肥，遂为合肥人。祖父张纯，咸丰举人。父亲张绍棠以军功官至提督。张士珩之母，为晚清重臣李鸿章妹妹，惜乎不得长寿。张士珩十岁丧母，哀毁过人，悲鲠逾节，李鸿章见状，大为哀伤，十分可怜且疼爱这个失去母爱的外甥。其后，张士珩来到金陵（今南京），受业于名士汪梅村先生，由此深通舆地

张士珩像

（地理）与辞章之学，尤其对于兵家思想、学说深有领会，且研求经世之务，于中外政治博览穷搜，务必得其要领。张士珩为人深沉明察，沉稳谨慎。

光绪十四年（1888），张士珩考中举人，此后，试礼部考进士不第，于是进入李鸿章幕府。当时李鸿章创立北洋海军，革新军政，张士珩多有思虑周全之策划襄助之。光绪十六年（1890）后，张士珩在天津以道员身份接管军械局兼领武备学堂。当时，张士珩对于军械制造之业务精通到什么程度呢？其子李继垕《先府君行述》中称：中国军械当时皆购自外商，外商鬻良杂苦，弄虚作假，以次充好，稍有不慎则为所欺骗，"府君躬督员匠，剖晰检视，烛察微妙，必悉中程式乃已。外商不能欺，以故多得新器"。

光绪二十年（1894），甲午清廷战败，朝廷上下归罪李鸿章，台谏争相弹劾，张士珩亦以"舅甥同省违成例"而夺官。此后，他寓居金陵，卧居冶山之下，扩竹居，筑弢楼，弹琴赋诗，以文史自晦，其乐悠悠。

然而，学养与能力，是一个人安身立命的根本。人一旦有了超越常人的智慧、本领与能耐，那是任谁也封锁不住的。

很快，山东巡抚周馥特聘他主持山东学务处及武备学堂。其后，袁世凯以直隶总督兼练兵大臣，急欲革新军政，认为：练兵必先制械，而制械非张士珩莫属，坚请张士珩主持上海制造局。在局六年，功效茂著。其一年所造枪弹之数目，足够当时南北洋陆军之用，且质量极优，足与欧美最新器械相比。陆军部上报其功，特旨赏张士珩四品卿衔。

1911年，辛亥革命爆发，各省动摇。革命军素知上海制造局军械储备优良，于是集中兵力攻打，张士珩日夜督兵严守，后见大势已去，遂欲自杀，为左右部下所持，于是登舟，逃奔山东半岛。

共和既建，袁世凯任大总统时，多次致书请张士珩出山，张士珩以病告辞。

1917年2月，卒于天津寓所。春秋六十有一。

三、 张士珩与山东、 济南

1902年，周馥出任山东巡抚，一日三电，聘请高卧冶山的张士珩来山东。原来，这周馥为李鸿章所选拔，在北洋日久，最是了解张士珩的能耐。张士珩来到济南，受到非常之礼遇，他独立主持学务处、参谋处、武备学堂等"要政"，结果是，张士珩大展身手，不负众望。原来，张士珩初到山东，山东省现代教育刚刚萌芽，陆军也是刚刚设计编制，据其子李继垕《先府君行述》所记，上述教育与陆军之事，皆有张士珩"手自创造，昕夕擘画，营构五年，学校林立，陆军编练，一采新法，与北洋陆军相颉颃。建德尚书（即周馥）倚之如左右手。尝与府君并辔巡视诸军，见壁垒一新，士气振奋，乃顾语府君，掀髯笑曰：'此君之力也'"。

后来，1904年底，杨士骧任山东巡抚，倚重张士珩一如周馥时。

其实，张士珩在大红大紫背后别有辛酸。

张士珩之子李继垕这样评价其父："府君文学政事，世多知者……然其平生抱负百不试一"，李继垕特别谈及其父之散淡人格与文笔才华："宏远胸怀，淡泊不求闻达。甲午归寓金陵，弹琴赋诗，与平生故旧相唱和，有句云：'欲问平生何事业，西沽西冶两羧楼'，盖修然有终焉之志。其后屡出，皆为当时名师所敦迫，非其本怀也。"又说："所为文章沉雄厚重，典雅渊懿，博极群书，出入百家。"

辛亥后，张士珩与徐世昌寓居山东青岛为邻居，徐世昌这样谈及张士珩："壬癸之间，邂逅青岛，始得时相过从。君所居近海，洁无纤尘。每过，君焚香煮茗，论诗谈元。槛之外，波涛澎湃，大风卷潮，楼摇摇欲撼。而吾两人振襟长言……觉世之得丧爱憎适然相值者，不啻飘风浮霭之往来变化于太虚之体，固廓然其无碍也。"

在笔者看来，张士珩究其实还是一位充满理想幻想与浪漫情调的文人吧，这就是他会如此看重在山水济南、文化济南的岁月，如此看重留下自己生命轨迹与记忆的济南十二景的深刻原因。

四、 山水佳景, 令人陶醉:
《济上鸿泥图》 中的济南十二美景

《济上鸿泥图题册》究竟画了、写了那十二处济南景致呢?

这十二处（幅）为: 华峰挹爽、鹊桥踏雪、明湖泛月、趵突观澜、铁祠赏荷、千佛披云、潭西拜石、汇波观稼、龙洞延秋、开元寻碑、长春访道、潜亭独酌。

此图卷是为集济南自然与文化景观之大成也。

而张士珩则对十二景有详细说明。

在《济上鸿泥图》"小序"中, 张士珩对此一一予以解说道——

第一: "华峰挹爽, 隔雉堞见华不注如覆萼然, 芙蓉初日, 爽秀挹人, 当年并辔援枹, 三周驰逐时, 应不暇领此清趣也。"

第二: "鹊桥踏雪: 两水夹明, 长虹练净, 山容如睡, 银海光摇, 吟鞭冲冻, 不殊灞桥驴背得句时也!"

第三: "明湖泛月: 月到天心, 风来水面, 千川同印, 可证道心。"

第四: "趵突观澜: 泉有三, 突起池面, 所谓槛泉涌出也, 清寒凛冽, 翕施滚滚, 不舍昼夜, 具有活泼泼地气象。"

第五: "铁祠赏荷: 过铁祠, 观池荷亭亭植立, 尚思遗烈, 凛然如生。"

第六: "千佛披云: 千佛一心性, 一心性千佛, 心性莫将云雾遮, 千佛自合光明现。"

第七: "潭西拜石（又称"龙潭拜石"）: 石卧于五龙潭西, 玉皇宫墙阴。嵌空玲珑, 若春云冉冉, 初出远岫, 又拳曲如指爪屈伸, 仿佛佛手拈花, 爱植庭中双树间, 具袍笏拜之。"

第八: "汇波观稼: 登汇波阁极望, 柳陌、菱塘、田塍如画, 济南风景大似江南, 不待秋风起, 已动莼鲈之思矣!"

第九: "龙洞延秋: 斜照疏林, 丹枫烘暖; 停车坐爱, 褒此秋光。"

第十: "开元寻碑: 济阴盘谷, 岩壑萦纡, 缭曲往复, 扪萝陟巘, 不觉芒屡生云。"

第十一："长春访道：观有丘子洞，长春真人坐圜处。阶前偃残钟纽，题识漫灭不可读，金石终销毁，人生须寻不可磨泐者。"

第十二："潜亭独酌：余建潜亭于阎文介公祠右，深柳清波，水木明瑟，独坐其间，意钓非钓。"

难能可贵的是，这十二景正是当年济南最为重要之风物景观的真实写照，而且，这些风物的解说结合着张士珩的切身经历，即他眼中的景物以及他与景物的密切关系。

"华峰挹爽"，是说隔着济南城堞望华不注山犹如"芙蓉初日，爽秀挹人"的美景。张氏由此发出慨叹：当年那些齐晋争锋的甲胄之士，是顾不上赏此美景的。"鹊桥踏雪"是表达雪中鹊华桥"长虹练净""银海光摇"之美，张氏认为此种风味，不减唐代诗人孟浩然在灞桥风雪驴背上酝酿诗思之风雅况味。"明湖泛月"，以"月到天心处，风来水面时"之大明湖最佳时空，与佛家"月印千江水"的成佛之路融为一体，乃景致与哲理相映成趣的最美意象。"趵突观澜"写趵突泉："泉有三，突起池面，所谓槛泉涌出也"，以及其有本无穷"不舍昼夜"的"活泼泼地气象"，此正趵突泉的独特性与审美特征。"铁祠赏荷"写铁公祠"亭亭植立"的池荷，正与千秋遗烈的铁铉风骨相互映衬。"千佛披云"除了云物古迹之美，还更多地显示了作者的佛教信仰："心性莫将云雾遮，千佛自合光明现"，佛家之开悟门径在焉。"潭西拜石"，乃是张士珩所造之景。此即张氏所拥有三奇石之一的"冶云"石，他将其植于五龙潭西，其石"若春云冉冉，初出远岫"，又似佛手拈花，惟妙惟肖，美不胜收。"汇波观稼"，在昔日大明湖上除了会波楼外，在东南隅还有高耸的汇波阁，为济南观景胜处，登阁远眺，"柳陌、菱塘、田塍如画"，而大明湖水产丰富，故作者云："济南风景大似江南，不待秋风起，已动莼鲈之思矣！""龙洞延秋"，龙洞山水奇秀，清代名士孙星衍称："所见关洛江浙名山无过之者"，龙洞之美犹在秋季，其时红叶满山，花团锦簇。"开元寻碑"，开元，济南佛慧山寺，有宋人题名刻记，更兼峰峦突兀，涧谷萦回，丹树黄花，更宜秋色，历下八景标为"佛山赏菊"。"长春访道"，位于今回民小区之济南长春观，是一座道教全真派道观，始建于宋代大观年间。丘处机曾经在此修炼。张氏慨叹："金石终销毁，人生须寻不可磨泐者"，令人顿悟，此语蕴含深刻的人生哲理。"潜亭独酌"，潜亭，张士珩建造，在大明湖上阁公祠西（后为正谊中学），张士珩还将自己奇石之一的"龙云"石立于潜亭之侧，潜亭主人张士珩称自己经常"独坐其间"，而"意钓非钓"，此正彰显张士珩的高人之雅趣风致也！

五、 名家荟萃，珠玑在目：《济上鸿泥图》的题咏诗

《济上鸿泥图题册》，前有秦际唐序、陈作霖序、周馥题词。其后则是俞樾、陈作霖、邓嘉缉、秦际唐、郑孝胥、顾祖彭、刘炳照、汪洵、周学渊、刘原道、李经钰等诗人的题咏诗，共11人，132首济南风景诗。

《济上鸿泥图题册》的诗作者，实堪称名士荟萃，其诗作琳琅满目。

俞樾（1822—1907），字荫甫，号曲园。浙江德清人。俞鸿渐子。道光三十年进士。官河南学政。著有《春在堂诗稿》《曲园诗翰》《诂经精舍自课文》《游艺录》等。俞樾以其深厚的学养，被誉为"最后的朴学大师"，其弟子有章太炎。

俞樾《铁祠赏荷》：

> 铁祠多荷花，红衣拥翠盖。
>
> 请濯花下泉，敬为七忠酹。

（转引自张士珩辑《济上鸿泥图题册》，宣统二年淞云精舍铅印本）

短短四句，却见出俞樾对于济南历史与现实的谙熟。"七忠"，正是明建文年间靖难死节的铁铉等七名英烈，济南旧有七忠祠，与大明湖上铁公祠相互映照。而诗人称铁公祠之泉为"花下泉"，此正与王钟霖《七十二泉考》所记铁公祠之"沧浪泉"相合，为济南泉尤其大明湖上有泉之得力证明。

周学渊（1877—1953），原名学植，字立之，晚年自号息翁。安徽建德人。周馥之子。历官广东候补道、山东候补道，光绪三十三年（1907）任山东大学堂监督。工诗词，喜山水，著有《晚红轩诗存》等。

周学渊《潭西拜石》：

> 忽见云成石，谁知气吐龙。
>
> 为君九顾首，神交在无言。

"无言"之美，余韵悠悠，不绝如缕。

题诗者多为功成名就的人士，也有叱咤政坛的风云人物。如汪洵（1844—1915），字子渊，号渊若。江苏阳湖人。光绪进士，授编修。顾祖彭（1871—1941），字寿人，寿仁，号梦铿。江苏上元人。光绪进士，官至农工商部郎中。福建闽县人郑孝胥（1860—1938），字苏戡，又字太夷，号海藏。曾任清政府驻神户、大阪总领事，湖南布政使等职。辛亥革命后积极为清室复辟出谋划策，1932 年任伪满洲国国务总理，为人所不齿。陈作霖、邓嘉缉、秦际唐均为晚清名声籍甚的"石城七子"，其诗文颇具影响。且看陈作霖《趵突观澜》：

> 济水皆伏流，随地溢而出。
>
> 势激化为三，清洌无与匹。
>
> 中泠泉久湮，品应推第一。

诗人认为：中泠泉湮塞已久，趵突泉方为天下第一。此诗，不独见诗品，更见人品。陈作霖是居家金陵、与中泠泉相近相亲的江南名士，其求真务实的人生态度实在令人感佩不已。

《家言随记》中的济南风土人情

一、 王贤仪、 王钟霖父子与 《家言随记》

美食专家们大都知道古时济南有"历下四美蔬",即所谓春前新韭、秋晚寒菘、夏浦茭根与冬畦苔菜。这四美蔬出自清代济南人王贤仪所著《家言随记》一书中。

王贤仪（？—1855），字麓樵，原籍山阴，随先人寄居历城，遂以历城为家。幼英敏读书，考场不售。年十八，父亲去世，他入京都谋生路。后归家济南，从沈藕堂先生学刑名，攻读两年，即弃儒习幕。他曾先后为表兄、保定知府金洙，以及时任武定知府恩特亨额、济南知府钟祥、青州知府杨镇、邹平县令李文耕、阳信知县恩福、诸城知县刘光斗、日照与聊城知县音德布、武城知县厉秀芳为幕僚，天南地北奔走，以养活老母妻儿。咸丰五年（1855），王贤仪自招远返回济南，到邹平西关，卒于车中。

同里毛鸿宾（字寅庵，又字寄云，曾任湖南巡抚、两广总督）称王贤仪"好读书，具伟略，少以呱呱养亲屈依人幕"，"德足服人而学足匡世"（见《家言随记·序》）。

《家言随记》卷一是《申韩论》《佐治药言摘要》《忠告节抄》《阅历偶谈》，在王贤仪心目中，"刑名至重""刑名足以活人"，此卷大多属刑名方面的论述与心得。卷二为《稽古论略》，大都为随笔札记，多评论古人贤否得失，或记录古人嘉言善行，间亦引据故实，考订讹误。

卷三是《辙环杂录》，多记载山东山水古迹及祠庙物产。

卷四有《交际心殷》，记同时交游的官山左者；《尚论景行》，记济南前代至清朝的名宦与游客；《桑梓敬止》，记济南前代至清朝人物；《亲戚情话》，记亲戚中有学业宦业者。

其子王钟霖为本书校订付梓，并做一些补注或说明（自称"间附一知半解"），并在《书后》载其父王贤仪之言

《家言随记》书影

曰："阅历七十年，凡所见闻，有足法戒，随手记之。性褊急，少读书，然处世鲜诡。遇亲友相善，志不去怀……辙环所历，一往情深。数十年来，所书不觉成卷。"此可视为作者对其为人为文的极好说明。

王钟霖（1816—1878），字雨生，道光二十四年甲辰（1844）举人。大挑二等，以教职用。道光三十年（1850），曾至潍县，任县令王芝山幕僚及家庭塾师。咸丰六年丙辰（1856）主讲陵县三泉书院。咸丰八年（1858）至京师，到吏部候签，掣得兵部，分得车驾司。同治元年（1862）由车驾司员外郎改长芦盐运司运判，第二年实授长芦盐运司运使。

王钟霖著有《黄雪香斋古文诗抄》《七十二泉考》，辑有《国朝历下诗钞》四卷，凡集选历下人诗，共得180余人诗1100首。如今，该书与其附于《家言随记》的《七十二泉考》，已成为研究清代济南作家作品和济南泉水的重要资料。

本文谈及济南风土人情，主要依据王贤仪《家言随记》，间亦采用其子《王钟霖日记》之记载。盖大多同为道咸间事也。

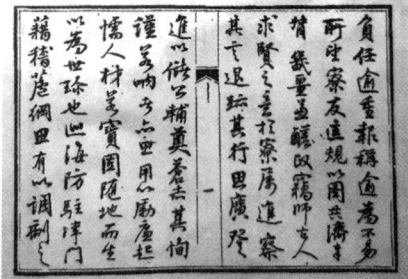

二、 王贤仪对于济南风土人情的总括

王贤仪对济南有着极为深厚的情感。他正是怀着热爱家乡的一腔深情来写此书的。

《家言随记》卷三《辙环杂录》有一段文字，可以视作王贤仪对于济南风土人情的总括，或曰总的看法。他说：

> 余所历之地不多，风土人情当以济南为美。土沃泉甘，五谷皆宜，俗朴而文，士务功名，以入官府为非。民畏法，不好讼，赋惧催呼，无抗挠者。无甚富贫，婚丧称家有无，不虚以相耀。祭神祀先惟谨。四时寒暖适中，湖山明秀，饶莲芡、鱼蟹，腊韭、霜菘、茭白、蒲笋尤美。市不虚价欺人，食物数十钱得饫饱。虽五方杂处，而家各守规，不相染习。遇事必相助。事不平，路人皆可评析之。官幕多占籍，无倾轧之者。

谈到济南自然风土特点，王贤仪是用"土沃泉甘，五谷皆宜"，"四时寒暖适中，湖山明秀，饶莲芡、鱼蟹，腊韭、霜菘、茭白、蒲笋尤美"，来表达的。在笔者看来，它大致包括以下内容——

其一：山水名城。如湖山明秀，土沃泉甘。

其二：鱼米之乡。如五谷皆宜，又如，莲芡、鱼蟹丰富，腊韭、霜菘、茭白、蒲笋尤美，其中水产堪比江南。

其三：中和之美。如四时寒暖适中。清末张之洞有《济南杂诗》八首，其一云："齐疆多海鲁多山，风土中和是此间。"可谓不谋而合。

而济南的人情，或曰文化风情，据王贤仪之说，则可梳理出如下特征：

其一：风俗淳朴，重视文化，男子以功名为重。（"俗朴而文，士务功名。"）诚如清乾隆《历城县志·地域考》所言："济南府，习尚敦厚，俗皆务本"，"崇尚学业，长老有勤俭之范，子弟多弦诵之风"。

其二：诚实无欺，友爱善良，疾恶如仇。如"市不虚价欺人，食物数十钱得饫饱"；"无甚富贫，婚丧称家有无，不虚以相耀"；"遇事必相助。事不

平，路人皆可评析之"；等等。

其三：胸怀阔大，视外籍人如同一家的移民城市。如"虽五方杂处，而家各守规，不相染习"；"宦幕多占籍，无倾轧之者"；等等。清乾隆《历城县志·地域考》称："济南人，敦厚阔达，多大节"，殆此之谓也。王贤仪还说，那时在山东在济南当官或作幕友的人士，最后大多选择留在了济南，成为名副其实的济南人（"宦幕多占籍"）。这应该与济南人善良厚道，不欺生、不抱团的传统密不可分。

三、 读书人、 书院及其他

济南人文自古为胜。明清时代，济南乃是一大都会。读书之人众多。《家言随记》称："济南读书少年，多斐然英俊，有以造就之，成名甚易，故科第最盛。"

追溯原因，王贤仪认为在于济南教育，特别是书院之繁多发达："固湖山之钟毓，亦泺源、景贤、济南三书院之足资观摩也。"除此之外，还有尚志书院："丁中丞宝桢于郡城外金线泉上立尚志书院，厚其膏火，令州县举绩学之士送院肄业。"

而曾就读于泺源书院的王钟霖在此段的补注中说："泺源书院为海岱文士蔚萃之地，肄业者多成学，故科第得人极盛。"接下来，王钟霖还谈到山东的乡试之盛况：

> 海内论者亦称"山左文章，真实名贵"。乡试恒至八九千人，而限于中额计，百中取一，额满见遗。试官叹息。近增号舍数千，又增两同考试官，为十四房。然中额未加，多士切望于执政者。

济南文化的发达昌盛，根源还在于民众对于文化的渴望、追求与认同。清乾隆《历城县志·地域考》称济南风俗有"五美"，其三为"读书"：

> 章缝家多教其子弟以继书香，即农夫胥役亦知延师。学馆如云，名社相望，昔所谓……"齐鲁文学皆天性。"

王贤仪、王钟霖父子还曾谈到济南人的文化生活如爱好收藏等。

在《王钟霖日记》咸丰八年（1858）戊午正月二十日有王钟霖一段记载：

> 赴雅鉴斋晤郑敏斋兄、耿知圃同年，约去看十二弟收藏佳字画。
> 不下百种，皆年来搜罗旧家之物。长山袁宅者极多。有新罗山人翎
> 毛花卉大绢屏十二幅、香光墨迹大屏赤壁十二幅，皆宝也。其赵
> 《千里马》、管夫人《潇湘烟雨》并佳。懋臣十二弟质良田买者，可
> 云："画癖"，懋臣正在英年，以广文候选。予赠联，遂书一幅，并
> 集句云："得天地春夏之气，以山水文籍自娱。"

出身一个普通家庭的收藏者，便有元之赵孟頫、管道升，明之董其昌，清之华岩的精品画作，全是"国宝"级的作品，实在令人吃惊且大开眼界。收藏者不过是一位"广文候选"（广文，清代教官之雅称），便可以"质良田"买得。此与今日之商品时代大不相同。

另外，王贤仪还记录了清初济南诗人王苹的《二十四泉草堂图》巨轴（共三幅）的下落，其中的一幅依然由王苹的后人所珍藏（"后嗣今雨上舍宝藏此轴"）。

四、 济南之泉水风情

《家言随记》特别是所附王钟霖《历下七十二泉考》中，还记载了济南众多泉水的历史与现状（笔者对《七十二泉考》另有专文论述，今不赘）。比如杜康泉：

> 西门外杜康泉水造酒，味冠济南。泉旁酒肆，因此致富。

以往，我们只知道舜庙侧之杜康泉酿酒为美，极少见关于西门外广会杜康泉酿酒的资料，特别是其泉侧多酒肆，且酒肆因水而发财致富的记载，更为罕见。此条目极其可贵。

城南诸泉，特别是南珍珠泉、玛瑙泉，自泉水景致至水中游童，写来更是活灵活现：

> 南门外珍珠、玛瑙两泉相近，皆砌方池，水深八九尺，争喷珠
> 玑，至水面作脆玉声，翠芹碧藻生水底，色鲜可爱。游童跃水作斤

斗为嬉，观者抛池一二钱，旋摇若舞蝶，童随之倒捉，口衔以上。夏日来观，极快心目。

还有，泉边之濒水房舍、园林之淳美景象：

> 泉东为冯氏小园。初为郭氏读书处。竹木泉石，四时可玩。墙外即城河，线柳垂荫，钓者每来其下，启窗下纶，取鱼即烹之，为课余乐趣。冯氏，番禺人，宦山左，购此地为别业。子良司马，其后人也。（笔者按：购此园之冯氏，为番禺人冯赓飏，曾任黄县知县，以事落职。子良司马为其弟、著名诗人冯询是也。）

问题是，冯氏归番禺时，将此园林低价出售，而王贤仪则无钱购买，痛心万分。他说：

> （冯氏园）近转售于人。值颇廉。余欲买之而无力。然未尝一日忘也！

真的是贫贱之士百事哀了。

王贤仪还写到黑虎泉与白石泉：

> 小园（冯氏园）之东为黑虎泉，水自石根出，云与南山渴马崖通，有撒糠崖水自此泉流出者。面三角楼。隔城河。人以石敲城址，作小鸡鸣。泉侧黑石若卧犊，相传为落星。迤东为白石泉，石庙短桥，可坐四五人，汲泉煮茗，月上，每留人不能即去。

黑虎泉"水自石根出""泉侧黑石若卧犊"，这说明，在《家言随记》成书的同治年间，黑虎泉尚无虎头（兽头）与泉池。而王氏对于白石泉的诗意描述，情景俱妙，尤见风致。这些描绘，对于今之读者认识济南名泉，颇具历史与审美价值。

王贤仪还谈到济南长清的泉井——佛公井。

他说：

> 炒米店在长清南，往泰安道上，南北冲途，乏水，夏收雨水，余时炒米而食。东抚佛公伦过南，悯焉，为寻脉掘井，若干仞，未成。擢闽督去。桑中丞格继成之。得甘泉，名佛公井，店易名佛公店。

最后，王贤仪深有感触地说：

四方汲者挨次取水，仁者故无处不爱民也。

与王贤仪同时代的济南诗人王德容亦有《佛公井》诗，写来一往深情：

井养于今称不穷，甘棠遗泽佛桑公_{佛公伦创始，桑公格告成}。

是真泉窟原无竭，非极人为脉岂通？

深藉辘轳拖汲绠，远看田里满携筒。

饮和食德千年迹，临渴犹思创凿功。

（光绪四年刻本《国朝历下诗抄》）

五、 济南郊坰风情

济南郊坰，乃是富饶的鱼米之乡。

尤其北园、黄台一带乃是水稻之乡，菜圃基地。

王贤仪在卷三《辙环杂录》中称：

今北园，尽菜圃稻田，为沃壤。

王钟霖注云：

北园田园饶利，村落如画，春日菜花满地可观。昔人有句："黄花菜中见鹊山"，为人所诵。

"黄花菜中见鹊山"，出自清初济南诗人朱缃（字子青）的《城北村行》诗：

茸茸草衬马蹄闲，风景江南似此间。

树色几重当午密，泉声一路趁桥弯。

绿蘋香里逢渔父，黄菜花中见鹊山。

城市抽身且延伫，酒帘留客不教还。

（清刻本《观稼楼诗》卷一）

"黄花菜中见鹊山"与"黄菜花中见鹊山"一字之差，应以原作为是。王士禛评此诗"五六如画"，即五六句"绿蘋香里逢渔父，黄菜花中见鹊山"，饶有画意也。

又据《王钟霖日记》咸丰八年八月十一日：

午后，抵省。自泺口渡河，行至黄台山下，稻田如画，缘畦而行，远望山水城林，苍苍烟霭，流水小桥，老人垂钓，或二三村民于垂柳浓阴中，杯盘杂坐，可美之至。

咸丰八年十月十六日：

起身出东门，经黄台桥，近水各村皆收获新稻如山积。欣美其乐久之。

"稻田如画""近水各村皆收获新稻如山积"，由这些记载看，清代济南便是富饶的水稻产地，水稻，是济南的主要农作物，水稻栽培，在济南有着悠久的历史，有人以为1949年后的"稻改"，济南始有水稻，乃是毫无依据的。

另，关于济南的水稻栽培，还有更早的乾隆年间济南府平原县诗人董芸的诗作《黄台》可以为证：

鹊华影里掩柴门，门外溪流碧玉痕。

记得黄台山下过，浓烟疏雨稻花村。

其笺注云：

黄台，左挹鹊山，右挹华不注，其西南一带，即莲子湖故地也。稻畦蔬圃，回环映带，十余里不绝，林壑深美，最为胜境。

由此可知，不必咸丰年间，早在乾隆年间，济南北郊特别是黄台一带便已经是"浓烟疏雨稻花村""稻畦蔬圃，回环映带，十余里不绝"的典型的水稻之乡景致了。

济南西郊匡山一带乃是济南花圃基地。

王贤仪在《辙环杂录》中谈到"花果以曹州为盛"时，王钟霖有补注：

济南西郊匡山下，泉甘土肥，民以养花为业，花类至繁。凤仙五色，有龙爪者，尤可爱。有五色鸡冠、红绒鸡冠。菊百种，随插可活。如聊斋之黄英烈。

由此可知，当年之匡山，乃是济南的养花基地之所在。此地或有清泉流贯（"泉甘土肥"），土地肥沃，适合花类生长繁衍。

六、 大明湖之风情雅意

北极庙，是王氏父子在大明湖的兴奋点。

王贤仪称：

> 北极庙在北门迤西，亦称北极台。高三十余级，祭祀真武，后
> 为梵王宫，前对南山，似不隔城市，下临明湖。《志》所云："北
> 渚"也。庙门悬联："宫中下见南山尽，城上平临北斗悬。"不著姓
> 名，咸称切合。

王贤仪称北极庙为古之北渚，乃是清代诸多文人雅士的看法。如王士禛、
王培荀等，多持此见。北极庙的悬联"宫中下见南山尽，城上平临北斗悬"，
历来为人称道。下见南山，且尽，足见其深远；平临北斗，且悬，足见其
高旷。

然而，王钟霖对此却别有心得，甚至构思出自认为更妙的一联来。他在
补注里这样说：

> 拟用"树接南山近，烟含北渚遥"句为联，悬之似更妙。

在笔者看来，此二联堪称各有千秋。王钟霖联妙在近非近（南山），遥非
遥（北渚），此以有树、烟之故也，景之韵味尽在其中矣！

另外，王贤仪还指出：

> 旧志"历城八景"……曰历下秋风，一云南山倒影，冬际，南
> 山倒影于北极台前湖中。

此不仅为"历城八景"增添一种说法，且为"佛山倒影"提供出另一美
丽的观测地点。

《王钟霖日记》中，还记载着咸丰年间北极庙及大明湖的风采：

> 北极庙游人甚盛，红袖歌船，往来湖上，素称乐事。不到湖干
> 玩赏此景已数年。（咸丰八年正月十六日）

大明湖的鸟雀，怕是一般人不曾在意的。然而王贤仪不，他在《家言随
记》里也写下这些精灵的生态面貌：

明湖有翡翠，立荷茎窥鱼入水攫而食之。点缀红白莲间，极可爱。惟色不及滇南之艳。

湖苇间结巢之鸟，俗呼踏踏去。夏将雏，秋去。《说苑》："鹪鹩，巢于苇苕，系之以发，谓之巧雀。"殆即此鸟也。

七、 济南南山之乡土风情

济南南山有三川，王贤仪、王钟霖父子最喜锦绣川。在《家言随记》"张养浩云庄十友石"的补注中，王钟霖说：

南山三川锦阳、锦云，而锦绣为胜。

他曾多次到过锦绣川。当时的路线是：

自大涧沟南行越数岭，约二十余里，过中宫镇，逾沙河而东，为锦绣川。

他这样描绘锦绣川的美景：

层峦对峙，流水绕村，似武陵源。花木成行，鸣禽颇罕见。枫、槲、栌、梨、银杏、胡桃，山之高下皆是。

由锦绣川东行数十里，曰王家场，稻粱、桑蚕、果木，有南方风景。再东则章丘之南山界矣。川中有人老未入城市者，止小车可通，仙境也。

王钟霖最为关注的，乃是南山与锦绣川的特产：柿。他说：

入涧以至此川，柿为最多。九秋树艳，春花满枝若橘柚，盖碗大者，曰盒柿，青摘而火烷之者，口脆，柿烘熟皮薄作蜜吸者，曰烘柿。或曰鸡心，曰牛乳。

这是柿的艳丽盛况与其品种、味道等。他还谈到它对于山民的经济价值：

山人足柿，富敌多田翁。凡山树岁产利厚，呼为：上苗。十月酬神演剧，树出一柿之资，一村可演三日。

"富敌多田翁"，柿子的经济效益，真的非同一般。

柿，还可加工为多种食品，如柿饼、柿脯等，王贤仪如数家珍，——

道来：

> 柿八分熟削皮累压之，为柿饼。出白霜，曰柿霜。柿性温而清肺，霜尤利喉舌。山人以柿皮及不堪售者，合谷屑碾作糇，曰柿脯，甘美饱人，若加枣栗食，可三日不饥。亦救荒佳品也。

上面王钟霖谈到，锦绣川的"鸣禽颇罕见"，南山的鸟们究竟"罕见"到什么程度呢？王贤仪谈到这样两种我们从未见过的南山鸟：

> 济南南山有鸟，鹰身，首啄似鹏，大若犬，形颇恶。然养之驯而能守夜，彳亍院中，人不敢近。山人以其声，呼为"狠虎"，或云"恨狐"，以能食狐兔也。

> 南山有天鹅，纯白，与家鹅同，大与人等，性野不能畜，飞高难下，每起必先平飞，然后渐高，体重也。山人以铳取得之，背而售，翎可为扇，肉似牛。未知何处作巢。

王贤仪还写到大涧沟的花石，亦堪称济南一宝：

> 大涧沟在玉函山南。产花石，猪肝色，似石子凑合而成者。制为石床、石栏、石鼓、几础，紫青杂错，坚润可鉴。山居砌墙，著雨尤可观。有大石桥全用此石，山人视之弗贵也。

（注：以上引文均见《家言随记·辙环杂录》）

八、 历下四美蔬

文章开头谈到，《家言随记》记载了济南著名的"四美蔬"。

分别是：春前新韭、秋晚寒菘、夏蒲荇根、冬畦苔菜。

以下一一说来。

其一： 春前新韭

王贤仪首先声明，春前新韭不是韭黄，而是标准的韭菜。春前，指腊月。春前新韭，同样是所谓"反季节蔬菜"，但那时可没有塑料大棚什么的，此足见清代济南人栽培蔬菜技术之高超。王贤仪称："腊韭不是韭黄。向见他处烘韭苗，谓之韭黄，多杂麦苗不如腊韭远甚。济南固时和土沃，亦培植得法耳。"当时，世间有说法道："腊韭以历下者为贵"。

王贤仪详细介绍了春前新韭即腊韭的培植方法：

"园丁于九月间粪壤培韭，向阳遮篱，覆以厚草，晴则□之，一月芽四五寸，嫩黄可割，腊初再割，则叶绿茎白，味美于秋。岁朝用供珍厨，为他处所无。菜圃冬苔与养韭同，得值颇厚。谚云：'一亩园敌十亩田'。"

腊韭在济南栽培历史悠久。比如乾隆年间，济南诗人钟廷瑛在《济南风景好》一诗中，便对腊韭栽培有所描绘，称："影苫新绿韭"，即用秫秸编成苫子加以笼罩的早韭（菜），正后来王贤仪所说的"春前新韭"是也。

其二： 夏蒲茭根

王贤仪称："俗呼茭白，水边皆种之，剥叶似笋，佐肉食甘脆。"今日济南人，依然将其做成美味的汤，最为普遍的猪肉茭白水饺，其新鲜美味令人垂涎。

其三： 秋晚寒菘

菘，即济南人所称大白菜是也。王氏称："南北呼菘统曰：白菜。济南又呼为：黄芽。"

王贤仪还说：

菘为北方家蔬，秋日处处种之，茎白叶碧，层包，大可四五斤。善藏者次年夏初尚鲜美。安肃菜即此。岁生特大者，呼菜王。乡人相贺。

王贤仪曾以北方之菘与南方之笋相比较，认为菘胜于笋。他说：

或呼菘为：笋奴。北食菘固同南食笋，然菘有独味，笋每假他味为美，且菘食多无伤，笋食多则辣，故菘可御荒，笋不能也。

其四： 冬畦苔菜

即济南人所食之苔菜。王贤仪称：

春满黄花，"黄菜花中见鹊山"，即咏此。子可为油，交夏则老，秋末种者，三冬食之最美，根似蔓菁而小，亦可食。

"黄菜花中见鹊山"，为清初济南诗人朱缃诗句，描绘的是济南城北之风光。见上。

另，王钟霖作有《历下四美蔬咏》。

九、 其他

除却上述，王贤仪《家言随记》涉及的济南历史人文与民俗风情还有许多。

（一） 济南抚署为天下抚署中景致第一

王贤仪称：

济南抚院署，规模宏深，林泉擅胜，为天下院署第一。

如此说法不止王贤仪一家。

光绪间著名学者、诗人赵国华在《退园记》中称：

济南部使者署，西南偏曰珍珠泉，其水渟然以清，演然以行，北折而东，复回而之南，如环焉。复如衣带之结，束而垂其委，以趋于东北之垣而出。行省言使者宅，皆无逾济南。

王贤仪还详细记载抚院的内部结构，以及海子的神秘故事如贪赃枉法的山东巡抚国泰窝藏金宝等：

（济南抚院署）盖明之德王府。康熙、乾隆间为巡幸行宫。前列朝房，后有宫门后宰门。署内正门常闭。东有阅武厅，可操三营，武乡试于此较射技。西为珍珠泉，万珠叠涌，后有海子，云海眼也。有巨鼋如盖，称鼋将军，朔望拜之，时闻压蒲荷有声。人言前中丞国泰被劾，诸城刘文清公按治之，国泰悉倾金宝于海子，皆畏鼋不敢取。红黑大鱼七八尺、丈余者，数十尾，泳游岁久，投以饼饵，争吞可观。金红色者，耀朱若龙。水从后墙穿插，入明湖，出北门，绕北园，归小清河，过华不注山阳，汇大清河，由利津入海。昔年龙舟巡游，称胜境。

此文字极具历史认识价值，且生动可读。

（二）济南之鹿车

鹿车，清代在济南极其风行的交通工具。

根据王贤仪的描述，我们还能想出鹿车的形状及用途等。

王贤仪称：

> 鹿车即今二把手，北地最多，若独推小车。殆所谓薄笨车也。用以运粗物。近则济南省城皆用之。初见乡妇或老年左右坐，日可行七八十里。后乃施以布垫，少妇对坐笑言过市，殊不雅观。

王贤仪称自己经常乘坐鹿车游山玩水：

> 余年近七旬，恒令长孙女作伴，坐游佛山，甚便。壮者可推四人，辘轳汗流以赡家口。有能推一人者，单肩用力，亦巧矣。

而王钟霖曾对于鹿车加以考证称：

> 《风俗通》："鹿车窄小，仅容一鹿，似用鹿驾者。"考之，殆象鹿角形，即车把也。范丹送妻子推鹿车可证。即今小车。

（三）张养浩十友奇石及其下落

王贤仪《辙环杂录》云：

> 藩署头门内东西壁，嵌石刻龙凤龟麟，字劲伟，相传邑人元张文忠公书，皆文忠云庄十友石名……

王钟霖为此段文字补注云：

> 张文忠公养浩号白云先生，所居云庄……园林称胜，大石若树屏，称"十友"，试官以"十友"命题。今石散置各处。凤矗在紫薇堂前，高与檐齐，若照壁。学使署四照楼前，一石相等。后宰门凤石店，后院大石与四石可伍。殆亦十友中品也。石皆玲珑雄峻，具见造物之奇。

作为国宝的张养浩"十友"奇石之下落，向有多种说法，此又提供诸多线索，尤其在学署与后宰门亦有，为自成一说，甚有考辨之价值。

（四） 秦 （琼） 氏后人之花店

在王贤仪《家言随记·辙环杂录》"济南西门外五龙潭庙"条，有王钟霖附注曰：

> 翼国公（秦琼）后人尚多，西门外三旅店，每腊八日京都售绒
> 草花者，于三店列肆，曲折为幄，五色鳞丽，倾城游女市花三日，
> 如穿百花洞，几迷路焉。三店皆名花店，秦氏收其花税已久。
> 济南至今有花店街，正其店其事也。

范垌和他的《论诗绝句》

范垌籍贯、 生辰与家世考

范垌，据民国《续修历城县志·列传三》：

> 字伯野，游幕，工诗，与邑人周乐、谢焜、何邻泉、李偁结鸥
> 盟诗社于明湖之上，于七十二泉品题殆遍，因自号品泉生。著《新
> 齐音风沦集》一百首，以补王季木、董香草之所不及。刊有《如好
> 色斋稿》。

这段记载源出袁洁《蠡庄诗话》及余正西《国朝山左诗汇钞》，对范垌
的生平事迹只做了十分粗略的记载，而对其籍贯、生辰及家世均无一字提及，
世人阅后，依然如坠十里烟雾。

我们只能依据其他文献对此加以考证与梳理。

（一）范垌之父范君撰： 仕途坎坷、 艰辛备尝的悲惨人生

关于范垌的籍贯与家世，收入《如好色斋稿》中的两篇文章是至为关键
的。一篇是范垌《跋谢问山茂才送陈中丞入都诗集后》，一篇是范垌《五十生
日自序》。在前文中，范垌称自己"随宦山东，亲没无所归，占籍历下，为齐
民已三十余年矣"，而他早逝的父亲（范垌称之为先考紫山公）与时任山东巡

抚的陈预（即陈中丞，嘉庆十九年至二十三年任山东巡抚）"同以畿辅名宿举乾隆乙酉拔萃科"，由此可知，范坰之父为乾隆乙酉（即乾隆三十年）拔贡，其故籍大约在京畿一带。范坰与陈预虽有年家谊，然在陈预任职山东四五年间，他却"因避慕势之嫌，未赴军门通一刺"，由此亦可见范坰潜心诗文、不慕荣利、独立不倚的清高风范，这大约也是他在诗文上能有所造诣的原因。

又据范坰《五十生日自序》，"余与妇雪门俱生于乾隆之戊子……先考紫山公需次于济南，是年八月补齐河令。"乾隆戊子即乾隆三十三年，此为范坰之生年（1768），也就是在这一年，其父补齐河县令。翻开道光《济南府志·卷三十一·国朝职官》，此年任齐河县令的为范君僎，关于范君僎的介绍是这样的："直隶万全人，拔贡，三十三年八月由邱县调任。"由此可知，范坰之父乃范君僎是也。据民国《山东通志·职官志三》：范君僎分别在乾隆三十三年（1768）任齐河、三十九年（1774）任夏津、四十四年（1779）任历城、四十六年（1781）任阳信、四十七年（1782）任商河、四十九年（1784）再任历城知县。

范君僎一生实可谓仕途坎坷，艰辛备尝。弥天大祸发生在他任夏津县令任上。据范坰称："甲午，先考以忤上官被议去职"，其实事情远非如此简单。据《乾隆实录》：乾隆三十九年，"常州帮回空粮船在夏津县被劫"，据时任山东巡抚杨景素参奏，"（范君僎）于旗丁具报失事之后，删改供词，意图讳饰。革职尚不足蔽辜。因降旨发往军台效力赎罪，以示惩儆"。其后，"已革夏津县知县范君僎，差家丁购线"，并"协同临清州差役，先获盗犯邓八等五名，现又访获王老儿等二名。是该革令于参革后，尚知悔惧，力图自效，著加恩免其发往军台效力"（参见《大清高宗纯皇帝实录》之一千十六，乾隆四十一年，丙申，九月）。

由此可知，范君僎的获罪，不唯是"忤上官"，还在于从政之失误且"意图讳饰"，后亏得买通线人，捕获盗犯，戴罪立功，幸免流放军台之苦。而经受这次打击之后，范君僎身心俱疲，留下深重的精神创伤。在所有的人生劫难中，最残酷的莫过于政治劫难，因为它可以使人成为非人。其后，范君僎在仕途上更加谨小慎微，战战兢兢，虽曾在阳信、商河、历城任上度过数年，终于在十年后过早离世（"丙午而先考卒"）。死后，"宦囊萧然"，"家无卓锥"。

范君僎能诗，而未见结集。笔者所见，仅有两诗传世。一首见于袁洁《蠡庄诗话》："伯野尊甫讳丽光，乙酉明经，除商河令，以忤上官去职，卒于历下。伯野诵其《夜集听琴》诗云：'虚堂属良夜，月色松篁里。徘徊风露清，幽人弹绿绮。归鸿响天末，寥寥间工征。我心素闲静，及此闻妙理。曲罢欲忘言，悠然念无始'，伯野之诗，盖有家传也。"另一首是与乾隆年间曾任户部郎中的浙江湖州人章铨（字拊廷，号湖庄）的和诗，见于章铨《染翰堂诗集》，是作为历城县令的范君僎陪同章铨游览济南趵突泉时所作，亦颇见不凡功力。诗题为《湖庄农部以游吕祖祠观趵突泉长歌见寄，次韵奉答》：

> 平生酷爱逍遥游，每访仙踪便稽首。济南城西吕祖祠，心向往之流连久。祠上趵突第一泉，三潭跳激盘珠走。淙淙幽幽溪壑间，流出方塘才半亩。冰窗俯畅静宜听，其声乃在无何有。道人汲将鲜火烹，供给冰桃与雪藕。两卷黄庭读未了，千年丹篆垂不朽。玉皇香案吏来游，累牍清吟八叉手。泉源一一征名诠，爬罗碑碣贯之柳。<small>公于祠中碑帖披揭殆尽。</small>观水有术观其澜，恍如云梦吞八九。山水与君洵有缘，就中招携忘年友。北渚发兴问如何，重过山亭冠海右。鹊华两扇作围屏，飞来佳句传万口。<small>公游大明湖诗有"最是鹊华山两扇，飞来座右作围屏"之句，一时脍炙人口。</small>对兹砑煮畅幽情，绝似兰亭记癸丑。先生家在白蘋洲，之鲁之齐事非偶。而我相违二十年，一见顿忘捧心丑。清风吹面月满怀，涤尽胸中宿尘垢。细酌卢仝七碗茶，还倾杜老一尊酒。此间至味悠然深，未许波澜量石斗。嗷呚琴筑鸣园林，芳馥兰茝开轩牖。雪唱连篇和者谁，齐门吹竽还拊缶。为问古坛槐荫中，开户见有此客否？元鹤蹁跹往复回，旁人错认呼漫叟。

又，民国《山东通志·职官》称范君僎为"浙江乌程人，举人"（《蠡庄诗话》亦持此说）。以"范君僎"姓名之罕有，应该不存在另一"范君僎"的可能。合理的解释是，直隶不是范家的籍贯，其故籍为浙江乌程，而"举人"也为误传，因范坰曾不止一次谈到其父乃乾隆乙酉拔贡，这是最为确切的证据。

（二）范坰生平：家无卓锥、贫贱安然的智慧人生

如果没有范坰的《五十生日自序》（以下引文若非特别注明者，均见此篇），很少有人会知道范坰家庭的那一部血泪史。

范坰称父亲死后"家无卓锥"，这不是形容，而是实际。范家确实是家无寸田，房无一椽。原先，父亲在世时，便担心家庭穷困难以支撑，于是将希望寄托在长子范坰身上（"先考自以宦囊萧然，无以为终老计，深有望于余"）。这点，恐怕范坰早就从父亲期待的眼神中感受到了，因此他"日夜攻苦，不问外事"，希望博得一第，以解家庭困窘。而父亲的骤然离世，对这个风雨飘摇的家庭无疑是致命一击，范坰"痛几欲触棺死"，而眼见得"病母弱弟相向苦"，又不忍心。因为家贫，父亲死后，没有能力回老家归葬，只好在华山之阳赊欠了一徐姓人家的微小的"数弓之地"将父亲草草埋葬。

之后，平素不谙生计的范坰挑起家庭生活的重担，太艰难了。范坰记录下这样一桩经历，有一次，全家绝粮数日，总不能眼睁睁看着家人饿死。清晨，他穿着破衣出门，来到朋友家里，打算借点粮食糊口，可未曾启齿脸已通红；有时友朋杂坐，他更没有机会开口；多亏有知交看出他的想法，于是请他"作书"，使他"佣得升斗"，于是他匆忙带回家中，母亲命妻子迅速做饭，妻子答应着却无法做饭，原来是家里连烧火的薪草都没有了；到邻居家里借来薪草，却又因薪草过湿而满屋是烟，直熏得一家人热泪滚滚……

范坰一家寄人篱下，租住在别人的房子而交不起房租，于是每日都会受到房主的诟骂。

最令人无法接受的，是迫于穷困，范坰的两个弟弟全部"出嗣"为别的人家去传宗接代。小弟范埙卒年仅44岁，仲弟远赴陕西安康，遂绝音问。

好在，范坰并没有被环境压服，他对自己的人生做出了最为智慧、最为明智的选择。范坰认为，我虽然"贫且贱"，但"念仕宦者如场中傀儡，提弄听之人（其中显然有范坰父亲的悲哀遭遇的影子）；商贾挟重货，晓夜犯霜露，与江湖争性命；农夫终岁劳，不足供赋税"，便觉得安然泰然。一开始是

"幸得小馆"（当家庭教师），"岁获薄修数十金，稍稍免饥冻"，三十岁后，有了一些名气和交游（"名日著交日广"），便可以为官员作幕友（"作书记"）了，这样，收入也多了些，八口之家，虽然依然无力置田宅，而每日可以有饭吃。平素所好唯诗文，如今经常与鸥社社友相唱和，诗稿摆满了案几。想想三十年来常常濒临死地，如今安存无恙，还有什么不满足的？范垌称自己"愿已大慰，宁复有奢望乎？"

范垌的聪明与明智，不仅在于他安然的人生态度，还在于他始终坚持了对地域文化亦即济南乃至齐鲁文化的表达与研究。他热爱诗歌，但却没有局限在诗歌创作的领域，而是由文学进入历史，进入文化，其开阔的历史视野，使得今之欲治济南文史者，依然离不开他。

范垌有地域文化著作两部《新齐音风沦集》《论诗绝句》，前者几乎十之九为民国续修《历城县志》所收录，姑且不论。下面，我们要探讨的是他的另一部地域文化著作《论诗绝句》。

范垌 《论诗绝句》 评析

（一）一个范例的创造："以诗论诗" 与 "以文论诗" 的完美结合

自唐代杜甫《戏为六绝句》出，诗歌领域打破了"以文论诗"的传统，开创了"以诗论诗"、品评诗人诗作的崭新体制，此后，仿效者不绝。而这一论诗方式亦逐渐由小邦蔚成大国，成为我国固定的诗歌体裁形式。

历代的论诗绝句虽卷帙浩繁，却大抵不出作家论（诗人论）与艺术论（诗艺论）两途。而范垌的《论诗绝句》显然属于前者，这就是说，诗人的兴奋点不在于探讨诗歌做法与诗歌创作，阐发诗歌理论与诗歌美学。范垌在《其八十，聊述论诗之意》中说"幼耽笔墨学讴吟，五十年来阅历深。一个诗人诗一首，高山流水会知音"，由此可知，这部书的主旨在"以诗会友"。范垌相信，以他五十多年的丰富阅历和诗歌基础，是能够通过一个诗人一首诗的方式，把那个时代活跃在济南乃至山东诗坛上的诗人们，活脱脱地写出来的。

范垌《论诗绝句》论述了 80 位诗人，其中，济南籍诗人 17 人，其余则为宦游、幕游山左或山东其他府县的诗人，共 63 名。这些诗人，或为范垌所熟知，或与其有过交往。所以，他写起来亲切随意、得心应手。

而范垌《论诗绝句》的最大成功，首先是他创作了一个别开生面的"论诗"的新形式。

这种《论诗绝句》的形式，是范垌之前和之后均未曾出现过的，是范垌的独特创造。范垌每论述一位诗人，总是包括"文"与"诗"，亦即人物小传与七绝（论诗）两部分，诗文联璧，从而兼收文的叙事之长与诗的渲染升华之美。打一个比方，这就等于说，别人是一条腿走路，而他是两条腿走路。其小传部分，不对人物生平做一般的、泛泛的介绍，而是叙说诗人足以影响其一生且能警诫世人的人生际遇，以及诗歌创作特征；论诗部分，则是以诗的独特美感效应，对小传（亦即诗人人生与诗）的深化与升华。比如：

其十七：

> 黄小香畹，杭州人，为书记于山左，诗笔清逸。积金付舅氏汪姓，为之权子母。而舅氏乾没之。遂以心疾死。

> 小香诗笔本清醇，金尽床头失性真。早识舅言人作贼，何如随分作诗人。

小传介绍黄畹，是位幕游山左的成功人士（"为书记"），也是位"诗笔清逸"的杰出诗人，接下来，范垌不惜笔墨地介绍了黄畹一段少为人知的经历：他将自己所得金钱交付舅氏托其经营，希望增加收入（"权子母"），而舅氏将之全部侵吞为己有，黄畹为此痛心疾首，竟然与世长辞。范垌在论诗中慨叹：即便（黄畹）早些识破了舅氏的贼人面目，也不如安分守己地做一名快乐的诗人啊！这是论诗对小传的升华。在这里，小传与论诗达到了水乳交融的程度，它语重心长地告诫人们；做一名诗人，必须经得起金钱的诱惑。

有了小传，范垌论诗便自然进入另一境界"知人论世"，其逻辑是，欲知其诗必知其人，欲知其人必知其世。

这样，范垌的论诗便不是就诗论诗或就事论事，而是综合考量，即在诗与人生、诗与社会的错综复杂的关系中，予以全面的、综合的分析、研判与考量。这样的论诗就不仅是审美的，还是历史的、社会的、人生的。

"青山高而望远，白云深而路遥。"

所以，为范垌作序的楚地名诗人张杰（字伯良）便敏锐地觉察到本书与众不同的厚重与剀切："品泉先生论诗一编，迥非模山范水、摘花斗叶者所可几也。"

西哲云：技巧从来就不是叙述的辅助方面；不是别的，而是方法，创造了意义的可能性。

观之范垌，信然。

（二）乾嘉年间山左诗坛众生相

范垌在具体写作时值得称道的特点还有二。其一是补遗发掘。范垌《论诗绝句》的80名诗人中，有不少为时代所埋没、为我们今天的研究者所未掌握的优秀诗人。其二是传神写照。范垌对笔下的每一个诗人确定了不同的着墨点、侧重点，或为风云际遇，或为生存样态，或为秉性嗜好，或为诗艺特征，或为仪表风范，或为才艺体能，甚至，诗人与众不同的待人接物方式……要之，范垌精心提炼了诗人的人品、经历及其诗作中最具个性特点之要素，这些要素与特质具有充分的诗性价值和艺术看点，范垌笔下的人物，人有其喜怒哀乐，人有其容貌声口，并通过这些活灵活现的人物与事件，折射出清代乾隆年间山东诗坛及社会生态之丰富多姿、色彩斑斓的真实面貌与生命底色。

1. 发掘"真诗人"且无人知者。

乾嘉时代，有大批宦游、幕游山左的人士，曾经为山东为济南的地域文化做出巨大贡献，而许多风雅旧事却为历史湮没。范垌烛幽发隐，为我们展现了济南当年最著名的泺源书院两位主讲的命运，令人唏嘘不已。

（其七）：

沈可培（号向斋），浙江嘉兴人。乾隆壬辰进士。为直隶安肃令。量移宝坻。以笞土豪去官。主讲泺源书院，又为有力者所夺。还乡而卒。

讲院常听雨后蛙，露葵清供外形骸。至今槐市横经客，犹说当年沈向斋。

（其八）：

祝堃（字简田），顺天大兴籍浙江海宁人。乾隆辛丑进士，授编修。以直言被谗去官。主讲洤源书院。每讲书，辄为诸生设馔，又以被谗失之。至今年老诸生，犹念先生与向斋先生不衰。

馈飧岂让赵吴兴，绛帐春风坐未能。都为直言撄世网，欲因太史赋青蝇。

沈可培、祝堃，两位才华横溢的洤源主讲的命运从无人知，府县志中亦无只字片言记载。都知道官场腐败，想不到被视为"清流"的书院，也还藏有这么多的龌龊与黑暗。进士出身的品学兼优的主讲们，竟以正直、直言而罹祸，以有爱心无后台而遭贬，如此的黑白颠倒，天理何容？范坰为此愤愤不平，有力揭露了这与学问和诗不能相容的黑暗现实。

还有的外籍诗人，在山东客居几十年，甚至子又生孙，依然诗名不著。

（其十三）：

刘锡智（字澄溪），顺天通州人。游山左三十年，子润以曹州籍为安徽巡检，禄薄不能迎养，仍以幕修自给。今年七十余，无复归志，一孙四龄，分甘悦目，诗情淡远而无人知也。

缟纻交游卅载余，诗名不著故人疏。古稀始得含饴乐，满目云山惜敝庐。

"满目云山惜敝庐"，是赞刘锡智诗之美而怜其生计之苦也，其中蕴含着多量的心酸。

还有，因吏名而掩诗名的，如陈醇（字贞白），江苏长洲人，任山东滋阳令，"以缺库项被逮部"，滋阳民众"醵金以偿"，陈醇由此成为名满天下的循吏，而陈醇诗亦极好而世间少人知晓（"诗甚工而人少知也"）。范坰为此特意写下一诗："胥台贞白一先生，满幅云烟众目惊。政事何曾外风雅，却因循吏掩诗名。"

2. 都为饥驱伤远别：穷诗人画像。

翻开乾嘉年间诗人的诗作，几乎都会遇到一个相同的名词："贫"。贫穷，几乎成了那个时代诗歌的主旋律，就连范坰的论诗也不例外，他塑造了不少的贫穷诗人。其六十：朱衍（字仙巢），平阴诸生，范坰好友，工诗，分手六七年不见。范坰论其诗云："射书城里手频叉，画比诗成访作家。都为饥驱伤远别，连天秋水赋蒹葭。"生活是什么，就是一个字：穷！都为饥驱伤远别，可谓经典唱词。即便那些有功名的又如何？身为举人亦难以糊口遑论养家！其六十六：韦伟人（字子英），安庆人，嘉庆庚午举人，舌耕山左，诗有奇气。范坰论其诗云："天将一第慰诗人，依旧青毡不济贫。剩有高吟对华月，苏州的派是清新。"

范坰为我们披露了一大批贫穷诗人，如"客历下""腹有奇文屋无瓦"的太原诗人王䜣（字啸岩）、范坰之舅"贫无以敛"的张宝林（字月帆），"衣食不能给"的平阴诸生朱道衍（字星海）等，而历下诗人，除上面提到的谢焜外，还有徐子威、周奕簧、李醉琴、李仲恂等数不胜数的"饿着肚子作诗"甚至死于贫病的诗人。

怀着深深的同情与同感，范坰还论述了众多怀才不遇的落拓诗人。

其三十七：陆芝（字秀三），甘肃人，嘉庆戊午举人，学博才敏，一时无匹而公车不利，年将五十犹漂泊无定踪。范坰以"春明十上仍归去，古战场迷五色云"的诗句，不仅为诗人的遭遇鸣不平，更是慨叹令人莫名其妙的科考之不公。

其三十八：孙宗朴（字湘云），江苏元和人，诸生。为山东巡抚作幕僚已十余年。诗情秀雅，兼工填词，而屡困名场。王潮生（字秋坪），顺天诸生，性情豪迈，诗亦如之。不得志于名场，故多不平之语。《赠妓》有云："名士从来沉黑狱，美人自古葬青楼。"后就微官，未补而卒。范坰论诗云："意气纵横世少伦，每于诗酒见天真。微官未就身先殒，黑狱青楼哭美人。"哀痛之至。

3. 诗坛奇人奇事素描。

其七十三：张恕（字铭一），陕西曲江人，胸背有奇骨，"长不满三尺而工于诗",他的《咏雪》诗中有"人间不积惟流水,岸上难分是早梅",颇见性灵,为人传诵。范坰有诗赞曰:"身长三尺不胜衣,骨节玲珑隐慧机。不用因风吹柳絮,早梅流水是耶非。"对张恕大加赞美,的确,这些人要取得一点成功,显然比常人更难上加难。

与此相似的还有山东诸城诗人倪在中(字梦雪),他六岁失明,家贫如洗,然而,他却在 32 岁上走遍了半个中国,能创造如此奇迹并酷爱诗歌的人,必有非同常人的智慧、能力与吃苦精神,其诗焉能不工?显然,诗坛的奇人奇事之中蕴含着丰富的哲理意趣。

4. 历下诗人的精妙评点。

至于齐鲁的本土诗人,特别是他所熟知并且真知的济南诗人,更是寥寥数笔,阿堵传神,举手投足,神情毕肖。而且他不限于谈诗艺,举凡人生遭际、情趣爱好、个性特征甚至未来发展,无所不谈,由此亦可见他们之间的深厚情谊,实可谓"结深情于篇什,寄胜侣与天涯"(张杰《论诗绝句序》)。

刻画人物最忌面面俱到,范坰对此深有体会,如他写济南诗人余正酉(其六十三),别的不说,只说他的鉴赏能力,余正酉的诗也许不是多么出色,但他却"论诗精确,工于选句",正是靠了他出色的审美能力,他辑成了《国朝山左诗汇钞》这部巨著,为弘扬齐鲁文化、保持山东文献做出了重大贡献。一个人,由于社会环境的不同,可能会有许多与众不同的特征,其中,你要善于抓取其中最为鲜明、突出的那个,如对何邻泉(其六十四),范坰称其"诗颇葱倩",而其一生最可堪叹者,是"一芹未掇",几乎所有的人都为此叹息("当时惜之")。对徐子威,他抓住其两个特征:"事母以孝闻""长于五律",并以"陡涧谁支独木桥"喻其孝,以"五字吟成心血尽"称其五律成就。于谢焜(其五十一),范坰则凸显其以吟咏为生命方式的悲壮追求("落拓不遇,虽炊烟屡断而酒筵诗社无戚容也")。对于周乐(其六十一),范坰则从其在历下诗坛的地位着眼,称之为"偏师领军人",实在恰当且绝妙。而对郑云龙(其七十一),他看得更准,称其"诗局开展","颇近大雅"。而对"年甫三十",古近体并工的李僴,更是充满尊重与热爱,称赞其"余盖未可测量也"。

范坰对济南诗人的论述独到、贴切，堪称一绝，而且是用诗的形式，用美丽的形象来展示，这就更为难得。比如其五十四翟凝（字鳞江）："风华细腻俊生庞，弹袖垂肩倚画窗。下院笙歌天上月，一身花影访鳞江。"范坰称翟凝"诗笔清新"，而他写翟凝之诗更是清新如天上月、江上花也。又如郑云龙："英妙人称汗血驹，云中龙爪掌中珠。夜深借榻禅房冷，醉倚南窗唱鹧鸪。"亦有异曲同工之妙。

怀着一颗对家乡的爱心，范坰还特别表彰对济南对山东地域文化做出贡献的人士，如江苏宝山人毛大瀛（号海客）作《齐音续咏百首》，范坰称皆流利可诵；曾任历城县令的广西临桂人胡德琳（号书巢）主修《历城县志》，酷好诗，奖掖人才如不及，范坰称其"太守风流四座惊""文章吏治传齐鲁"；又如由历城县令升临清直隶州知州的直隶抚宁人徐绍薪（字苏亭），为人骨鲠，诗笔温雅，范坰称之为"鲁灵光"，并以诗赞曰："三十余年访循吏，二东惟有老苏亭。"而对于齐鲁诗坛的翘楚，他尤为关注。乾嘉年间，较之清初王士禛、田雯时代，齐鲁诗坛进入衰退期，而此时济南诗人尹廷兰（字畹阶）脱颖而出，范坰称其对齐鲁诗坛有"振起"之功（"历下诗教中微，始振起之"）。并引其为时传诵的诗句"村落霁春雨，野风开杏花"，作诗赞曰："春雨杏花双拗句，晚唐风韵写幽怀。"

5. 个性与时尚。

范坰善于刻画人物，有时寥寥数笔，境界全出，其妙诀在：抓特征。

如写久游山左的湖北蕲水诗人毕旦初（字苏桥），便抓住了他与众不同的两个行为特点，一是多寓寺观，二善写济南："奚囊半是齐州景，萧寺灯昏独坐成"，从而将其"孤介"个性和盘托出。（其十一）

写康熙间著《春秋左绣》一书的学者冯李骅（号天闲）之孙冯八兰（号兰叟）更是妙绝，冯氏学问淹博，恪守祖训，字句点画，俱有师承，其最为不凡者，乃是年已八旬，犹以舌耕寄居历下，而耳目聪明，筋力强健，能食彘肩。范坰用"传经伏胜""善饭廉颇"八字形容之，可谓刻画精妙，呼之欲出："绣左文孙八十翁，一天星斗贮胸中。传经伏胜今谁及，善饭廉颇老更雄。"真是壮哉其人，壮哉其诗。（其十二）

乾嘉年间，由于清政府的腐败，连年兵戈战乱，社会动荡不安，而崇尚武功的社会风气逐渐形成，特别是文而能武者，更为世人瞩目。

张诩（字渌卿、六琴），江苏元和人。诸生。为书记于山左。诗酒豪放。从刘松亭总镇平教匪，以佐幕功优叙授胶州灵山卫巡检。

书记翩翩武库才，诗场酒阵走风雷。何人解识从军乐，唾手功名歌落梅。

（其四十七）

如此状况的还有许多。如吴垲（号次升）、侯于鲁（字文周）等。前者以军功擢曹州太守。

由范坰论诗，读者可以感知沛然而至的时代风雨。如直隶长垣人焦孟竹（号筼轩），在山东博兴任县令，"会故乡教匪肆扰，妻孥狼狈奔至任所。常举以告人，良可哀也"。又如浙江嘉兴举人王昙（字仲瞿），喜读书，兼习武事。左都御史吴省钦荐称其能"运掌作气，辟易多人，可平教匪"（其时嘉庆诛杀和珅，而吴省钦欲与和珅切割，正慌不择路、饥不择食），吴氏这一荒唐说法，理所当然得到嘉庆的驳斥（其三十），这也是记载在《清史稿》中的一段史实，想必那时也是人相传闻的"街巷新闻"吧。不过由范坰写来更具现场感与真实性，因为他与王昙是朋友（"甲寅五月识之于金陵，丙辰八月订交于济南"）。范坰因此慨叹，这荐举反而害了王昙，王昙此后"十上公车竟以举人终焉"："一自都堂称荐后，举人从此限王昙。"

（三）诗人素质与诗人风范

人言范坰有"四美"："埋头泉石而箧衍有黼黻之华，扫迹市朝而笔研有敦槃之乐，匡居则夔龙韦素，交谈则张邴风云。"（张杰《论诗绝句序》）这其实正是范坰作为诗人的气度与风范。

诗人，除了诗作得好，还要具备何种素质、何种风范，范坰在论诗中表现了众多诗人的特质，这也许会给我们以启发与思考。

1. 超越。

前面谈到黄畹时，范坰告诉我们，诗人应该经受住金钱的诱惑，但这还不够，诗人也必得有对于官位权势的超越：

> 沈二香默，苏州人。亦为书记于山左。诗颇条畅。后游山西。
> 就微官，需次浙江，未即真而卒。
>
> 齐晋游踪句满囊，却抛书剑走名场。漫夸碧落头衔贵，不及人
> 间沈二香。

（其十八）

一个自由自在且颇有成就的诗人，偏偏要"抛却书剑走名场"，为了"就微官"而不惜一切，微官没做成人却去了天堂，值吗？不畏浮云遮望眼，欲作一诗人，必得战胜金钱、官位的诱惑。

相比之下，范垌欣赏的是蒋因培的洒脱与超越：

> 蒋伯生因培，江苏常熟人。学富才优，性情豪迈。官泰安县令。
> 芒履游山，遇野老，伪姓名而与谈时事，野老说尹不去口。一时传
> 为佳话。今为齐河令。
>
> 更有虞山蒋伯生，脱靴对客四筵惊。当官不废游山兴，野老相
> 逢说姓名。

（其四十）

芒履游山，脱靴对客，这充分表现出蒋因培特立独行、不同流俗的诗人气质，特别是他对于官场政治和日常凡俗生活的超越。而其为政之卓然业绩，更如江河行地，深入民心（"野老说尹不去口"）。之后，蒋因培在齐河任上亦为政以德，清廉如水，却为人构陷而去官。齐河诗人郝答赠别诗有"知君囊中无他物，惟有清风两袖飘"之句，足见其官风人品。

2. 谦雅之风度，扶危之爱心。

胡京（字师中），范垌将其放在第六，足见对其之重视程度：

> 顺天宛平人。乾隆丙戌进士。为山东曹县令。以事罢。予幼时
> 见其诗，为改题中"招饮"为"留饮"，遂承赏识，呼予为"一字
> 师"。后予丧母，贫无以敛，适师中自恩县来，以所获六金全赠为治
> 棺费。至今感之不衰。
>
> 父执相逢冀有丝，麦舟古谊系人思。奖成后辈多谦雅，至竟怀

惭一字师。

这"一字师",真的比"学生"高明吗?未必!那显然是为了鼓励幼小的范垌,所以范垌才会"至竟怀惭",不过,由此可以看到胡京的风范,那如同大海一般的胸怀与气度。而治棺费就更为感人,那不是雪中送炭,那是恩重如山,那是刻骨镂心的永志难忘的恩情。

诗人需要爱心,人们阅读诗人的风度与爱心,有时比读他们的诗印象还要深刻。范垌还给我们讲述了这样一个故事:"蒋策(号简圃),直隶卢龙人,嘉庆乙丑进士,授户部主事。弟弟蒋第字问樵,辛酉宰掖县,予为掌书记。简圃在署论诗赌酒,知爱独深。"好一个"知爱独深",是照顾弟弟莫要贪杯还是其他,这四个字,给读者留下丰富的回味与联想。

3. 境界。

> 冉永淦(字金浦),四川石砫人。嘉庆辛酉进士,为博兴、泰
> 安、聊城等县令。有奇才。以事系狱,供佛、吟诗以自遣。有句云:
> "若论能行乐,无过半老时"。(其四十三)

在狱中,尚能作如此享乐、安逸之想,这样的人,任何的不幸、坎坷与灾难都无所谓,老天爷也拿他没法。这是做人的境界,也是作诗、诗人的境界。范垌在诗中盛赞其"意气高于百尺楼"的高远境界。

4. 文化自信。

"虽炊烟屡断"而不废吟咏的济南诗人谢焜,酷爱诗歌、被人称为"诗疯子"的徐子威,老不怕、怕诗不工("相逢老态都休问,口诵新诗句益工")的山阴诗人许焰(字云巢,其六十七),对于他们浪漫、执着的精神追求与高远、纯净的文化视野,人们不能不充满深深的敬意与礼赞。

5. 诗意栖居。

诗,不仅是一种文学体裁,诗是人类的精神家园,是人们诗意栖居的生命方式。与沈默、黄畹不同,乾嘉山左诗坛有众多不慕荣利、寄情山水、但求适意的潇洒诗人,如山东寿光的著名诗人李世治(字尧农,号怡园),以"部郎出为观察使,分发甘肃,未补,引疾归里,以田园自乐"。范垌称其村居诗为白云秋山、田园乐意、陶储风味(其二十三)。又如杜云(字晓岩),

宝坻相国杜立德之后，早游山左，爱上济南山水，于济南南护城河上买园安家，"极花竹之盛"，过上枕水听泉的诗酒人生。一时名人逸士多从之游，吟诗以自娱（其二十四）。如以"诗情淡远，人亦温厚"著称的历城县令戴岊（号巳山）便时与杜晓岩诗酒唱和。范坰有诗写戴岊云："提壶得得访新梅，醉倚篮舆日暮回。一枕朝曦醒未解，城南杜老和诗来。"好一幅春日唱和行乐图。

（四）诗艺之探讨

范坰《论诗绝句》并非只是对诗人的评价，而是把诗歌理论融合在对诗人的评价之中，虽侧重于作家论，亦有不少真知灼见的艺术论渗透其中。

1. 兼收并蓄、不拘一格。

范坰是唐诗尤其是杜（甫）诗的崇拜者与宗奉者，他说：杜诗云：语不惊人死不休，又曰：晚节渐于诗律细，诗之真味在此。他对"晚唐风韵写幽怀"的济南诗人尹廷兰、"诗近中晚"的毕旦初极为推崇，尤其可贵的是，在唐诗派、宋诗派及其他诗派各树旗鼓的清代，他对其他诗派从不排斥，而且能客观公允，取其所长，体现了兼收并蓄、不拘一格的诗歌美学。比如他对"清空一气，逼近宋元"的郑士芳题画诗极为激赏，对于山左诗派亦作如是观。如对"高密诗派"和"济南诗派"，他论诗人宋绳先（字秋碉，又字步武），首先指出其诗所宗为"主客图"，亦即"高密诗派"，并充分肯定该诗派在艺术史上的地位及其探索："少陵诗律细如芒，步武千秋俎豆香。雅调自传高密派，不将纤巧斗时妆。"（其三十五）又如淄川举人翟涛（字伯海），诗多豪气，其无论地域及其诗风，都为"济南诗派"之诗人。范坰更是充满激情地论其诗作："伯海文澜似海雄，继沧溟后演齐风。诗家别有清真趣，漫倚天才续断虹。"范坰尤喜清逸、淡远的诗风，而对其他风格也欣赏有加，特别是诗坛盛行的诗歌理论，如他称道诗坛奇人张恕的诗"颇见性灵"。

2. 诗画一体与题画诗。

中国传统美学讲究诗画一体，主张诗中有画、画中有诗，范坰显然是这一理论的拥趸。他对那些"善画"的诗人如秦为品（字雪香）、袁洁（字玉堂）等尤青眼相加，称他们"风雅可亲"。范坰尤喜题画诗。齐东县典史陆议号春舫，工诗，"时倩人画《春舫载画图照》，题咏颇盛"，范坰作有《青溪曲》，即是题《春舫载画图照》之作。范坰复以"得句但愁无好景，风流一卷载花图"，来比拟陆议的风雅英妙，真是恰如其分。

济南有题画诗大家郑士芳，范坰对其充满赞美与敬慕。郑士芳字柳田，幼孤。读四书未竟，去而学画，后遂以画名。五十余始为题画诗，而一鸣惊人。范坰特意在其小传中录下两首。

其一：

只缘一饭走风尘，四十年来苦此身。安得买山如画里，疏林茅屋作闲人。

其二：

石根枯竹两三竿，健笔双钩作画看。却忆秋风并秋雨，十年相对共清寒。

范坰称其题画诗"清空一气，逼近宋元"，反复品味，的确精妙无比。

3. 简兮之风与翰苑之音。

侯于鲁（字文周），山东东平人。嘉庆辛酉拔贡，为即墨教谕。范坰读其《苣蕷斋自嘲诗》，称其有简兮之风。

刘加封（字松卿），陕西咸阳人，嘉庆壬戌进士，翰林院编修，后出为山东朝城、历城知县。诗文雄富，范坰称之为"翰苑体裁""京样文章"（其五十六）。

钟廷瑛《济南风景好》赏析

历史上，咏唱济南山水的诗歌不胜枚举，而描述济南风俗物产的却不多见。乾嘉年间，济南知名诗人钟廷瑛的《济南风景好戏答客问得四首》，却是一组别开生面的咏唱济南山水台榭，特别是风俗物产之美的佳作。

一、 钟氏：一门称诗的文学世家

欲知钟廷瑛，不可不谈钟氏家族。

钟廷瑛（？—1834），字仲玮，号退庵。清代济南府历城（今济南市）人。钟性朴玄孙。钟廷瑛自幼聪明颖异，读书过目不忘。清乾隆三十五年（1770）举人，历署池州通判、泾县知县，所至有声。后辞官家居，善易理，尤长于诗。著有《退轩诗录》十五卷，撰有《长山县志》十六卷。

这段依据民国续修《历城县志》钟廷瑛本传的简略介绍中，有两个关键词：钟性朴玄孙，尤长于诗。这两者是有密切联系的。

钟廷瑛的高祖钟性朴，那可不是一般人物。

钟性朴（1619—1665），字文子。先世为江右吉水人，明正统年间，其始祖钟泉以武功世袭锦衣卫百户，属顺天大兴籍人。钟性朴为明崇祯进士，入清，授济南府推官，晋礼部主事，选员外郎、郎中。清世祖顺治亲政，看到钟性朴对于郊祀、临雍、藉田、大阅、亲蚕、园陵等诸大礼深有研究，都有著述问世，十分喜悦，赐赍有加。钟性朴以河南乡试副主考官的身份，与吴允谦（主考官）共同主持了戊子科河南乡试，得士称最。

钟性朴生平最辉煌岁月在顺治六年（1649）至八年（1651），在此期间，钟性朴擢山东参政，转提学副使，在他任职期间，山东人才辈出。新城王士禛，德州萧惟豫、田雯，诸城李澄中辈，皆为钟性朴"首拔"之士。

允武允文，文武双全，钟性朴堪称全才。他曾任松潘兵备佥事道，修茸城郭，整饬军队，使得当地的少数民族心悦诚服。松潘成为四川一处安定的"完镇"。

钟性朴弟子、著名文士汤斌称道钟性朴："先生学术之渊博，词章之雄丽，政事之敏练，卓然足以追配古人。"（《书传后》）

而钟性朴之诗作特征，据其弟子安致远《桷园遗诗序》："先生诗，纡徐冲淡，往往以幽忧之思，写闲适之趣，殆昔人所谓不求工而自工者，其逸情冷韵当孤行于海岳间，则桷园一席地又何必不与华泉、鲍山并有千古哉！"

钟性朴对济南有着深厚的情感。他不仅在金线泉畔，在宋代李清照故居、明代谷继宗亭所在地，修筑了幽雅的桷园，而且，据乾隆《历城县志》转引《钟宪副家传》，钟性朴在病死之际留下遗言："吾幸与华泉、于鳞冢土相望也。"

字字如金，感人肺腑。

这不仅是乡土认同，它有着更高一层的内涵：文化认同，是对于济南地域文化的认同。

就这样，钟氏家族在济南一代代繁衍下来，由钟馥、钟辕而至钟朝鼎、钟勋……直至钟性朴的玄孙一代，钟家还出了济南名士钟廷瑛。（参见侯林、侯环《钟性朴与桷园》）

钟性朴有二子，皆为继配赵恭人所出。据其《墓志铭》："赵恭人尤善教子，卒于康熙辛巳。命圣舆（次子钟辕）师事渔洋、山薑两先生。状谓：以母兼父道。信夫。"

长子钟馥（1648—1683），字德舆，秉承家学，砥行好义。年十七，父亲过世。家计萧然。重研走千里，启祖父、祖母柩同营葬。康熙年拔贡，授泗水教谕。厘正文体，多士翕然向风。英才积学，所交皆名流。惜早逝，年三十五。著有《载园遗诗一卷》《镜湖集一卷》。赵于京称其《镜湖集》"追辛、李遗风""婉娈而娟丽，顿挫而纡郁"。

次子钟辕（？—1710），字圣舆。绰有父风，敦廉节，多才能文章。事母至孝。兄长故后，抚其孤儿。学诗于王士禛、田雯。康熙年拔贡，官广西桂平县知县。地属苗疆，化导有方。著有《蒙木集》一卷。王士禛将赵于京、王苹、钟辕称为"历下三子"，并有"钟子诗最奇特，巉峭似孟东野"的赞语。

钟廷瑛弟兄三人，皆以能诗称。钟廷瑛之兄钟廷琮，字伯莹。乾隆年副贡。以监修河工，保直隶州州判。精医术，尤工诗。著有《寄寄集》。其弟钟廷璋，字叔珏。以岁贡候选训导。嗜诗书，兼嗜琴。工诗。著有《孤香山房诗草》《金元诗话》等。

二、 钟廷瑛 《济南风景好》 赏析

钟廷瑛是济南城里人，但他熟悉济南农村，他有充足的农村生活经验。原来，他在少时曾在济南南山居住。他有《大泉庄感赋癸丑》诗可证：

> 癖径萦云下，寒泉烟石流。
>
> 儿时骑竹地，今日问樵游。
>
> 当户山犹矗，围村树几留？
>
> 茅柴如解醉，自酌百分瓯。

（清嘉庆二十二年读易堂刻本《退轩诗录》卷十）

钟廷瑛在诗中称锦绣川上、景致如画的大泉村为其"儿时骑竹地"，这也就难怪他写起家乡山川物产来，那么得心应手、潇洒自如了。

此诗写于癸丑，即乾隆五十八年（1793）。

下面，我们来看诗人的《济南风景好戏答客问得四首》：

一

> 济南风景好，山水为君夸。

九点通烟雨，三泉喷玉花。

峰多连岱远，溪曲抱城斜。

更有龙湫胜，遥遥指晓霞。

二

济南风景好，台榭为君夸。

听雨新园曲，明湖旧馆茶。

香林佛岩胜，水阁铁祠佳。

海右名亭在，芙蓉面面遮。

三

济南风景好，果蓏为君夸。

桃白真如玉，梨酥不待牙。

小车来耿饼，大舸载恩瓜。

欢喜团圆处，糖粘几串楂用熟稻米轧而团之，累累然，名欢喜团，以饴糖，蘸山楂
而串之，或三或五，名山楂蘸。

四

济南风景好，蔬圃为君夸。

雨后驴驹嘴野菜名，似蒲公英，春初苣马芽。

影苣新绿韭艺早韭者，编秫秸而立影之，名影苣，落架小黄瓜秋晚腌菹，故
以小者为贵。

甘脆肥还嫩，谈津溢齿牙。

（清嘉庆二十二年读易堂刻本《退轩诗录》卷十）

先说第一首。济南风景之美，首在山水。

济南是一座山环水绕、山水一体的山水名城。而千佛山上有一坊，济南
人几乎无人不知无人不晓，此乃山之西盘道中段之"齐烟九点"坊。坊为清
道光二十五年（1845）历城县令叶圭书所建，"齐烟九点"四字，亦为叶圭
书所书，遒劲、苍润、洒脱，颇见功力。

齐烟九点，用唐诗人李贺《梦天》中"遥望齐州九点烟"之佳句，此移
来描绘济南此间胜景恰切无比，盖在此登临一望，济南城北群山连绵，其势

各异，岚烟绕之，云雾蒸之，成朦胧烟景，诗意无边矣。"三泉"，则指趵突泉等济南名泉，趵突泉三泉齐沸，涌轮不止，状如冰花，声如轰雷，盖天下奇观也。而济南之山峰则为泰山余脉连绵不绝，犹如"十万芙蓉天外落"（王士禛诗）。济南的溪河，绕城百转，则有"百道泉香镜中行"（汪由敦诗），"一城山岚郁文气"之美。

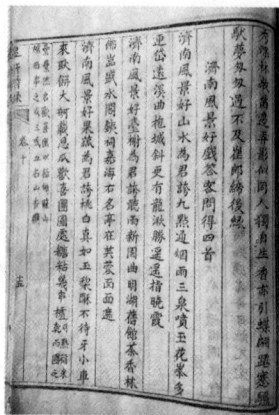

书影：钟廷瑛《济南风景好戏答客问得四首》

除此之外，济南城东南有著名的龙洞佛峪，层峦叠嶂，峭壁撑云，危崖坠水，古树凌云。清代江南名士、山东布政使孙星衍称："予凡三至其处，所见关洛江浙名山无过之者。"（《龙洞探奇诗并序》）

第二首，写济南台榭亭馆之美。

金元之际大诗人元好问有言："大概承平时，济南楼观，天下莫与为比。"其后虽经丧乱，"高瓦画栋无复其旧，而天巧具在，不待外饰后奇也。"（《济南行记》）

济南有不少听雨雅园，如明清之贤清园、漪园、潭西精舍等，文人雅士多有佳作，如张作哲《贤清园听雨》等。尤具诗意者乃是大明湖上之茶肆酒楼。宋代，济南太守创造出济南的泉水之湖大明湖，并在湖上建造多处雅致亭馆与七桥烟月，使得济南有潇洒似江南的美誉。香林，禅林，此指千佛山山依岩而建的兴国寺，始创于唐贞观年间，壁立的峭崖之上，其隋代石窟造像，具有相当高的历史审美价值。而大明湖的铁公祠，祭奠明初忠贞烈士铁铉，在此风景佳胜之地，观池荷亭亭直立，想象遗烈凛然如生，所谓"怀古钦英风"是也。而湖上更为著名之地还有历下亭，这虽然不是当年杜甫燕宴称道"海右此亭古，济南名士多"的那个"海右古亭"，但无论济南人，还是外地的诗人，却总爱将此亭当成李杜相会的历下古亭，本诗亦然。何以故？

民国《续修历城县志·古迹考三·亭馆二》载："《前志》，历下亭凡三见，各以时代分列，考辨甚详。今之历下亭，既非唐宋之旧，后人形为咏歌，每兴怀于李杜，从其朔也。"

朔者，初始之谓也。

这是一段十分关键且十分到位的话语，它写出了历下亭的文化之魂，以及历代济南人与外籍文士对于这一文化精魄的执着追求与顽强守护。

唐末，位于今五龙潭附近的历下古亭渐废。宋时，人们复将此亭重建于大明湖畔州宅之后历山台上，"面山背湖，实为胜绝"（于钦《齐乘》）。清代康熙年间，此亭又由大明湖南岸建于湖中岛上，湖滨亭变为湖中亭，"浓阴千嶂合，环碧一亭孤"，景致更其幽静天然，楚楚动人。而新建之历下亭，距今亦有300余年的历史，其间，不知又有多少名人骚士登临此亭，留下数以千计的灿烂篇章。

第三首，写济南果蔬之美。

济南，尤其南山以及西郊，盛产瓜果李桃，因是山泉滋养，空气清新，甘甜无比。济南有"汉帝金杏"，自唐代便扬名天下。据《酉阳杂俎》："济南郡东南分流，山上多杏，大如梨，黄如橘，土人谓之：汉帝杏。亦曰金杏。"而"桃白真如玉，梨酥不待牙"更不是虚言。"耿饼"，柿饼也，因菏泽耿庄盛产而得名，其实，济南南山柿饼之美，亦不亚耿庄；"恩瓜"，惜今已无载，据诗意，当是清代济南产之极美味之瓜类，不然不会用大船载往各地甚至进贡朝廷的。

"欢喜团"，一个好是喜气的名字，它又名"山楂蘸"，一看它的做法（"用熟稻米轧而团之，以饴糖，蘸山楂而串之"），可不就是今之"冰糖葫芦"么！今人认为"冰糖葫芦"产自北京，其实未必。钟廷瑛此诗作于乾隆后期，这说明200余年前，济南已有"冰糖葫芦"，而且比今日之"冰糖葫芦"可是要讲究、精致、可口得多了。

最后，济南的第四"风景"是"蔬圃"。

济南大明湖上，饶有莲芡鱼虾、茭白蒲笋。作家老舍曾这样赞赏大明湖名贵的水产："大明湖的蒲菜，茭白，白花藕，还真许是它驰名天下的重要原因呢……在夏天，青菜挑子上带着一束束的大白莲花骨朵出卖，在北方大概只有济南能这么'阔气'。"

而济南北郊以及东郊，田园饶利，村落如画，自古便是济南的大菜园，北郊乃是蔬菜基地兼稻米基地。据乾隆《历城县志》地域考三"风俗"："北乡之民，治畦圃，其产也，多粳稻，多葱蔬。"

诗中，钟廷瑛说，雨后，济南土地里会长出一种名叫"驴驹嘴"的新鲜野菜，其外形像是蒲公英。济南著名学者诗人马国翰有《驴驹嘴谣》，当指此物，诗云：

> 二月晴雪杨花飞，岩野青青春草肥。
>
> 有物苗芽出土浅，奋张齿吻含生机。
>
> ……
>
> 高音远畅忆前因，助我朝餐匕箸新。
>
> 书生惯嚼菜根味，不学商山采珠人。

看来，此野菜往往用于早餐，且食其苦而清香的"菜根之味"。

而在初春，还有"苣马芽"。不知这是否是我们小时候常常用来煮粥的曲曲芽，味道稍苦，鲜嫩无比，且能清热去火。

另外，诗人还提到用秫秸编成苦子加以笼罩的早韭（菜），以及晚秋腌制的小嫩黄瓜，既甘甜且脆嫩，甚至，人们只要一提到它们便馋涎欲滴了。

据清代济南名士王贤仪《家言随记》，济南有著名的"四美蔬"，分别是：春前新韭、秋晚寒菘、夏蒲荄根、冬畦苔菜。上述"影苦新绿韭"，正"春前新韭"是也，不过人们不知道它的种植过程还挺复杂。

而在此书中，还有一段论述济南风土的文字，堪称允当："余所历之地不多，风土人情当以济南为美。土沃泉甘，五谷皆宜，俗朴而文，四时寒暖适中，湖山明秀……"